VEIT LINDAU
ANDREA LINDAU
Königin und Samurai

GOLDMANN
Lesen erleben

Buch

Dieses Buch ist eine Einladung an dich, mutig und nüchtern alle Konzepte über dich und die Liebe auf den Prüfstand zu legen, alle zu eng gewordenen Strukturen in deinem Kopf und in deinen Beziehungen lustvoll aufzuknacken, damit dein wahres Selbst frei atmen kann. Nur ein starkes Ich kann einem anderen starken Ich die Hand für ein starkes Wir reichen. Nur Männer, die sich selbst verstehen und achten, können Frauen wirklich auf Augenhöhe sehen und lieben. Nur Frauen in ihrer vollen Kraft können sich Männern bewusst hingeben, aber auch effektiv gesunde Grenzen setzen. Sie erkennen sich als Mann und Frau und beginnen einander in ihrer Entwicklung zu dienen.

Autoren

Veit Lindau, geboren 1969, wirkt als Teacher, Speaker und Autor. Er versteht sich als ganzheitlicher Reformer, Businesspunk und moderner Mystiker. Veit Lindau gilt im deutschsprachigen Raum als Experte für eine integrale Selbstverwirklichung des Menschen. Seine Artikel und Bücher sind präzise, kompromisslose und gleichzeitig humorvolle Weckrufe, die unermesslich wertvolle Chance des eigenen Lebens voll zu nehmen.

Andrea Lindau ist Mensch, Frau, Mutter, Hebamme. Seit 1998 verheiratet mit Veit Lindau. CEO des LIFE TRUST, Gründerin des HUMAN TRUST. Aufsichtsrat der HUMAN TRUST AG, Stiftungsrat der ichliebedich-Stiftung. Sie liebt Menschen und lebt für Potenzialentfaltung bei Kindern, Youngstern, Männern und Frauen. Das Credo ihres Lebens ist ICH LIEBE DICH. Mit dieser Power entzündet sie Menschen und »verführt« sie zu sich selbst, um mit der Kraft des scheinbar Unmöglichen in Verbindung zu kommen.

VEIT LINDAU
ANDREA LINDAU

KÖNIGIN UND SAMURAI

Wenn Frau und Mann erwachen

GOLDMANN

Dieses Buch erschien erstmals 2018 unter dem Titel
»Königin und Samurai. Wenn Mann und Frau erwachen«
im Kailash Verlag in München.

MIX
Papier aus verantwortungsvollen Quellen
FSC® C014496

Verlagsgruppe Penguin Random House FSC® N001967

Dieses Buch ist auch als E-Book erhältlich.

Von Veit Lindau sind bei Goldmann und Kailash außerdem erschienen:
Coach to go Selbstliebe (22172)
Coach to go Erfolgsbooster (22173)
Coach to go OPUS (22174)
Coach to go Reichtum (22175)
Seelengevögelt (22187)
Werde verrückt (22255)
Heirate dich selbst (33991)
Liebe radikal (63089)
Fucked up (63155)

1. Auflage
Vollständige Taschenbuchausgabe Mai 2021

Lektorat: Mihrican Özdem
Umschlaggestaltung: UNO Werbeagentur, München,
unter Verwendung der Gestaltung von ki 36 Editorial Design, Daniela Hofner München
Umschlagmotive: Samt: © Daniela Hofner, Gold: © JoyTasa/istockphoto
JG · Herstellung: cb
Satz: Satzwerk Huber, Germering
Druck: GGP Media GmbH, Pößneck
Printed in Germany
ISBN 978-3-442-22329-9
www.goldmann-verlag.de

Wir widmen dieses Buch der Liebe
und dem Erwachen von Mann und Frau.

INHALT

PART 1

EINLEITUNG

PROLOG: DAS ERWACHEN

Vor circa 90 000 Jahren ereignete sich auf unserem Planeten
ein Wunder.
Ein Tier – der Mensch – begann zu erwachen.
Es begann, sich seiner selbst bewusst zu werden,
sich Dinge vorzustellen, die noch nicht existierten.
Dies war der Beginn der kognitiven Revolution.
Seitdem ringen wir um Bewusstsein.
Wir suchen nach der Antwort auf die Frage:
»Wer sind wir wirklich?«
Was uns auch die Religionen und Wissenschaften erzählen,
wir sind noch nicht vollständig wach.
Die Reise unseres Verstehens hat erst begonnen.
Noch taumeln wir wie im Halbschlaf über den Planeten.
Noch haben Mann und Frau nicht vollständig erfasst,
wer sie für einander sein können.
Wir leben auf zum Teil verschiedenen Realitätsinseln.
Wir stehen uns in einer Art Trance der Trennung gegenüber,
missverstehen und verletzen uns,
weil wir weder uns selbst
noch den anderen wirklich erkennen.
Wenn wir nicht nur überleben,
sondern ein reales Paradies errichten wollen,
in dem der Mensch mit allem Leben ko-kreiert,
dann müssen beide,
Mann und Frau,
noch weiter erwachen.

AN ALLE LIEBHABER DER LIEBE

Vor circa 19 Jahren haben wir, Andrea und ich, geheiratet. Das heißt, wir sind jetzt etwa 25 Jahre zusammen. Wir waren romantische Hitzköpfe. Wir haben damals lauthals nach der Liebe gerufen, ohne zu verstehen, was wir da tun. Sie hat uns beim Wort genommen. Sie ist gekommen. Sie hat uns fein säuberlich seziert. Sie hat jede Ödnis, jeden Dreck, jede menschliche Kleingeistigkeit in uns aufgedeckt. Sie hat unsere Träume erschüttert und uns gnadenlos ausgenüchtert.

Falls du uns noch nicht kennst, musst du wissen: Wir schreiben dir nicht als Ideal-, sondern als Menschenpaar. Wir haben uns so ziemlich jede Schlacht geliefert, die zwischen Mann und Frau möglich ist. Offenbar hatten unsere Seelen viel miteinander vor, also haben wir keine Zeit mit einem netten, vorsichtigen Vorspiel vergeudet. Die Anziehung war von Anfang an extrem stark, und es war schnell klar, dass wir auch Minenfelder für das Unterbewusstsein des anderen waren[1]. Wir haben uns gefetzt, verraten, beleidigt, benutzt und tausende Male missverstanden. Wir sind weggerannt[2] und wussten doch bereits im Fliehen, dass wir noch nicht am Ende sind. Dass wir zurückkehren müssen, weil es dieses Mal endlich an der Zeit war, durch Feuer hindurch auf die andere Seite zu gelangen. Ins Freie. In die Würde. In den Respekt. In ein klares Sehen

---

1 Nach 14 Tagen waren sich sowohl Andrea als auch meine Freunde in einem Punkt einig: Sie müsse sich unbedingt von mir trennen. Ich tue ihr einfach nicht gut.

2 Na ja, okay. Meistens ich (Veit).

des anderen. Nicht getrübt von dem, was du von deinem Partner willst, sondern erleuchtet vom urteilsfreien Staunen über seine einzigartige Schönheit und dem Wunsch, ihm in seinem Entfalten zu dienen. Das mag kitschig klingen, aber glaub uns: Wir haben uns diese wunderbare Erfahrung sehr hart erarbeitet.

Außer dem Tod habe ich (Veit) mich vor nichts mehr gefürchtet, als zu heiraten. So trostlos waren alle Beziehungsvorbilder, so endgültig erschien es mir. Es war dann nach sieben Jahren wilder Partnerschaft eine sehr bewusste Wahl. Nicht etwa um unsere Verbindung sicher einzulochen, sondern für die Freiheit. Der Wunsch, diese Frau zu heiraten, stieg ohne Vorwarnung in mir auf, als ich begriff, dass sie die Wahrheit mehr liebt als mich. Dass wir Gefährten, Herausforderer und Zenmeister füreinander sein können. Jetzt, heute, nach 19 Jahren Ehe weiß ich – das war die mutigste und intelligenteste Wahl meines Lebens. Es war *nicht der letzte, aber der erste* Altar, an dem ich bereit war und bin, all das niederzulegen, was mich von meiner wahren Größe trennt. Es ist der erste Hafen, in dem ich nicht zur Ruhe, sondern zur BeSINNung komme.

Aus unserem Bund ist mittlerweile so viel entstanden. Wir durften eine zauberhafte Tochter beim Erblühen begleiten. Und unsere gesamte berufliche Arbeit ist auch ein Kind unserer Verbindung.

Als ich Andrea heiratete, war dies für mich kein Spaß oder Steuertrick, sondern heiliger Ernst. Ich habe mir damals geschworen, so lange in meinen Feuern stehenzubleiben, bis ich jedem Wesen in die Augen schauen und aufrichtig empfinden kann: Du bist auch ich.

Das mag nicht gerade ermutigend klingen, wenn ich schreibe: Diese Beziehung hat uns beide bis auf die Knochen leiden lassen. Sie hat alle Falschheiten und Bedürftigkeiten in jedem von uns wie unter einem Brennglas an die Oberfläche unseres Bewusstseins geholt. Zuerst verdammst du das Sonnenlicht, das dir den Dreck in deinem Vorgarten zeigt. Doch irgendwann bist du nur noch dankbar. Jetzt und hier – zurückschauend – feiere ich jeden Schritt. Jede glückselige Höhe und ohnmächtige Tiefe. Unseren Zweifel, ob es die Liebe wirklich gibt. Unsere Angst vor Nähe. Das, was ich heute mit Andrea und immer mehr auch mit jedem Menschen erfahren kann, war es alles wert.

Ich muss lachen, wenn ich zurückschaue und sehe, was wir zwei rechthaberischen Dickköpfe damals als Liebe verstanden und einforderten. Doch jede Etappe war und ist so essentiell für das Gesamtwerk des Reifens. So werde ich hoffentlich auch in zehn Jahren wieder milde lächelnd auf den Veit von heute zurückschauen, weil mich die Liebe in damals noch verborgene Gemächer geführt hat.

Heute ahne ich, was mit dem Spruch gemeint ist: »Und sie erkannten einander.« Andrea, Geliebte, Schwester, Jagdgefährtin – ich fühle mich von ihr erkannt, und ich sehe sie. Der Frieden, die Freundschaft, die Ekstase, die wir heute miteinander fast täglich teilen, ist unser aller Geburtsrecht. Ist der Grund, warum Menschen zusammenkommen sollten. Ist es wert, diesem Potential ein Buch zu widmen.

Ich schreibe diese Einstiegsworte bewusst so nackt und ausführlich, weil ich uns allen, die wir noch leben und uns kühn nach noch intensiverer Liebe sehnen, zurufen möchte: Lasst uns niemals diese heilige Sehnsucht verraten. Sie ist keine Illusion, sondern eine Botschaft aus unserer Zukunft. Egal wie frustrierend deine Beziehungen vielleicht bis hierher verlaufen sind, du weißt tief in dir, dass dies nicht das Ende, sondern nur eine temporäre Sackgasse ist, aus der du dich erheben kannst und wirst. Das, was wir alle heute als Liebe erfahren, ist nicht das Ende unserer menschlichen Möglichkeiten. Sondern nur der kleine Funken einer mächtigen Glut. Wenn wir das Feuer bewusst wecken, wird es kommen und unseren Traum vom kleinen, ängstlichen, bedürftigen Ich verbrennen. Das meinen Andrea und ich mit Erwachen. Wir müssen dich nicht persönlich kennen, um hundertprozentig sicher zu sein: Du lebst noch lange nicht dein volles Potential. Deine Beziehungen sind nicht dazu gedacht, dich in selbsterdachten Grenzen zu bestätigen, sondern dich konsequent und stetig zu erheben. In einer wahren, lebendigen Beziehung (und um nichts anderes geht es in diesem Buch) lassen wir die Mauern der Angst nicht fallen, sondern realisieren, dass sie in Wirklichkeit nie existierten. Wir finden unter einem Trümmerberg aus Missverständnissen und Zynismus unsere Unschuld wieder. Wir wachen auf und erkennen einander. Nicht nur einmal. Immer tiefer. Immer vollkommener.

Bis kein »anderes« mehr existiert, sondern sich das *eine* Licht in Millionen einzigartigen Funken gebiert, erinnert und feiert.

Liebhaber der Liebe, lasst uns brennen. Still und wild.

DER KRIEG

Auch wenn dieses Buch viel von Liebesbeziehungen handelt und zum Teil poetisch-mystisch geschrieben ist, verfolgen wir damit auch ein wichtiges gesellschaftliches Anliegen. Wir wünschen uns, dass es zum Frieden beiträgt. Denn seit tausenden von Jahren findet auf unserem Planeten ein Krieg statt. Ohne laute Schlachten oder spektakuläre Attentate. Er existiert bereits so lang, dass er für die meisten Menschen nicht mehr als Kampf, sondern als Normalität wahrgenommen wird. Seine Frontlinie verläuft nicht zwischen Nationen oder Religionen, sondern zwischen Mann und Frau. Sei dir sicher, auch hier bei uns. Direkt vor deiner Nase.

150 Jahre Feminismus taugen leider nicht als der Beweis für das Ende dieses Krieges. Wir dürfen uns nicht davon blenden lassen, dass in Talkshows offen über alle möglichen Themen diskutiert werden kann. Es ist ein weiter Weg von einer gesellschaftlich anerkannten Idee bis in das letzte Schlafzimmer. Die Geschlechter bekämpfen sich immer noch. Und niemand ist unschuldig. Wir sind alle irgendwie an dieser Schlacht beteiligt, laut oder leise, aktiv oder durch Blindstellen. Sie drückt sich mannigfaltig aus – in Gewalt und Sexismus, emotionalen und ökonomischen Machtspielen, unfairen Rollenverteilungen oder einfach »nur« in verhärteten, zynischen Vorurteilen gegenüber der anderen Seite. Wenn wir nicht sehr bewusst leben, geben wir das Gift unmerklich an unsere Kinder weiter.

Dieses Buch möchte keine weitere theoretische Diskussion auf einer Metaebene anregen. Wir glauben, davon gibt es genug. Wir möchten diesen Kampf gemeinsam mit dir konkret und persönlich erforschen. Wir laden dich ein, das Thema nicht an der Oberfläche zu *durchdenken*, sondern in der Tiefe zu *begreifen*. Lass uns für einen Augenblick Zahlen, Fakten und Konzepte vergessen und nach innen reisen, an den Ort, an dem in jedem von uns der Kampf beginnt. In dir und in mir ringen uralte archetypische Kräfte mehr denn je um ein schöpferisches Gleichgewicht. Denn das Rad unserer Entwicklung dreht sich immer schneller. Das Dreigestirn Wissenschaft – Wirtschaft – Technik kreiert eine bis vor kurzem unvorstellbare Freiheit, aber auch viele neue Fragen und Herausforderungen. Alte Paradigmen stürzen reihenweise ein. Wir werden auf vielen Ebenen geistig gedehnt – individuell und kollektiv. Anerzogene Rollenvorstellungen, nicht mehr dienliche Werte, zu starre Beziehungsstrukturen und vor allem ein lange nicht mehr aktualisiertes Selbstbild – das alles spannt sich wie ein schmerzhaft enger Kokon über den neuen Menschen, der in vielen von uns geboren werden möchte. Bist du offen für eine radikale und dadurch sehr einfache Perspektive? Das Alte und das Neue, das Licht und der Schatten, Mann und Frau kämpfen nicht »da draußen« gegeneinander, sondern in dir.

Selbst wenn du dich ganz klar als Mann oder Frau erfährst, möchten wir dich dafür sensibilisieren, wie mächtig gerade der geschlechtliche Gegenpol in dir wirkt. Wie bedeutsam es ist, alle archetypischen Kräfte deiner Psyche[3] so bewusst wie möglich wahrzunehmen und ihnen einen Lebensentwurf anzubieten, in dem sie sich nicht bekämpfen, sondern miteinander kooperieren können.

3 Wir werden in Teil 3 genau erklären, was damit gemeint ist.

Dieses Buch lädt dich ein, die äußeren Spannungszonen deines Lebens – bestimmte Beziehungen, Arbeit, Finanzen, … – zumindest während der Lektüre loszulassen, mutig nach innen zu tauchen, hier einen Schatz zu heben und dann hoffentlich nachhaltig transformiert in deine äußere Welt zurückzukehren. Staune, was dann dort geschieht. Denn wir leben in einem Spiegelkabinett unserer Psyche. Wir Männer unterdrücken nicht primär die Frauen da draußen, sondern den reichen, dunklen, so komplexen Teil unserer Seele, den Carl Gustav Jung die Anima nannte. Frauen verachten in allererster Linie nicht die Männer, sondern den mächtigen Animus in sich selbst. Doch dazu später mehr.
Jetzt zu dir. Bitte nimm dir eine Minute Zeit, die folgenden Fragen auf dich wirken zu lassen. Vielleicht schreibst du sogar eine kurze Antwort an den Rand des Buches.

- *Warum hast du dieses Buch in die Hand genommen?*
- *Was versprichst du dir davon?*
- *In welchen Lebensbereichen nimmst du bei dir gerade Enge und Konflikt, Sehnsucht und Neubeginn wahr?*
- *Wo und wie erlebst du dein Verständnis als Frau, als Mann, als Mensch gerade hinterfragt, erschüttert, überholt?*
- *Erfährst du deine wichtigsten Beziehungen als ein Feld, das alle Beteiligten stärkt, oder fehlt es an etwas? An Freiheit? An Tiefe? An Freude?*
- *In welchen Bereichen deiner Arbeit oder deines Privatlebens wünschst du dir mehr schöpferische Entfaltung?*
- *Wie erfüllt erfährst du deine Sexualität?*

Was haben all diese Fragen gemeinsam? Nun, sie sind alle vom Zusammenspiel jener inneren polaren Kräfte betroffen, die wir mit dir beleuchten werden. Wenn sie sich in dir unerkannt, unerlöst reiben, werden sich diese Spannungen auf jeden Bereich deines Lebens übertragen. Beginnen diese mächtigen Grundströmungen deiner Psyche miteinander zu ko-kreieren, wirst du eine wahre Explosion an Kreativität, Freiheit und Lebendigkeit erleben. Deine Beziehungen werden sich positiv verwandeln, und du wirst neue Menschen anziehen.

Es ist so verlockend, nach »da draußen« zu schauen, wenn uns etwas fehlt. Dieses Buch fordert dich heraus, die Projektionen niederzulegen und in den Spiegel zu schauen. Hier beginnt der Kampf, und hier wartet die Lösung.

Wenn es dir selbst gerade gut geht, irritiert es dich vielleicht, dass wir zu Beginn so eindrücklich vom Krieg schreiben. Keine Sorge. Dieses Buch strotzt nur so vor Liebe, Optimismus und Lebenslust. Doch zuerst wollen wir den Finger in eine Wunde legen, die so normal geworden ist, dass sie von vielen gar nicht mehr als Problem wahrgenommen wird.

Wir, Andrea und Veit, haben in den letzten 25 Jahren mit mehreren zehntausend Menschen gearbeitet und sind den meisten von ihnen auf einer ehrlichen Ebene sehr nahegekommen. Wir beraten Privatpersonen und Unternehmen. Unsere Seminare und Coachings behandeln die gesamte Bandbreite des menschlichen Lebens: existentielle Fragen, finanzielle und berufliche Themen, Beziehungen, Gesundheit, Teamwork, …

Wir werden häufig gefragt, aus welcher Quelle unser unerschütterlicher Optimismus und unsere Leidenschaft für unsere Arbeit stammen. Nun, aus all diesen vielen Begegnungen wissen wir, dass jeder von uns ein einzigartiges Genie ist und dass wir als Individuen, aber auch als Kollektiv noch nicht einmal ansatzweise unser Potential ausgeschöpft haben. Der Mensch ist mit dem, was er bis jetzt gezeigt hat, nicht die Krone der Schöpfung, sondern ein unfertiger Prototyp. Eine Ahnung seiner eigentlichen Möglichkeiten. Das heißt: Wir sind noch lange nicht am Ende, sondern stehen immer noch am Anfang. Eine Frage zieht sich durch unsere gesamte Arbeit: Was ist *die* Formel für die Potentialentfaltung des Einzelnen, unserer Familien, Teams und der gesamten Spezies? Sie ist einfach, universell und hochwirksam:

Bewusstheit x ko-kreative Beziehung = Potentialentfaltung

Sie gilt genauso für deine äußeren Beziehungen wie dein inneres System. Du kannst dich darauf freuen. Allein das aufmerksame Lesen des Buches wird etwas Positives bewegen.

DER FRIEDEN

Dieses Buch ist in allererster Linie ein Friedensangebot. Für die Männer, Frauen und Zauberwesen[4] dieser Welt. Für die archetypischen Kräfte in dir.

Die Möglichkeit dieses inneren, alchemistischen Friedensprozesses für dich, deine Beziehungen und uns alle, sind so großartig, dass es sich lohnt, dieses Buch sehr wach zu lesen. Denn es kommuniziert nicht nur mit deinem bewussten Verstand, sondern auch mit den unbewussten Schatzkammern deiner Psyche. Achte auf deine Reaktionen. Mental, emotional, körperlich, auch auf deine Träume.

Für C. G. Jung waren Anima und Animus die mächtigsten Archetypen der menschlichen Seele. Für uns ist klar: Der Konflikt zwischen Mann und Frau, zwischen männlich und weiblich ist die Wurzel aller Kriege. Wenn sich diese Urkräfte bekämpfen, können sie einander nicht erkennen. Wenn sie sich nicht erkennen, können sie sich nicht achten und lieben. Dann blockieren sie sich gegenseitig, anstatt sich miteinander emporzuschwingen. Sie blockieren unsere persönliche Reifung. Sie blockieren die menschliche Evolution. Anstatt

---

4 Zauberwesen … mit diesem Wort werden wir hin und wieder respektvoll all jene Menschen mit einbeziehen, die sich nicht eindeutig dem männlichen oder weiblichen Geschlecht zuordnen können oder wollen. Uns ist bewusst, dass dies für dich eventuell ungewöhnlich oder sogar unpassend anmuten mag. Wir bitten um Verständnis, dass wir nicht jedes Mal alle Bezeichnungen aufführen können, und ganz ehrlich, die politisch korrekten fühlen sich für uns zum Teil sehr sperrig an. Nicht gemeint mit dieser Ansprache sind übrigens diejenigen, die sich aus Angst vor ihrer sexuellen Kraft hinter pseudospirituellen, relativistischen Konzepten verstecken: »Ich bin keine Frau. Ich bin ein göttliches Selbst.«

fruchtbar zu ko-kreieren, suchen sie nach Wegen, den Gegenpol zu dominieren.

Was dabei herauskommt, haben uns mehrere tausend Jahre Patriarchat schmerzhaft aufgezeigt. Das übermächtige männliche Prinzip – ohne einen ebenbürtigen, reifen weiblichen Gegenpol – erobert, unterdrückt und beutet aus. Wenn wir so weitermachen, verbrennen wir unsere Lebensräume und beenden das Experiment Menschheit frühzeitig.

Daraus zu schlussfolgern »Jetzt ist die Frau dran«, ist zu eng gedacht. Jetzt sind WIR dran. Mann und Frau – in einem ko-kreativen Gestaltungsprozess. Die Herausforderungen, die vor dir liegen, wirst du nur gut bewältigen, wenn Mann und Frau in dir Frieden schließen. Wenn Männer und Frauen in allen Bereichen unserer Gesellschaft beginnen, einander wahrhaft zuzuhören, werden wir einen Mythos wahrmachen. Wir werden miteinander das Paradies erschaffen.

Wir sehen beim Lesen dieser Worte die Nüchternen und die Zyniker die Augen verdrehen. Glaub uns, wir sehen die Welt nicht durch eine rosarote Brille. Wir schauen die Nachrichten. Wir lesen Statistiken. Über unser Netzwerk hören wir fast täglich frustrierende Geschichten über das, was Frau und Mann sich immer noch antun. Trotzdem sind wir optimistisch. Denn noch nie standen die Chancen für einen bewussten Neubeginn so gut wie heute.

Überall sind die Enge der Geburtswehen,
die Unruhe des Wandels zu spüren.
In der Wirtschaft.
In den Kirchen.
In den Staaten.
In den Unternehmen.
In unseren Patchworkfamilien.
In unseren Liebesbeziehungen.
In uns.

Chaos birgt immer das Risiko der Zerstörung von etwas Altem, aber eben auch die Möglichkeit, etwas völlig Neues zu erschaffen. Zum Beispiel ein erweitertes Bewusstsein, das uns ermöglicht, schneller und tiefgreifender den Schmerz von Millionen Missverständnissen zu heilen und zu vergeben, das Männliche und das Weibliche neugierig und vorurteilsfrei zu erforschen, Frauen endlich wirklich gleichzustellen, ohne sie gleichzumachen, Männern mehr Raum für ihre Krise und ihren Neuanfang zu gewähren. Ein so waches Bewusstsein, das uns ermöglicht, uns gegenseitig nicht mehr im Namen der Liebe als Objekte zu benutzen, sondern wirklich zu erkennen. Dann werden wir nicht mehr nur von Liebe reden. Sie stellt sich natürlich ein.

Wir glauben, dass dies ein guter Zeitpunkt ist. Noch nie war die Möglichkeit so nah und die Notwendigkeit so dringend, die alten Beziehungsformen Konkurrenz und Kooperation hinter uns zu lassen und stattdessen echte Ko-Kreation zu kultivieren.
Chaos ist gut. Es stellt infrage, was über tausende von Jahren als selbstverständlich galt. Es bricht die verborgene Tektonik der alten verkrusteten Paradigmen auf. Es bricht *uns* auf. Wenn wir dagegen kämpfen, leiden wir. Wir kreieren Depressionen, Zorn, Angst und Burnout. Wenn wir mit dem Chaos kooperieren, sprengt es die Fesseln der alten Gewohnheiten. Es konfrontiert uns radikal frisch mit den wesentlichen Fragen des Lebens:

- *Wer bin ich?*
- *Warum bin ich hier?*
- *Was ist mein Beitrag?*
- *Gibt es die Liebe? Und wenn ja, wie kann ich sie wahrhaft fühlen und leben?*

Dieses Buch lädt uns alle ein – Mann und Frau und alle, die sich weder mit dem einen noch dem anderen Pol klar identifizieren können oder wollen –, uns neu zu erforschen und zu erkennen.

- *Wie erfahre ich mich als Mann, als Frau, und wie drücke ich mich in meinem Geschlechterverständnis authentisch und kraftvoll aus?*
- *Wie beziehe ich mich innerlich auf meinen weiblichen und meinen männlichen Pol?*
- *Wie kann ich mich selbst besser verstehen und lieben?*
- *Wie kann ich friedliche und lebendige Beziehungen mit dem anderen Geschlecht kreieren?*

Dieses Buch ist eine Einladung an dich, mutig und nüchtern alle Konzepte über dich und die Liebe auf den Prüfstand zu legen, alle zu eng gewordenen Strukturen in deinem Kopf und in deinen Beziehungen lustvoll aufzuknacken, damit dein wahres Selbst frei atmen kann. Nur ein starkes ICH kann einem anderen starken ICH die Hand für ein starkes WIR reichen. Nur Männer, die sich selbst verstehen und achten, können Frauen wirklich auf Augenhöhe sehen und lieben. Nur Frauen in ihrer vollen Kraft können sich Männern bewusst hingeben, aber auch effektiv gesunde Grenzen setzen.

Wir brauchen einen umfassenden Prozess der Vergebung zwischen Mann und Frau. Das ist nur möglich, wenn beide Seiten erwachen und das größere Bild sehen. Wenn wir den Blick aus unseren privaten Liebesbeziehungen und Kleinfamilien erheben und erkennen, dass wir alle Teil einer mächtigen kollektiven Entwicklungsreibung sind, die viele Jahrtausende zurückreicht. Wir müssen verstehen, dass die Art und Weise, wie wir uns heute, an genau diesem Tag, auf das andere Geschlecht beziehen, nicht egal ist.

Was du heute denkst und tust, schlägt unsichtbare Wellen, die noch die nächsten sieben Generationen beeinflussen werden. Die Geschichte der Menschheit passiert nicht einfach so. Wir alle erschaffen sie miteinander. Oder, wie Buckminster Fuller zu sagen pflegte: »Wir sind die Kapitäne des Raumschiffes Erde.« Wir können dieses Raumschiff nur gemeinsam in eine würdevolle und leuchtende Zukunft lenken. Wir brauchen dafür die männliche *und* die weibliche Kraft – nicht die eine über der anderen, auch nicht nebeneinander, sondern vereint in intelligenter Ko-Kreation.

Liebe ist keine Utopie.
Liebe ist die Zukunft.
Und wenn wir bereit sind,
auch unsere Gegenwart.

ÜBER DIESES BUCH

Warum?

Es ist nicht unsere Absicht, einen psychologischen, sozialen oder feministischen Ratgeber zu schreiben. Wir werden uns auch davor hüten zu verkünden, wie ein »richtiger« Mann oder eine »wahre« Frau in der heutigen Zeit zu sein hat. Im Gegenteil. Wenn uns unsere Arbeit mit Menschen etwas zeigt, dann dies:

Noch nie war so viel offen wie heute. Die Karten werden überall neu gemischt. Innen und außen. Es gibt kein allgemeingültiges Modell für *die* Frau oder *den* Mann mehr. Und … Entwicklung verläuft wesentlich rasanter. Während unsere Großeltern für 40 bis 60 Jahre relativ stabil in einem bestimmten Selbstverständnis und klar definierten Beziehungsstrukturen lebten, ist so gut wie jeder Mensch heutzutage herausgefordert, sich immer wieder selbst zu aktualisieren: Ist meine Weltsicht zu eng geworden? Ist mein Rollenverständnis noch passend? Spiegeln meine Beziehungsstrukturen meine aktuellen Werte wider?

Wenn dir dieser Evolutionsdruck manchmal Stress bereitet, tröste dich. Du bist damit definitiv nicht allein. Auch wenn wir kollektive Paradigmen nicht sehen können, jeder halbwegs sensible Mensch spürt die Erschütterungen dieser geistigen Fundamente. Geschlechterverständnis, Rollendefinitionen, Arbeitsverteilungen – nichts ist mehr, wie es war. Die alten Paradigmen liegen im Sterben. Die neuen sind noch nicht vollständig geboren. Es wäre lächerlich, dem hier vorzugreifen. Wir wollen unsere Erfahrungen und unsere Ahnung mit dir teilen. Unser Wunsch ist es, dir Lust zu machen, den neuen Mythos von Mann und Frau und Mensch gemeinsam mit vielen anderen Millionen bewussten Menschen zu erschaffen.

Seit dem Erscheinen unseres Beziehungsratgebers »Liebe radikal«, der zum Bestseller wurde, haben wir von vielen Singles und Paaren sehr viel bestätigendes Echo empfangen. Aber auch viele existentielle Fragen, auf die kein Ratgeber eine Antwort geben kann und es auch gar nicht versuchen sollte. Versteh uns nicht falsch, wir lieben unseren Werkzeugkoffer aus Kommunikationstechniken, Therapiemethoden und Beziehungsmodellen. Aber um ehrlich zu sein: Durch die entscheidenden Schallmauern unserer Partnerschaft hat uns keine noch so brillante Methode geholfen. Der Schlüssel war immer eine radikale Neuwahl im Geist, die uns von einem Beziehungsuniversum ins nächste katapultierte. So reifte in uns in den letzten Jahren der Wunsch, noch einmal ein Buch aus dieser Tiefe heraus zu schreiben. Für alle mutigen Liebhaber der Liebe, die in ihren Beziehungen nicht nur einen Deal, sondern die Kernfusion suchen. Wir adressieren mit unseren Worten auch deinen klugen Verstand, aber vor allem wünschen wir uns, diese tiefere Ebene der Wahl in dir zu berühren.

Wir gehen davon aus, dass du dieses Buch liest, weil du in mindestens einem Lebensbereich mehr willst. Mehr Freude. Mehr Freiheit. Mehr Fülle … Stimmt's?

Nun, hier kommt der Witz. All das, was du dir wünschst, steht dir zu. Du kannst so viel mehr erreichen, als du bisher lebst.

Aber …

der mächtigste Gegner (de facto der einzige, der dich davon abhalten kann) liest gerade diese Zeilen. Denn wenn dein Verstand etwas fest glaubt, wird nichts und niemand auf der Welt ihn davon abbringen, die Welt genauso zu erfahren und überzeugende Beweise dafür zu liefern. Du wirst dir Beziehungen suchen, die dich darin bestätigen. Du bist sehr, sehr mächtig. Wenn du recht behalten willst, wirst du recht behalten. Also legen wir uns damit erst gar nicht an.

Doch hier kommt die sensationell gute Nachricht. Wir haben es tausende Male in unserer Arbeit erlebt. Es gibt in dir eine noch tiefere Kraft als deinen urteilenden Verstand. Die liest jetzt gerade auch mit. Und sie ist noch viel mächtiger. Wenn dieses radikale Wesen in dir – nennen wir es einmal Seele – jetzt und hier beschließt, dass es Zeit ist, an etwas Neues zu glauben, bist du unaufhaltbar. Wenn auf dieser tiefen Ebene eine neue Wahl getroffen wird, werden sich all deine Beziehungen (und das meinen wir wortwörtlich) über Nacht verwandeln. Nicht weil die Menschen plötzlich ganz andere sind, sondern weil du erwachst. Weil du plötzlich etwas kristallklar sehen kannst, was immer schon direkt vor deiner Nase war. Vor dieser Kraft in dir zu wählen, ziehen wir den Hut. Ihr widmen wir dieses Buch. Bitte lies nicht nur mit deinem Verstand, sondern auch mit deinem Herzen. Du bist zu Wundern fähig.

Und noch etwas! Wir schreiben nicht nur für dein Privatvergnügen. Wir sind bodenständige Visionäre. Wir sehen, was in der Welt passiert. Wir sind überzeugt, dass sich unsere Spezies (noch) zu langsam entwickelt, um die anstehenden Herausforderungen zu meistern. Wir vergeuden brutal viel Lern- und Gestaltungspotential in unseren Beziehungen, weil wir nicht miteinander ko-kreieren, sondern uns relativ dumpf aneinander reiben.

Wir sind überzeugt, dass sich unsere Entwicklung auf charakterlicher, kognitiver und spiritueller Ebene exponentiell beschleunigen wird, wenn Männer und Frauen sich selbst mit mehr Selbstachtung begegnen und dann in neuem Respekt auf die andere Seite zugehen.

Lieber Mann!

Erst einmal finden wir es genial, dass du dieses Buch liest. Wir brauchen viel, viel mehr Männer, die sich mit diesen Fragen (hoffentlich freiwillig) beschäftigen. Der nächste Satz gefällt deinem Ego vielleicht nicht: Wir glauben, dass Frauen, was die innere Entwicklung betrifft, einen Vorsprung haben. Ihre bisherigen evolutionären Aufgaben hatten sie eher auf das *Jetzt* konzentriert, Männer mehr auf den Horizont, die Zukunft. Hinzu kommen 150 Jahre Feminismus. Wir beobachten jedenfalls in unseren Seminaren viele wundervolle, starke, schöne, tiefsinnige Frauen, die (scheinbar) Schwierigkeiten haben, einen reifen Partner für die nächste Runde der Evolution zu finden. Da wir aus eigener Erfahrung wissen, wie viel Lust, Freude und auch Power durch eine potente Partnerschaft freigesetzt werden können, halten wir diesen Zustand schlichtweg für eine Verschwendung evolutionärer Ressourcen. Wir schreiben dieses Buch deshalb auch in dem Wunsch, noch wesentlich mehr Männer dafür zu begeistern, nicht nur Welten im Außen zu errichten, sondern die inneren besser kennenzulernen. Männer, davon sind wir überzeugt, stehen am zarten Anfang ihrer Befreiungsbewegung.

Für wen?

Auch wenn wir beide klassisch heterosexuell leben und man *Samurai* und *Königin* klischeehaft dem *Mann* und der *Frau* zuordnen könnte, schreiben wir das Buch ganz klar für jeden Menschen. Für Männer, Frauen und all jene, die sich weder mit dem einen noch dem anderen Geschlechtspol identifizieren, und für jene, die als Frau in einem männlichen und als Mann in einem weiblichen Körper leben. Das Thema ist natürlich sehr delikat. Noch immer ist unsere Gesellschaft viel zu wenig dafür sensibilisiert. Wir wissen aus vielen Gesprächen, wie viele existentielle Fragen und Konflikte Menschen in ihrem Selbstbestimmungsprozess erfahren können, die durch das normierte Raster der vorgegebenen Geschlechterklischees hindurchfallen. Wir sind unserer Tochter unendlich dankbar, die uns mit ihrer Passion für Gleichstellung die Augen und Herzen für all die vielen wunderbaren Rainbow-Schattierungen der Geschlechter und sexuellen Neigungen geöffnet hat. Wir haben homo- und bisexuelle Freunde, und beim Schreiben haben wir uns immer wieder die Frage gestellt: »Funktioniert« das Buch auch für sie?

Wir glauben, ja. Denn letztendlich bezieht sich das Buch primär auf innere weibliche und männliche Qualitäten, die in jedem Menschen als einzigartiger Mix angelegt sind. Eine unserer zentralen Thesen lautet deshalb auch: Es gibt sie nicht mehr und wahrscheinlich gab es sie noch nie – *die* typische Frau, *den* klassischen Mann. Wir haben heutzutage die Freiheit, alle vorgegebenen Normen zu hinterfragen und unsere Einzigartigkeit zu bejahen.

Wir beschreiben Urkräfte des Lebens – Eros und Logos – und Archetypen – Anima und Animus. Sie wirken in jedem von uns.

Also laden wir dich ein, das *gesamte* Buch persönlich zu nehmen. Als Mann könntest du versucht sein, die Kapitel über die Königin zu überspringen. Das wäre schade. Denn zum einen werden sie dir helfen, Frauen besser zu verstehen. Und zum anderen wirst du, wenn du dich wirklich auf die Königin einlässt, ihre Schönheit und Güte auch in dir finden. Was wir versuchen, in Worte zu fassen, existiert als mächtiges, kollektives Feld. Wenn du aufmerksam liest, wird es dich berühren und deine innere Anima in ihrer Bewusstwerdung stimulieren. Sie kann dich zum Beispiel lehren, auf allen Ebenen, auch der emotionalen, gut für dich allein zu sorgen.

Frauen wiederum möchten wir ausdrücklich dazu ermutigen, sich der Kraft des Samurai voll zu öffnen[5]. Es ist für jede Frau ab einer bestimmten Entwicklungsstufe essentiell, einen star-

---

5 Bei der Recherche haben wir übrigens festgestellt, dass es in Japan sehr wohl weibliche Samurais gab. Sie werden in der Literatur nur gern totgeschwiegen, weil sie nicht ins Klischee passen.

ken Animus zu entwickeln, um ihre volle Power – von Männern unabhängig – in die Welt einzubringen.
Auch wenn es in unserer Metapher oberflächlich um eine Königin und einen Samurai geht – das gesamte Buch handelt von dir. Jede Seele sucht wie die Königin nach dem Geheimnis wahrer Schönheit und wie ein mutiger Krieger nach ihrer Mission.

Auch für Singles?

Die Frage, ob dieses Buch auch an Singles gerichtet ist, erübrigt sich eigentlich. Denn letztlich ist jeder Mensch ein »Single«, ein eigenständiges Wesen, ob er in einer Beziehung lebt oder nicht. Er steht immer für sich allein.
Du kannst jedes Kapitel auf zwei Ebenen lesen. Auf der weltlichen – bezogen auf deine realen, äußeren Beziehungen. Besonders der dritte Teil wird dir dabei helfen zu verstehen, warum du gerade solo unterwegs bist, und wird dich entweder in deiner Wahl bekräftigen oder dich auf das nächste Beziehungsabenteuer vorbereiten. Doch die eigentliche Offenbarung wartet auf der inneren Deutungsebene auf dich, wo du dich nicht mehr als einen kleinen, von allem getrennten Menschen, sondern als Schauplatz einer kosmischen Liebesaffäre zwischen Eros und Logos erfahren kannst. Findet hier, in dir, ein Erwachen statt, wird auch deine gesamte äußere Beziehungswelt freier und lebendiger erblühen.

Die Ansprache

Wir haben es uns nicht leicht gemacht. Um dem allumfassenden Anspruch des Buches gerecht zu werden, müssten wir korrekterweise nicht nur immer Frau und Mann ansprechen, sondern auch noch alle anderen Menschen. Wir haben uns bewusst dagegen entschieden, um den Fluss des Textes nicht zu sehr ins Holpern zu bringen. Allerdings werden wir hin und wieder die Ansprache wechseln, erweitern, um allen Lesern und Leserinnen zu signalisieren, dass wir dich – ja genau dich – beim Schreiben in unserem Herzen tragen. Für alle, die sich gerade weder als Mann noch als Frau wahrnehmen: Bitte fühle dich durch den Begriff »Zauberwesen« liebevoll angesprochen.

Die drei Abschnitte

Im Grunde genommen hältst du drei Bücher in der Hand. Jeder Mensch verfügt – stark vereinfacht – über drei verschiedene Intelligenzen: Herz, System und Praxis. Das Herz erfühlt die Dinge. Die systemische Intelligenz versteht sie. Die praktische setzt um. Unser Anliegen ist es, alle drei Ebenen anzusprechen. Deshalb erwartet dich ein Märchen für das Herz, ein Manifest für den großen Überblick und ein persönlicher Brief an dich mit der Einladung, die Inspiration nun in die Tat umzusetzen. Je nachdem, wo deine Stärken liegen, werden sie dich unterschiedlich stark ansprechen. Sie bauen aufeinander auf, und dennoch laden wir dich ein, in deinem bevorzugten Drittel zu beginnen und dich den anderen danach zu nähern.

Die Königin und der Samurai. In dem wir für diesen Teil die Form eines Märchens wählen, gehen wir bewusst ein Risiko ein. Geschichten sind nicht jedermanns Sache. Doch wir haben diesen Teil nicht nur aus Spaß geschrieben. Die menschliche Psyche ist ein faszinierendes, komplexes Innenreich, das von dir nicht nur bedacht und besprochen, sondern vor allem erfahren werden möchte. Unser Unterbewusstsein arbeitet wesentlich stärker mit Bildern als mit Worten. Ortet es in einer Geschichte eine archetypische Kraft, bringt sie diese auch in dir zum Schwingen. Deshalb laden wir dich ein, das Märchen nicht nur mit dem Verstand, sondern auch mit dem Herzen und deinem Körper zu lesen. Welche Gedanken, Gefühle und Empfindungen tauchen beim Lesen auf? Welche Episoden berühren dich besonders stark? Ziehen sie dich an, oder stoßen sie dich ab?

Nicht wir haben die Königin und den Samurai als Hauptfiguren ausgesucht. *Sie* haben uns auserwählt, über sie zu berichten. Plötzlich tauchten sie in unseren Träumen, Meditationen und Gesprächen auf. Wir fühlten beide eine starke Resonanz und folgten ihrem Ruf. Die beiden weckten unser Licht, brachten aber auch bisher verleugnete Schatten an die Oberfläche. Auch wenn wir ihre Botschaft in ein Märchen gekleidet haben, die Königin und der Samurai sind nicht nur eine willkürliche Idee. Sie repräsentieren Archetypen unserer kollektiven Psyche. Wenn du in das Märchen eintauchst und dich von den beiden berühren lässt, werden sie dich ganz sicher etwas Kostbares über deine Essenz und den Sinn deines Lebens lehren. Sie werden den Mann und die Frau in dir an die Hand nehmen und ihnen ein Königreich zeigen, das als menschliche Möglichkeit in jedem von uns existiert. Deshalb taucht es in allen Kulturen und Traditionen immer wieder als Mythos auf, zum Beispiel in den Legenden vom Paradies, Atlantis oder Shangri-La.

Keine Angst, du musst dafür an nichts glauben. Archetypen sind älter als jede Religion. Sie gleichen eher uralten Informationsfeldern, die unsere verschiedenen Götterbilder und Glaubenskonzepte benutzen, um sich immer wieder neu und zeitgemäß auszudrücken.

Lass dich überraschen! Seitdem wir der Königin und dem Samurai Einlass in unser vielbeschäftigtes Leben gewährt haben, lehren sie uns. Über ein würdevolles, authentisches Mann- und Frausein, über alte und zugleich zeitlose Tugenden wie Ehre, Milde und Hüterschaft. Ihre Kräfte und Botschaften haben unsere Beziehung in den letzten zwei Jahren auf ein bis dahin noch nie erfahrenes Level an Tiefe und lebendiger Ko-Kreation geführt.

Vor circa einem Jahr begannen wir behutsam, die Königin und den Samurai in Veits Vorträgen unserem Publikum vorzustellen. Wir stellten ihnen auch historische, neurowissenschaftliche und psychologische Erkenntnisse an die Seite, doch letztendlich erzählten wir ein Märchen. Die leuchtend bestätigenden Augen unserer Zuhörerinnen signalisierten uns, dass dies nicht nur unsere persönliche Geschichte war. Sie erinnerten sich beim Zuhören an ihre innere Königin. Bei noch keinem anderen Thema haben wir so viele Männer in aufmerksamer Haltung lauschend und oft sogar mit Tränen in den Augen gesehen. Ob Buchhalter, Masseur oder Unternehmer – viele Männer wissen heutzutage, wie es sich anfühlt, wenn sie im

Strudel des Alltags ihre wahre Mission aus den Augen verlieren. Wir sind sehr gespannt, ob und wie die Königin und der Samurai dich berühren werden.

Das Manifest der Liebe. Im zweiten Drittel des Buches beleuchten wir einige der mächtigsten Archetypen der menschlichen Seele. Eros und Logos, Animus und Anima. Wir bieten dir eine Landkarte ihrer Entwicklungsstufen an – für uns Geburtswehen der Liebe. Wir haben beim Schreiben noch einmal wesentlich mehr Respekt für das Wirken der Archetypen im Leben eines einzelnen Menschen, aber auch in unserer gesamten Gesellschaft gewonnen. Wir können uns ihrem Einfluss nicht entziehen. Seitdem es den Menschen gibt, speist jeder unserer Vorfahren seine individuellen Erfahrungen in das kollektive Gedächtnis der Menschheit ein. Hinter jedem Mann stehen Abermillionen von Männern. In jeder Frau schlägt das Herz aller Frauen. Doch Archetypen sind nicht nur ein Sammelbecken unserer vergangenen Erfahrungen. Sie repräsentieren auf geheimnisvolle Weise eine Ahnung unserer zukünftigen Möglichkeiten. Wir wissen nicht wirklich, woher sie kommen. Doch sie transportieren in ihren Bildern und Energien ganz bestimmte Qualitäten, an die wir andocken können, um uns zu stärken und weiterzuentwickeln. Für uns sind Archetypen wie Animus und Anima, Heilerin und Hure, Königin und Krieger, Part einer geistigen DNA der Menschheit. Sie werden in bestimmten Lebensphasen und Kulturepochen unterschiedlich stark aktiviert. Wahrscheinlich benutzen eher sie uns als umgekehrt. Wie unsichtbare Felder (Meme), die sich stark im Einzelnen und im Kollektiv melden, wenn ihre Zeit gekommen ist.

Wenn du dich ihnen verwehrst, geben sie nicht etwa Ruhe. Sie werden dann *autonom*. Sie entwickeln ein ungesundes Eigenleben und benutzen dich wie einen Spielball. Sie treten über die »Hintertür«, über deine Träume in dein Leben ein. Sie verwenden andere Menschen als Projektionsflächen, die du dann unerklärlich stark fürchtest, bewunderst oder begehrst. Sie schicken dir körperliche Symptome und intensive Gefühle, um dich auf sie aufmerksam zu machen.

Obwohl alle Archetypen spannende Botschaften in sich tragen, konzentrieren wir uns in diesem Buch vor allem auf Animus und Anima. Der Grad deiner Bewusstheit im Umgang mit ihnen entscheidet maßgeblich über dein Selbstverständnis als Mann, Frau oder Zauberwesen und über die Qualität deiner Beziehungen. Wir stellen dir sieben Entwicklungsebenen dieser Archetypen vor. Viele befreiende Aha-Erlebnisse sind garantiert!

Ein Brief an dich. Wir glauben, dass du dieses Buch nicht aus Zufall liest. Es hält in irgendeinem Absatz, einer Frage, einer Aussage einen Spiegel für eine Kraft in dir bereit, die gelebt werden möchte. Unser tiefster Wunsch ist es, dich zu ermutigen, dich noch mehr einzubringen, noch authentischer deiner Wahrheit zu folgen. Möge dieses Buch nicht in deinem Bücherregal verstauben, sondern sich in ein fruchtbares Samenkorn für dein Potential verwandeln.

Möge es die Tugenden der Samurais und die Macht der Königin in dir entfesseln.

Das schönste Geschenk, das du mit uns allen teilen kannst, bist du in deiner freiesten Version.

Wie schreiben wir?

Vielleicht fragst du dich beim Lesen manchmal, wer das gerade geschrieben hat. Veit oder Andrea? Den Akt des konkreten Niederschreibens hat zu circa 80 Prozent Veit übernommen. Jeder von uns ist ein starkes Eigenwesen, und gleichzeitig begreifen wir uns seit vielen Jahren in unserer Arbeit als *ein* System. Wir konzentrieren uns auf das gemeinsame Anliegen und schauen dann sehr genau, wer von uns auf welchem Kanal am wirksamsten dienen kann. Wir wollen nicht unser Ego befriedigen, sondern dem Zweck so optimal wie möglich dienen. So liegt Veit das Schreiben wesentlich mehr, während eine von Andreas Stärken zum Beispiel darin besteht, Menschen im Direktkontakt sehr schnell auf den Punkt zu bringen und zu verzaubern[6].

Doch der Inhalt, die essentiellen Kerngedanken stammen ganz klar von uns beiden. Dieses Buch war auch für uns ein neuer, überaus spannender kreativer Prozess. Wir haben das, was ausgedrückt werden wollte, in vielen Gesprächen, Meditationen und tatsächlich auch Träumen gemeinsam auf die Erde geholt, diskutiert und verfeinert. Natürlich gibt es Gewichtungen. Zum Beispiel hat Andrea den Brief an die Frauen und Veit den an die Männer geschrieben.

Wir haben bewusst darauf verzichtet, bei jedem Kapitel anzugeben, wer jetzt gerade schreibt. Das hätte den Lesefluss ge-

---

6 Anmerkung von Veit: Wenn Andrea dieses Buch geschrieben hätte, wäre es maximal zehn Seiten lang. ;-) Nicht, weil sie nichts zu sagen hat, sondern weil es ihre Art und Kunst ist, die Wahrheiten des Lebens auf Koan-Länge einzudampfen.

stört. Stell dir am besten vor, dass wir beide über das Buch mit dir sprechen. Wer gerade das Wort führt, ist nicht wichtig. Es ist *eine* Quelle.

Empfehlungen für dein Lesen

Wie gesagt, wollen wir in diesem Buch nicht beschreiben, was ein richtiger Mann, eine gute Frau ist. Das wäre vermessen und verfehlt. Du bist einzigartig. Wir wünschen uns, mit Worten und Bildern deine weiblichen und männlichen Qualitäten wachzurufen. Wir haben nicht den Anspruch, die Wahrheit zu verkünden. Wir begreifen uns als Feldforscher, die von ihrer Erfahrung berichten. Bitte übernimm also nichts einfach so als ein Konzept. Doch es wäre toll, wenn du dem Geschriebenen eine Chance geben würdest, dich zu berühren. Wenn du beim Lesen auf deine Re-Aktionen achtest. Auf die zustimmenden wie die abwehrenden. Vielleicht machst du dir dort, wenn dein innerer Sensor ausschlägt, am Rand eine Notiz und kommst später noch einmal zu dieser Stelle zurück. Belebe und vertiefe das Wort mit der Frage: »Was hat dies konkret mit mir zu tun?«
Wenn dich unser Buch »Königin und Samurai« inspiriert, laden wir dich zu einem Experiment ein: Lies es mindestens zweimal. Zuerst aus der Perspektive des Geschlechts, mit dem du dich mehr identifizierst, und dann aus der Sicht der anderen Seite. Wenn du ein Mann bist, konzentriere dich im ersten Durchlauf auf den Samurai in dir. Lies dann die Kapitel über die Königin noch einmal, als wärest du selbst eine Frau. Vielleicht überrascht es dich, was du dabei in dir entdeckst.

Bitte lies dieses Buch auch für alle Menschen, die du kennst. Einige nordamerikanische Indianerstämme beginnen ihre Schwitzhüttenrituale mit einem, wie wir finden, wundervollen Ritual. Bevor ein Mensch den heiligen Raum betritt, geht er auf seine Knie (die Öffnung ist niedrig und klein), und er wiederholt mehrere Male den Satz: »Für all meine Beziehungen.« Er macht sich so bewusst, dass jede Heilung, jede Erkenntnis, die er erfährt, immer all seinen Mitmenschen und auch den kommenden Generationen zugutekommt. Wir Repräsentanten einer westlichen, hoch individualisierten Kultur haben leider häufig vergessen, dass wir wichtig für andere sind. Du bist wichtig. Die Art und Weise, wie du heute Morgen aufgestanden bist, wie du lebst und liebst, wie du Männer und Frauen siehst und sie behandelst hat eine große Wirkung. Im Leben der Menschen, die direkt mit dir zu tun haben, aber eben auch für uns alle. Lies dieses Buch bitte nicht nur für dich, sondern für alle, die sich nach einer freieren, aufmerksameren, liebevolleren und weiseren Version von dir sehnen. Deine Liebsten, deine Kids, deine Kollegen, die Fremden auf der Straße – wir alle brauchen dich.

Das, was die Menschheit bis hierher demonstriert hat, ist nicht das Ende unserer Möglichkeiten. Es kann erst der Beginn sein. Die nächste (R)Evolution wird kein einzelner Messias auslösen oder ein wild gewordener Diktator, sondern viele Millionen Frauen und Männer, die dort, wo sie wirken, erwachen. In ihr volles Potential, in die Liebe, in die Freiheit.

Wenn der Samurai in dir erwacht, wird er die Königin schützen.
Und sie wird führen.
Im Namen der Liebe.

DIE WEBSEITE

Wenn dich das Thema packt, schau auf jeden Fall auf der Webseite zum Buch unter **www.königin-samurai.de** vorbei. Wir haben beim Schreiben bemerkt, dass wir unmöglich alles, was wir gern mit dir teilen würden, in dieses Buch packen können. Auf der Webseite findest du Interviews mit Menschen, die zu diesem Thema etwas zu sagen haben, geführte Meditationen, Vortragsvideos, weiterführende Buch- und Filmtipps. Ein Besuch lohnt sich!

Und jetzt viel Freude beim Lesen!

PART 2

DIE KÖNIGIN UND DER SAMURAI

IN DER ZUKUNFT

2097: Der Mann stand bis zur Hüfte im türkisblauen Wasser der Bucht. Obwohl er weit über hundert Jahre alt war – in dieser Zeit keine Seltenheit mehr –, sah er erstaunlich rüstig aus. Er trug sein silbergraues Haar kurz geschoren. Die lederne, braungebrannte Haut spannte sich immer noch über seinen drahtigen, asketischen Körper.

Tränen flossen über sein Gesicht, während die Sonne wie eine andächtige Verheißung am Horizont aufstieg. Die funkelnden Reflexionen ihres rötlich goldenen Lichts breiteten sich auf der fast spiegelglatten Oberfläche des Meeres aus, bis sie auch ihn umhüllten.

Für einen kurzen Augenblick versank Naru in der Schönheit dieses Anblicks. Doch heute konnte sich seine Seele nicht mit der Morgenröte erheben. Denn in seinem Herzen war es Nacht. Vor ihm lag der tote Körper seiner Geliebten, in einem einfachen Leinenkleid – aufgebahrt auf einem Floß aus Holz. Wie ein Relikt aus alten Zeiten. So hatte sie es sich gewünscht. Ein Teil in ihm kämpfte stumm gegen die Endgültigkeit des Abschieds. Zärtlich glitt sein Blick über ihr filigranes, von Liebe, Lust und Lachen gegerbtes Gesicht. Die tiefen Falten verrieten ihr Alter, und doch umhüllte nun eine Aura der Zeitlosigkeit ihren Körper. Das verspielte Mädchen, die wilde Geliebte und die weise Alte gingen gemeinsam nach Hause. Ihre Lippen, die er oft sanft und noch häufiger feurig geküsst hatte, hatten das Lächeln ihres letzten, friedvollen Atemzugs eingefangen.

Naru war ein furchtloser Krieger, über 50 Jahre geschult im Loslassen. Doch vor diesem Moment hatte er sich – das wurde ihm nun klar – immer gefürchtet. Dea war damals der einzige Grund für ihn gewesen, in dieses Leben zurückzukehren und es lieben zu lernen. Er hatte keine Angst vor dem Tod, aber vor einem Dasein ohne sie. Deshalb hatte er gehofft, mit ihr zusammen gehen zu können. Doch ihre Lehrer hatten es anders gewollt. Gerade hasste er sie dafür.

Er hatte Dea versprochen, sie hierher zurückzubringen, falls sie vor ihm sterben würde. Auf die kleine verwunschene Mittelmeerinsel ihrer leiblichen Ahnen. Meeresbestattungen waren seit über hundert Jahren nicht mehr erlaubt, doch alle hier hatten Dea geliebt. Ihr letztes Geschenk an sie war diese ungestörte Bucht an diesem Morgen. Niemand würde etwas sehen oder später nachfragen.

Sie hatten ein glückliches Doppelleben geführt. Für die meisten Menschen, die ihn oberflächlich kannten, war Naru ein überaus erfolgreicher Geschäftsmann. In seinem verborgenen Leben war er in den Tugenden der alten Samurais trainiert worden. Was viele nicht wussten, war, dass die Wurzeln dieser alten japanischen Kriegerkaste in eine Zeit zurückreichten, in der es noch gar kein Japan gab. Samurai übersetzt bedeutete nicht *Krieger*, wie viele vermuteten, sondern *Dienender*.

Ja, er hatte gelernt zu dienen. Dem großen *Wirken*. Er hatte gelernt, seinen Geist von Gier und Angst zu leeren, um das Leben rein empfangen und ihm folgen zu können. So wusste er an diesem Morgen, was zu tun war. Auch wenn sein Herz blutete, stieß er das Floß kräftig ab und überließ es der Strömung, die es hinaus auf die offene See trieb. Leise und ruhig glitt Deas Körper auf einem Teppich aus Licht dem Horizont entgegen. Als das Floß die kleine Bucht verließ, entzündete er über den kleinen Sender in seiner Hand das präparierte Holz. »Mein letzter Dienst für deine Reise, Geliebte. Wo auch immer du nun bist, Dea, lass los. Geh frei im großen Geist auf.« Die hungrigen Flammen vermischten sich mit den gleißenden Strahlen der Sonne und erschütterten den letzten Traum, an dem er festgehalten hatte. Die Traurigkeit schlug erbarmungslos wie eine dunkle Welle über ihm zusammen. Mit bleiernen Schritten schleppte er sich zurück ans Ufer und brach weinend zusammen.

Naru dachte, er hätte gelernt, sich hinzugeben. Doch in dieser letzten Schlacht erhob sich sein Wille so verbittert wie noch nie gegen den Lauf des Schicksals. Ein zynischer Gedanke verdunkelte seinen Verstand: »Worin besteht der Sinn, sich so tief auf ein anderes Wesen einzulassen, wenn dir am Ende doch nur das Herz gebrochen wird? Warum war ich so dumm, etwas Lebendes mit jeder Faser meines Seins zu umarmen, wenn doch klar war, dass ich es irgendwann gehen lassen muss?«

Für einen kurzen Moment tauchten seine Brüder vor seinem inneren Auge auf, die sich im Gegensatz zu ihm vor langer Zeit entschieden hatten, im Bergkloster zu bleiben und die Welt der Sinne nicht mehr zu berühren. Sie hatten die Leere gewählt, und er hatte sich in die Fülle gestürzt. Er ahnte, dass sie gerade für ihn beteten. Ihr nüchterner, leiser Frieden bildete einen Schutzkreis um ihn, in dessen Mitte er wie ein verwundeter Narr saß und weinte.

War er also wieder eingeschlafen? War dies alles ein großer Fehler gewesen? War das Leid, das nun in ihm brannte, die Strafe für seinen Irrtum? Diese hässlichen Fragen formten in seinem Denken einen dunklen Trichter der Verzweiflung. Sein

Sog versuchte ihn, alles, was er mit Dea erfahren hatte, infrage zu stellen und in die Dunkelheit zu stürzen.

Da ertönte plötzlich ihr helles, schelmisches Lachen. Wie oft hatte sie ihn damit geneckt und liebevoll aus seiner zu verbissenen Ernsthaftigkeit gelockt?

Was sollte das?! Dea war tot. Welcher Teil seines Verstandes trieb Schabernack mit ihm?

Da war es wieder. Lieblich und frech.

Warum bist du so traurig, mein Liebster?

Wahrscheinlich werde ich verrückt.

Nein. Du wachst gerade auf.

Ich höre deine Stimme.

Ja, ich weiß.

Aber du bist tot.

Bin ich das?

Höre ich wirklich dich, oder spricht mein Verstand mit deiner Stimme zu mir?

Ach du! Ist da wirklich noch ein Unterschied?

Was meinst du damit?

Haben wir uns nicht immer zum Abschied gesagt: »Da, wo du bist, da bin auch ich.«?

Ja.

Denke an unsere innigsten Momente, Geliebter, und erinnere dich. Wo hörst du auf, und wo fange ich an? Kein Grund, traurig zu sein. Ich bin hier. Immer.

Aber ich will dich berühren. Ich will in deinen grünen Augen baden. Ich möchte deine Hand halten, wenn ich auf das Meer schaue.

Ich weiß. Ich verstehe dich. Und … es ist Zeit, ganz aufzuwachen.

Wie?

Bist du bereit für deine letzte Lektion?

Ja.

Darf ich dich führen?

Ja.

Dann laufe jetzt nach Hause. Weine. Wüte. Tanze. Tu, was immer du tun musst, um deinen Schmerz zu ertragen. Doch heute Nacht leg dich nicht in dein Bett, sondern geh in die kleine Kapelle am Fuße des Berges.

Du meinst die, in der du damals unseren Trauring auf dem Altar liegen ließest, weil du der Meinung warst, unsere Ehe wäre besser in den Armen Gottes als in unseren Händen aufgehoben?

Genau die. Setz dich vor den Altar. Versenke deinen Geist in der Stille, wie du es bei deinen Brüdern gelernt hast. Dort werden wir uns wiedersehen. Ich helfe dir, dich auf deine letzte Herausforderung vorzubereiten.

DIE KAPELLE

Ein Samurai kennt zwei Wege in die innere Freiheit – das Feuer und das Meer.
Der Weg des Feuers führt ihn direkt in den Schmerz, in den Tumult, in den Lärm. Anstatt das, was er fürchtet, zu vermeiden, bleibt ein Samurai stehen. Er empfängt seinen inneren Gegner mit offenen Armen. Er schichtet aus all den unangenehmen Erfahrungen – Angst, Trauer, Wut, Ohnmacht – seinen eigenen Scheiterhaufen. Dann stellt er sich freiwillig darauf und zündet ihn selbst an. Es mag verrückt klingen, doch tatsächlich ist es weise. Seine Dämonen ziehen ihre Kraft aus seinem Kampf gegen sie. Sie versuchen ihn, sich gegen sie zu erheben. Doch wenn er wach ist und den Spieß umdreht und sich ihnen bewusst hingibt, entzündet seine Hingabe ein reinigendes Feuer in ihm, in dem alle Trugbilder verbrennen. Übrig bleibt reine, stille Essenz. Das, was wir alle in der Tiefe sind.
Der Weg des Meeres führt den Samurai direkt in den Frieden und die Weite jenes mächtigen Ozeans, der in jedem von uns darauf wartet, dass wir ihn entdecken. Manche nennen dieses stille, unendliche Meer des Bewusstseins den Großen Geist, andere Weltenseele oder Brahman. Wenn sich die kleine Ich-Welle entspannt, erinnert sie sich. Sie lässt los und findet sich im gesamten Ozean wieder.
Ein Samurai lernt, in dieser Stille zu ruhen. Er beobachtet unbewegt all die Gedanken und Gefühle, die wie kleine Sedimente vom Boden des Meeres aufsteigen und wieder dahin zurücksinken. Mit jedem Ausatmen lässt er seine kleine

Ich-Identität los. Er taucht tiefer und tiefer in den Urgrund ein. Er dehnt sich weiter und weiter in ihm aus. Er wird zur Stille jenseits der Stille.

In dieser sternenklaren Nacht war Naru müde vom Schmerz und wünschte sich so sehr diesen inneren Frieden. Noch immer hielt er seinen Dialog mit Dea für eine Fata Morgana seines in Trauer halluzinierenden Verstandes. Doch stärker als der Zweifel wühlte ihn die Sehnsucht auf. Nach ihr? Oder nach Freiheit?

Kurz nach Sonnenuntergang betrat er die kleine Kapelle, zündete eine Kerze an und nahm seine Sitzposition vor dem Altar ein. Er beruhigte den Atem und schloss die Augen. Sein Verstand, aufgepeitscht von Schmerz und Trauer, gab sich langsam und zögerlich der inneren Stille hin – so wie ein verletztes Kind im Schoß der Mutter nach und nach zur Ruhe kommt. Mit jedem Ausatmen sank er mehr in sich hinein. Er ließ den Kampf an der Oberfläche zurück und gab sich der Weite hin. Er hatte keine Angst vor der Dunkelheit seines Bewusstseins, denn so paradox es klang: Sie war heller als jedes irdische Licht. Die Leere, die ihn empfing, war nicht leer. Sie war voller als voll. Das Nichts, in das er eintauchte, war alles.

Man kann dies nicht verstehen, sondern nur erfahren. Denn der Verstand hat hier keinen Zutritt. Hier – in der schwerelosen Weite der namenlosen Stille war Narus Seele frei, weil es ihn als kleine, verletzbare Person nicht gab.

Ein Moment – aufgelöst in den Tiefen dieses Ozeans – fühlt sich an wie eine süße Ewigkeit. So wusste er nicht, wie lange er so gesessen und gelauscht hatte, als er die leise, ruhige Stimme von Dea vernahm.

Bist du bereit, Geliebter?

Ja.

Was ist es, was du wirklich-wirklich willst?

Ich möchte frei sein *und* ich möchte mit dir sein.

Du bist immer mit mir. Wir können nicht getrennt werden.

Ja, ich weiß das. Theoretisch. Ich habe es tausendmal gelesen und selbst gesagt. Aber jetzt kann ich es nicht fühlen.

Um uns vollständig zu erfahren, musst du radikal erwachen.

Wie?

Indem du den Traum durchschaust.

Wie mache ich das?

Indem du ihn noch einmal als Beobachter bewusst durchwanderst. Geh dorthin zurück, wo unsere gemeinsame Geschichte begann.

Meinst du unsere Ehe?

Nein. Lass uns viel weiter zurückgehen.

Du meinst zurück bis nach Homodea?

Ja. Lass los. Ich führe dich.

Ein kühler, angenehmer Luftzug berührte Narus Stirn zwischen seinen Augenbrauen. Er wusste, was jetzt kam. In der Ausbildung bei seinen Brüdern hatte er gelernt, ohne Körper in der Zeit zurückzureisen. Er ließ sich fallen und erwachte in Homodea. Da, wo er sie zum ersten Mal sah und lieben durfte. Und er erlebte es noch einmal, aus seinen und aus ihren Augen.

DIE ERSTE NACHT: DIE UNSCHULD

Es war einmal ein Inselreich, Homodea, in dem seit langer, langer Zeit Frieden und Wohlstand herrschten, weil Mann und Frau einander erkannten und deshalb achteten.

Homodea wurde seit vielen Jahren – niemand wusste genau, wie lange schon – von einem weisen Königspaar regiert. Wenn ich sage *regiert*, trifft es das nicht ganz. Denn sowohl die Königin als auch der König waren Ewigkeiten nicht mehr gesehen worden. Sie lebten zurückgezogen in den Gärten des Palastes und wirkten von dort fast unmerklich und doch stetig und liebevoll auf die Harmonie im Reich ein. Sie waren über das unsichtbare Gewebe der Liebe mit allen Wesen in ihrem Land verbunden.

Homodea kannte keinen Krieg. Der Gedanke, einen anderen zu verletzen, erschien absurd. Denn jeder fand sich in allem wieder. Sie begegneten sich auf der physischen Ebene mit großer Wachheit, natürlichem Respekt und frischer Freude. Sie ehrten und genossen ihre Körper. Doch sie sahen auch, dass der andere viel mehr war als sein Leib. Sie lauschten einander gern. Denn der Verstand des anderen war für sie nicht nur eine Ansammlung von Gedanken, sondern ein Kunstwerk. Gewoben aus dem Licht der einen Schöpferkraft. Sie schauten einander gern offen und empfänglich in die Augen. Denn diese waren die Fenster zur Seele. Über sie tauchten sie in das grenzenlose, freie Wesen ihres Gegenübers ein. Sie badeten im komplexen, vielschichtigen, farbenfrohen Meer seiner Psyche. Sie fanden im anderen den gesamten Kosmos wieder und immer auch sich selbst. Sie wandelten mit Achtung durch die Welt, denn sie begriffen alle Menschen, Tiere, Pflanzen und Steine als Nachfahren des ersten Lichts.

In den Tagen, von denen diese Geschichte berichtet, empfand jeder ein stilles, ekstatisches Glück. Die Quelle des Gefühls war ihre Königin, die sie auf diesem Wege an ihrer Empfängnis teilhaben ließ. In ihrem Bauch wuchsen Zwillinge heran. Ein Mädchen und ein Junge. Zwei und doch eins. Neun Monate ruhten die zwei im ozeanischen Frieden des Mutterbauches. Deren bedingungslose Liebe nährte und beschützte sie und ermutigte sie gleichzeitig, sich frei zu entfalten.

Als die Zwillinge zur Welt kamen, feierte das ganze Land. Die Weisen prophezeiten beiden ein langes Leben und bedeutsame Aufgaben. Sie gaben dem Mädchen den Namen Dea, die *Göttin*, denn sie würde einmal den Platz ihrer Mutter einnehmen und als Königin die Geschicke von Homodea lenken. Den Jungen nannten sie Naru, der *Stern*. Er würde wie ein heller Stern am Horizont über seine Schwester wachen, ihr mit seinem Licht Orientierung in dunklen Zeiten schenken und sie beschützen.

Beide Kinder offenbarten früh besondere Gaben. Dea konnte, noch bevor die ersten Worte über ihre Lippen kamen, in ihrem Herzen mit der Liebe sprechen. Du musst wissen, für die Bewohner in Homodea war die Liebe kein Konzept oder ein romantisches Märchen. Es war für sie das Urgewebe, das Alpha und das Omega des Universums. Für Dea war die Liebe selbstverständlich in allem existent. In der Gegenwart dieses kleinen Mädchens fühlte sich jeder zutiefst angenommen und geliebt.

An Naru fielen einem als Erstes seine Augen auf. Wer in sie blickte, fand dort das dunkle Himmelsfirmament und tausend funkelnde Sterne. Sein Wesen war von Beginn an zutiefst mit dem strahlenden Glanz der gesamten Schöpfung verbunden. Es war, als wenn er fühlen konnte, wie sich das Licht der ersten Stunde immer noch begeistert durch das gesamte All ausdehnte. Wenn er die Augen schloss, fand er sich oft in einer unermesslich großen und schönen Kathedrale wieder, in der der Geist des Lebens gefeiert wurde.

Unbeschwert von jeglichen Sorgen wuchsen die Zwillinge hinter den Mauern des Palastes auf. Sie waren unzertrennlich. Sie spielten, lachten, weinten und träumten zusammen. Naru fühlte sich zutiefst von seiner Schwester geliebt, Dea in ihrer von innen heraus leuchtenden Schönheit von ihrem Bruder bejaht und verehrt. Gemeinsam erschufen sie, wo auch immer sie auftauchten, schnell ein Feld der Freude. Er wusste, dass alles möglich ist, und sie, dass alles gut und vollkommen war.

Das Einzige, was die beiden in ihrer Begeisterung störte, waren die Stunden, in denen sie getrennt voneinander unterrichtet wurden. Da Dea später die Rolle der Königin einnehmen sollte, wurde sie im Tempel in die Mysterien der Liebe eingeweiht. Das Geheimnis der langen Blütezeit von Homodea waren ihre Königinnen und Könige, die nicht wie Tyrannen über das Volk herrschten, sondern ihm dienten. Dafür trainierten sie von klein auf, ihr Herz von Gier und Angst zu reinigen und es der wahren, unsichtbaren Herrscherin – der Liebe – hinzugeben. Doch das ungestüme Mädchen sah in all den langwierigen Ritualen keinen Sinn. Für sie war die Liebe eh schon überall. Aber ihre Mutter und deren Schwestern waren der Meinung, sie müsse noch mehr über den *Großen Schlaf* lernen, um später das Königreich weise und wach führen zu können. Der Große Schlaf, so wie Dea es verstand, war wohl eine Art Krankheit, bei der die Menschen vergaßen, dass es die Liebe gibt und sie alle letztendlich der individuelle Ausdruck der *einen* Quelle waren. Niemand kannte jemanden, dem dies je passiert war. Deshalb sah Dea keinen echten Sinn, sich damit zu beschäftigen. Aus Respekt vor den älteren Frauen war sie gehorsam und gab vor zu lauschen. Doch tatsächlich saß sie die Zeit der Unterrichtung ungeduldig ab, um endlich wieder mit ihrem Bruder spielen zu können.

Ihn hatte es noch härter getroffen. Er musste bei den Samurais in die Lehre gehen. In Homodea existierte kein Krieg. So bestand die primäre Mission der stolzen Krieger auch nicht darin, zu töten oder *gegen* etwas zu kämpfen, sondern das Leben zu ehren. Sie begriffen sich als ein Werkzeug der Schöpfung, das sie täglich durch Tugenden wie Wahrhaftigkeit, Mut, Milde und Makellosigkeit verfeinerten. Im Zeitalter des Friedens erinnerten die stolzen und aufrechten Samurais ihre Mitbürger an die Größe und Würde eines jeden Menschen. Bei ihnen wurde also Naru auf seine Mission vorbereitet – seine Schwester, die zukünftige Königin zu beschützen und zu ehren. Nicht nur die Frau in ihr, sondern vor allem *das*, was sie repräsentierte. Denn der Orden der Samurai des Lebens unterwarf sich keinen Menschen, sondern nur der Wahrheit.

Als Junge trainierte Naru leidenschaftlich gern in der Kunst des Schwertes. Er stellte sich dabei vor, wie er einst als Held einen der alten, sagenumwobenen Drachen besiegen würde. Doch wenn es darum ging, still zu sitzen, zu meditieren oder stundenlange Teezeremonien über sich ergehen zu lassen, brannte eine unerträgliche Ungeduld in ihm. Oft lenkte er

sich dann ab und unterhielt sich heimlich in einer verborgenen Kammer seiner Seele mit Dea. Als Zwillinge waren sie telepathisch miteinander verbunden. Sie machten sich dann gern über die Geschichten über den Großen Schlaf lustig. Was die Alten nur für seltsame Sorgen plagten! Das Leben war doch so schön! Sobald der Klang der Glocke ihn erlöste, sprang er auf und rannte zu seiner Schwester in den Garten.
Bis auf diese lästigen Unterbrechungen hätte ihre paradiesische Kindheit für immer so weitergehen können. Die beiden waren auch als Jugendliche unzertrennlich. Sie begannen, sich ihre gemeinsame Zukunft zu erträumen. Dea würde als Königin nicht zu viel zu tun haben, denn im Grunde genommen regelte sich alles von selbst. Jeder wusste, wer er war, und kam gern seiner Rolle im großen Spiel nach. Naru würde sicher später die Samurais anführen, hin und wieder aufmerksam durch die Straßen der Königsstadt laufen, alle, die ihm begegneten, stolz und freundlich grüßen. Den Rest der Zeit würden sie einander genießen, wie sie es immer getan hatten. Von Zeit zu Zeit beschwerten sich ihre Lehrer bei ihren Eltern über die Laxheit beim Unterricht. Doch der König und die Königin ließen sie geduldig gewähren, denn sie wussten, was auf ihre Kinder zukommen würde.
Die ersten Anzeichen der dunklen Prüfung empfanden Dea und Naru als aufregendes Abenteuer. Die Königsstadt wurde mehrere Male hintereinander von leichten Erdbeben erschüttert. Die Alten begannen zu raunen. Doch die Jungen hielten sich für unverwundbar und begrüßten die Abwechslung.
Dann wurde Dea zum ersten Mal vom Schicksal gerufen. Auch wenn sie es damals nicht verstand. Du musst wissen, die

Prinzessin war innen und außen auf eine besondere Weise schön und wurde dafür von allen Menschen im Reich bewundert. Sie war die Inkarnation von Schönheit, ohne zu wissen, was das ist. So wie Menschen, die nie Leid erfahren haben, häufig nicht mehr fühlen können, wie gut es ihnen geht, lebte Dea im Mittelpunkt einer immerwährenden Anerkennung und nahm sie mit unschuldiger Arroganz für selbstverständlich. Eines Tages rannte sie durch die Gassen der Königsstadt – sie wollte Naru vom Training abholen –, da begegnete sie Ura zum ersten Mal.

In einer dunklen Ecke der Straße erblickte sie erschrocken eine von Lepra gezeichnete alte Frau. Diese saß wie unter der Last ihres Leids zusammengesunken auf der Erde und streckte ihr bettelnd beide Arme entgegen. Die eine Hand war von Auswüchsen übersät, die andere nur noch als Stummel erkennbar. Ihr Gesicht war durch Falten, Narben und Beulen auf eine groteske Weise entstellt. Dea sah zum ersten Male einen solchen Körper, und sie empfand auch zum ersten Male Ekel. Ihr schoss unzensiert der Gedanke durch den Kopf: »Warum hat das Leben so etwas Hässliches erschaffen?« Sie besann sich trotz ihres Widerwillens auf ihre königlichen Werte und blieb stehen, um der armen Frau einige Münzen in den Schoß zu legen. Doch die ergriff, für ihre Verfassung ungewöhnlich schnell und bestimmt, ihre zarte Hand und sprach mit einer tiefen Stimme: »Kind, ich will dein Geld nicht!« Dann hielt sie kurz inne, um eindringlich eine Frage anzuschließen:

»Weißt du, was wahre Schönheit ist?«

Dea, von der Reaktion vollkommen überrascht, riss sich los und rannte weg. Sie wollte die Begegnung so schnell wie möglich vergessen. Deshalb erzählte sie nicht einmal ihrem Bruder davon.

In derselben Nacht hatte Naru den ersten Albtraum seines Lebens. Er schlief normalerweise tief und erwachte ausgeruht. Doch in dieser Nacht schreckte er panisch und schweißgebadet auf. Er realisierte erleichtert, dass er in seinem Bett lag. Alles, woran er sich erinnern konnte, war das Gesicht eines alten, blinden Samurai, der mitten in einem lodernden Feuer stand und seinen Namen rief. Keiner der Männer, mit denen er trainierte, sah so aus. Der Mann in seinem Traum trug ein graues Gewand und kein Schwert, sondern einen Stock. Seine silbern schimmernden Haare waren kurz geschoren. Seine Augenhöhlen waren vernarbt, und die tiefen Furchen in seinem ledergegerbten Gesicht ließen ein hohes Alter vermuten. Er hatte eine gütige und zugleich strenge Ausstrahlung. Doch alles, was Naru in diesem Moment empfand, war Angst, denn der alte Mann erwartete ihn offensichtlich im Feuer, während er ihm die Frage zurief: »Naru, was ist deine wahre Mission?«

Auch Naru versuchte, den Vorfall schnell zu vergessen, und erzählte niemandem davon. In dieser Nacht war er zum ersten Mal *Aion* begegnet.

Am Tag vor ihrem vierzehnten Geburtstag wurden die Zwillinge zu ihren Eltern gerufen. Mit nachdenklicher und doch ruhiger Stimme teilte ihnen die Königin einen überraschenden Entschluss mit. Da beide offenbar ihre Ausbildung immer noch nicht ernst genug nahmen, würden sie ab morgen für ein Jahr getrennt voneinander unterrichtet werden. Naru und

Dea waren schockiert, doch ein Blick in die klaren und entschlossenen Gesichter ihrer Eltern verriet ihnen, wie vergebens jedes Aufbegehren wäre. Todtraurig zogen sich die Geschwister in ihr gemeinsames Gemach zurück. Sie weinten eng umschlungen, konnten sie sich doch auch nur einen Tag ohne den anderen nicht vorstellen. Da reifte in Narus Freigeist ein kühner Entschluss. Er überredete seine Schwester, in dieser Nacht mit ihm zu fliehen. Lieber ein ganzes Königreich aufgeben als ihre Liebe zueinander. Ihre Eltern würden trauern, doch letztendlich verstehen. Also schlichen sich die Königskinder nach Mitternacht aus dem Palast. Die Dunkelheit des Neumonds erleichterte ihr Unterfangen. Ihr Plan war es, eines der kleinen Segelboote im Hafen zu entwenden – Naru war ein exzellenter Segler – und sich von Insel zu Insel durchzuschlagen, bis sie das Festland Shentho erreichen würden. Dort würde sie niemand mehr erkennen.

Sie sprachen kein Wort, während das Boot Fahrt aufnahm. Ihre Gesichter nicht vom Meerwasser salzig, sondern von Tränen des Abschieds, sahen ihre geliebte Heimat Homodea am dunklen Horizont immer kleiner werden. Da geschah es. Zuerst hörten sie tief unter sich ein unheimliches Grummeln. Dann erschütterten mehrere gewaltige Beben die Insel. Fassungslos mussten die Königskinder mit ansehen, wie der große Felsen, auf dem ihr geliebter Königspalast stand, innerhalb weniger Sekunden vollständig im Meer versank. Doch blieb ihnen keine Zeit für Trauer oder Schmerz, denn schon kurz darauf erhob sich von da eine riesige Welle aus dem Meer und raste auf sie zu. Sie klammerten sich fest aneinander und schauten sich tief in die Augen. Sie sprachen kein Wort. Instinktiv wussten sie, dass der Moment der Trennung gekommen war. Ihr bisheriges Leben raste wie ein Blitzlicht an ihnen vorüber. Für einen kurzen und unendlich kostbaren Augenblick verweilten ihre Seelen noch einmal in dem ozeanischen Frieden jener Einheit, die sie als ein Wesen im Leib ihrer Mutter erfahren hatten, dann riss die Flut sie auseinander.

Beide überlebten. Jedoch wurden sie an verschiedenen Inseln an Land gespült, und da dieser Sturm kein natürlicher war, sondern der unbarmherzige Ruf ihres Schicksals, hatten beide, als sie aufwachten, vergessen, wer sie waren. Der Große Schlaf war über sie gekommen.

Von diesem Tag an bewegten sie sich als Suchende durch die Welt, wach und doch träumend. Getrieben von einer Sehnsucht, die sie nicht benennen konnten.

Dea verlor den direkten Kanal zur wahren Quelle ihrer Schönheit. Es war, als wenn sie der Sturm aus dem universellen Gewebe der Liebe gerissen hätte. Sie war zutiefst verunsichert. Ohne zu wissen, was ihr fehlte, begann sie, intensiv im Außen nach Bestätigung zu suchen. Schönheit war für sie nicht mehr jene ursprüngliche Kraft, die sie aus dem Inneren heraus leuchten ließ, sondern ein äußerer Schein, mit dem sie für Zuneigung bezahlte. Die zur Königin Geborene wurde eine um Liebe bettelnde Frau.

Naru vergaß alle Geschichten und Tugenden der Samurais. Doch noch viel schlimmer – er verlor seinen Auftrag. Er hatte keine wirkliche Antwort mehr auf die Frage: Wofür lebe ich? So wurde er zum Ronin, einem herrenlosen und herumwandernden Samurai ohne Mission.

Der noch einmal durchlebte Schmerz dieses Verlustes katapultierte Naru aus der Erinnerung zurück in die Gegenwart, in die Kapelle. Er selbst hätte nicht sagen können, wie lange diese Reise nach Homodea dauerte. Doch sein steifer Körper verriet ihm, dass er die ganze Nacht vor dem Altar gesessen haben musste. Die ersten Strahlen der Morgensonne glitten sanft und beschwichtigend über die alte, abgenutzte Holzschwelle der Kapelle, als er wieder Deas Stimme hörte:

Das reicht für heute, Liebster. Ruhe dich aus. Morgen Nacht reisen wir weiter.

DIE ZWEITE NACHT: DIE GROSSE MUTTER

Die kommenden Tage verbrachte Naru in einem Wechselspiel aus Frieden und Trauer. In manchen Stunden fühlte er Dea so präsent, als wenn sie neben ihm stehen würde. Dann kam sein Herz kurz zur Ruhe. Doch dann riss ihn ein brutaler Schmerz wieder ohne Vorwarnung aus der Verbindung und schleuderte ihn in eine graue, kaum zu ertragende Einsamkeit.

Der Weg des Feuers half ihm, all diese Gefühle nicht als Feind, sondern als Verbündete zu nehmen. Anstatt gegen sie zu kämpfen, gab er sich bewusst hin. Trauer, Ohnmacht, Bitterkeit – sie kamen wie ein Fieber. Dessen Hitze verbrannte weitere Schichten der Anhaftung und ließ ihn jedes Mal etwas freier zurück.

Er wartete. Er wusste, dass er noch nicht bereit war für seine letzte Lektion. Alles, was er jetzt tun konnte, war, sich an der Schwelle, die Dea bereits überschritten hatte, niederzusetzen und sich vorzubereiten. Tagsüber vollendete er in dieser Welt offene Kreisläufe. Er übergab die laufenden Geschäfte an seine Partner. So bereitete er sich auf seine letzte Lektion vor.

Dea hatte in den letzten Wochen einen langen Brief an ihre Schwestern da draußen geschrieben und ihn gebeten, ihn bei seinem letzten Besuch auf dem Festland abzusenden. Er hatte sich über die ihm unbekannte Adresse gewundert. Dea hatte nur gelacht und gesagt, der Brief würde genau zur richtigen Zeit in die richtigen Hände finden.

Auch die kommenden Nächte verbrachte er in der Kapelle. Dea erschien nie direkt. Es war ihre Stimme, die ihn führte, während der unsichtbare Schutzkreis seiner Brüder ihm dabei half, den Körper zu verlassen. In dieser zweiten Nacht reiste er zurück in die Ära der Großen Mutter. Eine Zeit der dunklen Ahnung und der primitiven Sehnsucht.

Als Homodea zerbrach und der Große Schlaf über sie fiel, begann ihre Suche *und* ihr Kampf. Über viele Leben und Jahrtausende hinweg. Es ist unmöglich, etwas zu finden, wenn du nicht weißt, wonach du suchst. Und das, was du nicht kennst, wird schnell zu einer Bedrohung für dich.

Naru und Dea waren in Homodea immer verbunden gewesen. Sie hatten alles miteinander geteilt und sich hervorragend ergänzt. Doch jetzt war beiden die Hälfte ihres Lebens geraubt worden. Sie fühlten sich verletzbar, unvollständig und klein. In ihrer Einsamkeit wirkte die Welt plötzlich groß, mysteriös und bedrohlich. Instinktiv suchten sie, jeder auf seine Art, nach einem Weg *zurück* nach Hause, in die Einheit des geschützten Mutterleibs.

Das erste Mal begegneten sich ihre Seelen drei Leben später wieder, in einem Stamm, der von Frauen geführt wurde. Diese Frauen beteten die große Göttin und ihre drei Erscheinungen an – die weiße Jungfrau, die blutrote Wilde und die nachtschwarze Alte. Da die Menschen in dieser Kultur noch nichts über die Biologie der Empfängnis wussten, betrachteten sie jede Schwangerschaft als ein Wunder, und sie verehrten die Mütter für ihre schöpferische Kraft. Menstruation war kein lästiges Übel, sondern ein weiterer Beweis, dass die Frauen angebunden waren an die Zyklen der Natur. Dea wurde in dieser Inkarnation als Priesterin ausgebildet und genoss das Leben unter Frauen im Tempel der Großen Mutter. Sie fühlte sich in ihrem dunklen Schoß geborgen und in ihrer Wildheit von ihr verstanden. Es war eine Zeit der magischen Träume. Wenn sie durch den Wald lief, sprach alles zu ihr. Der Wind, der Bach, das Reh. Alles war die Mutter. Sie selbst war ihr Kind. Überall war sie zu Hause. Dea fühlte sich mit allem verwoben. Eingebettet in die Rhythmen des Mondes und der Jahreszeiten. Dea unterschied nicht zwischen Tag und Nacht. Die Wesen, die sie in ihren Träumen besuchen kamen, waren für sie genauso real wie die Menschen in ihrem Stamm. Sie lernte, die Botschaften des Lebens zu deuten. Das Flüstern der Blätter, der Schrei der Eule – alles sprach zu ihr. Nur eine Besucherin irritierte sie. Manchmal, wenn sie allein war und ins Feuer starrte, saß plötzlich eine uralte Frau mit einem vernarbten Gesicht vor ihr. Meistens schwieg sie und schaute versunken ins Feuer. Doch manchmal schaute sie Dea aus ihren tiefen und gütigen Augen an und stellte ihr immer wieder dieselbe Frage:

»Was ist wahre Schönheit?«

Niemand, sie selbst nicht und auch nicht ihre Schwestern, konnte mit dieser Frage etwas anfangen. Doch Dea vertraute. Wenn die Zeit reif wäre, würde sie verstehen.

Männer waren am Rande des Stammes willkommen. Sie waren nützlich. Sie bereiteten Spaß. Doch im Mittelpunkt atmete die Große Mutter und lebten ihre Töchter. Die Frau war mächtig und heilig.

Dea und Naru liefen sich ein paarmal über den Weg. Hin und wieder – bei einem der großen Rituale – vögelten sie miteinander. Doch da sie dem Großen Schlaf verfallen waren, erkannten sie einander nicht.

Naru war zufrieden mit seiner Position im Stamm. Er ging gern mit seinen Brüdern auf die Jagd. Als er noch klein war, spielte er mit den weißen Jungfrauen. Auf eine seltsame Art fühlte er sich bei ihnen geborgener als bei seinen Brüdern. Als er älter wurde, empfand er den roten Frauen gegenüber eine magische Mischung aus Anziehung und Furcht. Er genoss es, von den Priesterinnen des Tempels gerufen zu werden, um sich mit ihnen zu vereinigen. Er verstand nicht alles, was dabei geschah. Er begehrte, verehrte und fürchtete sie. Er sah sie singend und blutbeschmiert mit dem Mond tanzen, neue Menschen erschaffen, heilen und zaubern. Später wurde er einer der älteren schwarzen Priesterinnen als Gehilfe zugeteilt. Er war verantwortlich für die Erhaltung ihres Wohnplatzes. Er richtete ihr das Feuer und schlief als Schutz mit in ihrer Hütte. Sie war ruhiger als die wilden Roten. Er fühlte sich von ihr geliebt und geführt. Manchmal durfte er neben ihr schlafen, nachdem sie ihn ohne Worte, aber mit sehr direkten Gesten ein neues Geheimnis der Liebe gelehrt hatte.
Die Welt war klein und überschaubar für Naru. Wenn er etwas nicht verstand, zum Beispiel den Blitz am Himmel, fragte er die Priesterinnen. Sie hatten auf alles eine weise Antwort, bis auf eine Frage. Manchmal schlief Naru auf seinen Streifzügen allein, draußen im Wald. In einer Höhle oder unter einem der heiligen Bäume. In jenen Nächten war er einige Male im Traum von einem alten, blinden Mann besucht worden. Es war immer dieselbe Vision. Der Alte stand im Feuer, rief seinen Namen und fragte ihn:
»Was ist deine wahre Mission?«
Keine der Frauen wusste darauf eine Antwort. Naru verdrängte den Vorfall, doch der Alte kam wieder und wieder und ließ

ihn jedes Mal unruhiger zurück. In Naru begannen sich Zweifel zu regen. Manchmal, wenn er seinen Aufgaben nachkam, fühlte er sich eingeengt. Er stellte die Erklärungen der Priesterinnen infrage. Er war zum Beispiel nicht mehr bereit zu glauben, dass hinter der Bergkette, da, wo jeden Morgen der strahlende Feuergott erschien, tatsächlich die Welt zu Ende sein sollte.

Eines Tages, er war gerade auf der Jagd, beobachtete er aus seinem Hinterhalt heraus den Paarungsakt zweier Jaguare. Das Männchen besprang das Weibchen, bändigte es mit einem drohenden Biss in den Nacken und bestieg es ohne die Form von Ehrerbietung vor dem Weiblichen, die ihm selbst beigebracht worden war. Der Ausbruch dieser ungezähmten Kraft ließ eine heiße, ihm bis dahin unbekannte Energie in seine Lenden und von da in seinen Solarplexus strömen. Zum ersten Male empfand er *Macht.*

Einige Tage später verließ er den Stamm. Der alte Mann hatte ihn in dieser Nacht besucht und Naru dieselbe Frage gestellt:

»Was ist deine wahre Mission?«

Naru kannte die Antwort immer noch nicht, aber plötzlich wusste er: Sie war da draußen, nicht hier. Also machte er sich auf den Weg zum Feuergott. Er folgte dem Ruf der Macht.

DIE DRITTE NACHT: DAS FEUER

Die dritte Reise hätte Naru am liebsten ausgelassen. Als er sich bei Sonnenuntergang der Kapelle näherte, fühlte er eine starke Unruhe und einen Widerwillen, die Schwelle zu übertreten. Er ahnte, dass diese Nacht ihn mit seinen dunkelsten Zeiten auf Erden konfrontieren würde. Als er im Training mit seinen Brüdern lernte, Wut bewusst zu entfachen und zu kontrollieren, war er das erste Mal diesen Erinnerungen begegnet. Noch immer konnte er sich selbst nicht verzeihen. Es war damals Dea, die ihm liebevoll und ruhig half, das große Bild zu sehen.

»Mein Liebster, komm. Es ist Zeit, auch das letzte Schuldgefühl loszulassen. Nie ist etwas umsonst passiert. Nie hat einer von uns etwas allein erschaffen. Wir waren immer ein *Wesen mit zwei Gesichtern, auf der Suche nach sich selbst.«*

Naru betrat entschlossen die Kapelle. Am Fuße des Altars bat er seine Brüder und Schwestern um Hilfe und ließ dann die Gegenwart los, um in die Dunkelheit zu reisen.

»Lasst die Hexe brennen!«

Die zum großen Teil zerlumpten Menschen standen vor Kälte zitternd, knöcheltief im Schlamm und schrien sich warm. Dunkle, regenschwere Wolken verdüsterten den Himmel. Die dunkle Pest, die sich von Haustür zu Haustür schlich und ihnen ihre Liebsten nahm, schien auch die Sonne vergiftet zu haben. Angst, Hass und eine perverse Form von Lust funkelten in den Augen der Schaulustigen, die gekommen waren, um endlich die Hexe brennen zu sehen, die ganz sicher für ihr Leid verantwortlich war.

Der Prediger schaute mit einer Mischung aus Genugtuung und Ekel auf das Schauspiel unter dem Fenster des Gasthofes. Er verabscheute diese Stadt. Er war in einer ihrer engen, verdreckten Gassen groß geworden. Die heilige Pflicht hatte ihn nun hierher zurückgerufen. Es war seine Aufgabe, dem Teufel die Stirn zu bieten und die Sünde auszurotten. Er kannte die rothaarige Frau, die – angebunden an den Pfahl – verzweifelt um Hilfe schrie. Sie hatten als Kinder in denselben Hinterhöfen gespielt. Sie hatte ihm mehr bedeutet als seine eigenen Geschwister. Ihre ungestüme Lebensfreude hatte ihn magisch angezogen. Später trennte sie der heilige Krieg. Er hatte sich dem Kreuzzug angeschlossen, um vor Jerusalem Abenteuer zu bestehen. Sie hatten die Heiden ruhmreich geschlagen, und er war als Mann und Held zurückgekehrt. Damals traf er sie wieder und begehrte sie nun als Weib. Doch anstatt ihn für seine heiligen Kriegstaten zu bewundern und willig zu sein, hatte sie ihn ausgelacht und abgewiesen. Jetzt dachte er: »Gott sei Dank.« Denn wie es sich herausstellte, war es keine reine Liebe, sondern eine dunkle Versuchung gewesen. Die sündhafte Lust hätte ihn fast dazu gebracht, seinen Auftrag zu verraten, sich seinem Gott mit allem, was er war, hinzugeben.

Sein Blick glitt über die üppigen Rundungen ihres Körpers. Früher hätte ihn das abgelenkt, in Fantasien gelockt. Doch er hatte gelernt, seinen Geist mit Gebeten zu bändigen, von den Niederungen des Fleisches abzuziehen und auf das Höchste auszurichten. Er hatte sie bei seinen letzten Besuchen gewarnt. Mehrere Male waren ihm Gerüchte zugetragen worden. Ihr eigener Ehemann hatte sich in der Beichte über ihre Besessenheit im Bett beklagt. Sie hatte ihm oft den Gehorsam verweigert, war nie mit ihm in die Kirche gekommen und dafür oft bei Vollmond im Wald verschwunden. Als nun erneut der schwarze Tod in die Stadt kam und das Volk nach den Schuldigen für diese furchtbare Strafe suchte, hatte er sie in seiner Redlichkeit angezeigt. Ein guter Mann, der seinen Herrn mehr liebte als sein Weib. Es war Zeit, nach unten zu gehen und ihre Seele zu erlösen.

Sie bereute nichts. Doch sie fühlte eine markerschütternde Angst. Nicht vor dem Tod. Sondern vor den Schmerzen. Sie glaubte zutiefst an ihre Wiedergeburt. Wie könnte es anders sein. Das Leben tanzte. Aus dem Nichts in die Form. Aus der Form ins Nichts. Ihr Körper würde brennen. Ihre Seele würde weiterwandern. Sie sah in die wutverzerrten Gesichter der Menge, aber sie hörte sie nicht. In ihrem Herzen sprach sie mit der Großen Mutter, so wie sie es immer wieder über viele Leben hinweg getan hatte. Sie hatte nie verstanden, warum der neue Gott keine Göttin neben sich duldete und darauf bestand, der Einzige zu sein. Sie hatte *ihm* gegenüber nie ihr Misstrauen überwinden können. Zu strafend war seine Botschaft von Schuld und Angst geprägt. Was war verkehrt daran, das heilige Leben nicht erst im Himmel, sondern jetzt zu feiern? Warum sollte ihre Lust etwas Teuflisches sein?

Sie konnte nicht lesen, doch in den Männern las sie wie in einem offenen Buch.

Als er damals aus dem Krieg heimkehrte, sah sie das Blut an seinen Händen. Der Junge, den sie einst kannte, hatte sich in einen fanatischen Mann verwandelt, der die Lust an Gewalt mit heiligem Zorn rechtfertigte. Sie fand keinen Zugang mehr zu der Unschuld, die sie damals so an ihm geliebt hatte.

Als er später als Prediger in die Stadt kam und ihr drohte, wusste sie, dass es kein Gott war, der aus ihm sprach, sondern die Stimme eines verletzten und verängstigten Jungen. Früher – als sie beide klein waren – hätte sie ihn dafür geneckt und dann liebevoll in den Arm genommen. Doch alles hatte sich verändert. Der kleine Junge hatte jetzt die Macht, und der einzige erlaubte Weg in die Freude waren die Regeln seines Herrn.

Ihr eigener Mann hatte sie verraten. Sie hätte es kommen sehen müssen. Er hatte sich in den letzten Jahren verändert. Aus dem glühenden Verehrer, in den sie sich verliebt hatte, war ein verbitterter, strenger Familienvater geworden. Er versuchte, ihren Stolz zu brechen, ihre Wildheit zu zähmen. Er nannte es »sie auf den rechten Pfad führen«. Er verbot ihr, im Bett laut und lustvoll zu schreien. Die Kinder durften nicht mehr mit ihr im Regen tanzen, und sie durfte ihnen keine Sagen von den Elfen oder der weißen Hirschkuh erzählen. Sie tat es dennoch. Heimlich. Genauso, wie sie immer noch nachts im Wald verschwand, um mit ihren unsichtbaren Schwestern zu tanzen.

An diesem Morgen hatten die Büttel des Herrn auf sie gewartet. Ihre *Sünde* – sie verstand bis heute nicht den Sinn dieses Wortes – sollte die dunkle Pest heraufbeschworen haben. Jetzt stand er vor ihr, der Prediger. Mit verbittertem Gesicht, die Fackel in der Hand. Für einen kurzen Augenblick sah sie sich selbst und ihn von oben – wie bedeutsame Gegenspieler in einem Spiel, das beide nicht verstanden. Hier waren Kräfte am Wirken – größer und mächtiger als ihre kleinen Leben.

Leib *oder* Seele.
Geist *oder* Lust.
Erde *oder* Himmel.
Göttin *oder* Gott.
Sie *oder* Er.
Mussten sie wirklich Gegner sein?

Er warf die Fackel. Als die Flammen an ihrem Körper leckten, schrie sie verzweifelt auf. Das Letzte, was sie sah, bevor ihr die Dämpfe die Sinne nahmen, war eine seltsame Vision. Der Prediger verwandelte sich vor ihren Augen in eine alte, hässliche Frau, die sie mit weinenden Augen ansah und ihr in ihrem Kopf still eine Frage stellte:

»Was ist wahre Schönheit?«

Dann verlor sie das Bewusstsein, und sie befreite sich so aus der Qual.

Der Prediger verließ mit würdevollem Schritt und erhobenen Hauptes den Platz. Wieder einmal hatte das Gute über das Böse gesiegt. Wieder einmal hatte die Macht seines Herrn für Ordnung auf Erden gesorgt. Gut, dass die Hexe nun tot war. Selbst in ihren letzten Atemzügen hatte sie versucht, ihn zu verzaubern. Vor seinen Augen hatte sich die brennende Frau in das Trugbild eines alten, blinden Mannes verwandelt, der ihn aus dem Feuer heraus mit seinem Namen ansprach und ihm traurig die Frage entgegenrief:

»Was ist deine wahre Mission?«

Er betete einen Schutzpsalm, und die Illusion löste sich in Rauch und Asche auf.

Als Naru in der Frühstunde am Altar erwachte, fühlte er sich trotz der eben erfahrenen Bilder ruhig und klar. Er sah nüchtern auf all das Leid, das Blut, die Dunkelheit und erkannte darin die eine ewige, kosmische Geburt. Er empfand ein unendliches Mitgefühl für jeden ringenden Menschen, für jedes Missverständnis, für jedes Vergessen. Als er aus der Kapelle trat, wärmte ihn die Morgensonne mit ihrem klaren Licht. Eine Welle der Dankbarkeit erfasste ihn, weil ihn der Ruf des Lebens über all die Jahrhunderte hinweg immer wieder aus dem Schlaf geweckt und zum Vorwärtsgehen gedrängt hatte.

Auf jede dunkle Nacht der Seele folgt ein Morgen der Befreiung.

Alles ergab einen Sinn.

DIE VIERTE NACHT: DIE VERFÜHRUNG

Weil wir blind waren und uns unvollständig fühlten, haben wir uns wieder und wieder gegenseitig benutzt.

Der schlachterprobte Söldner war es gewohnt, seine Lust mit den Huren, die sein Heer begleiteten, kurz und unsentimental zu befriedigen. Er war kein guter Liebhaber. Umso besser konnte er töten. Er fragte nicht nach dem Warum. Für ihn war der Krieg eine Kunst, die er vervollkommnet hatte. Er war zäh. Er war schnell. Er war stark. Doch sein wahres Geheimnis war, dass er sein Herz vor langer Zeit für tiefere Gefühle verschlossen hatte. Wer täglich mit dem Tod tanzt, kann sich keinen Riss in seinem Panzer leisten. Liebe macht verwundbar. Wer liebt, kann etwas verlieren. Er war frei, denn er liebte nichts.

Doch an diesem Morgen war er verwirrt. In seinen Armen lag eine kleine, zarte Frau. Er hatte sie gestern Nacht in der Schenke kennengelernt. Er hatte nicht geplant, mit ihr zu schlafen. Er war nach dem tagelangen Marsch viel zu müde, und sie war auch nicht besonders schön. Doch dann fing sie an zu tanzen. Jede, auch noch die kleinste, scheinbar zufällige Geste folgte einer klaren Absicht. Sein Körper war darauf trainiert, so effektiv wie möglich zu töten, ihrer darauf zu verführen. Diesen Kampf verlor er. Er hatte keine Wahl. Es war offensichtlich, dass sie ihn ausgesucht hatte.

Nun lag sie neben ihm, schlief friedlich, während sich ihre kleinen Brüste lasziv mit jedem Atemzug hoben, um ihn an die Nacht zu erinnern. Ja, der Sex war großartig gewesen.

Doch das war es nicht, was ihn beunruhigte. Er hätte es auch nicht mit Worten erklären können. Später, als sie ihm sein Herz brach, wusste er: An diesem Morgen war sein Panzer gesprungen. Durch den kleinen Spalt hatte sie sich in sein Herz gedrängt. Sie hatte den Beschützer in ihm geweckt.

Als Hure lernst du, dich tief in dein Innerstes zurückzuziehen, während die Kerle in deinen Körper eindringen. Du versteckst deine Seele in einer verborgenen Kammer, wo dich niemand berühren oder verletzen kann. Du lernst es, unbeteiligt zu bleiben und dennoch so professionell zu stöhnen, dass nicht nur ihr Schwanz, sondern auch ihr Ego befriedigt ist. Dann wartest du, bis sie gehen, und wäschst so schnell wie möglich den Dreck von dir ab. Wer täglich seinen Körper verkauft, kann sich keine Lücke in seinem Panzer leisten. Liebe macht verwundbar. Wer liebt, hat etwas zu verlieren. Wer etwas zu verlieren hat, ist angreifbar. Sie war frei, denn sie liebte nichts.

Gestern Nacht hatte sie ihn ausgewählt, weil seine selbstsichere Ausstrahlung von Kraft sie faszinierte. Sie wollte an diesem Abend nicht mit irgendeinem Schlappschwanz ihr Brot verdienen. Sie wollte selbst auf ihre Kosten kommen.

In einer von Gewalt dominierten Welt hatte sie gelernt zu überleben, indem sie Männern genau das gab, was sie wollten – die Naive, die Hure oder die Mysteriöse. Doch heute Nacht hatte sie losgelassen und sich gezeigt. Sie hatte ihn genommen und sich verschenkt. Zum ersten Mal seit langer Zeit hatte sie Nähe verspürt, den Raum, den Menschen betreten, wenn sie sich erkennen. Sie gab vor zu schlafen, um den Moment der Trennung hinauszuzögern. Auch wenn ihr

Überlebensinstinkt romantische Gefühle für eine gefährliche Illusion hielt – es war eine wunderschöne.

Beide zogen gegen Mittag ihre Rüstung wieder an. Er mit unbeholfenem Schweigen, sie mit einem derben Witz. Dann zogen sie wieder in den Krieg. Er, um Männer zu töten, sie, um ihren Körper den Starken, die überlebten, zu verkaufen.

Er wusste instinktiv, dass es ein Fehler war, sie wiederzusehen, doch wie gesagt – er hatte keine Wahl. Die anderen Huren interessierten ihn nicht mehr. Abend für Abend suchte er nach ihr.

Und sie tanzte nur für ihn. In ihren gemeinsamen Nächten blieb die Zeit stehen. Sie fühlte sich in seiner Gegenwart sicher und ließ mehr und mehr ihre Masken fallen. Lust und Hingabe brachten ihre natürliche Schönheit zu Tage, wie ein begabter Steinmetz, der den Marmor nicht formt, sondern ihm das verborgene Geheimnis entlockt. Es tat ihr unendlich gut, in den Augen eines Mannes nicht nur Gier, sondern sich selbst zu erkennen. Er lernte, dass sich Verletzlichkeit und Kraft nicht ausschließen. Er war ihr Schüler in der Liebe. Er lernte zu spielen. Zu führen *und* zu folgen. Zu vögeln *und* zu fühlen. Er nahm sie wild *und* leise.

Er lernte auch zu sprechen. Nicht über Waffen oder Taktik, sondern über sich selbst. Über seine Kindheit. Das kleine Dorf in der Bretagne. Die Mühle seines Vaters. Es tat ihm gut, und ihm fiel nicht auf, dass sie sich zurückhielt und seinen Fragen auswich. Ihm war nicht bewusst, was mit ihm geschah. Doch sie beobachtete aufmerksam, wie er von Nacht zu Nacht mehr sein Herz an sie verlor. Er erzählte nun nicht mehr nur von dem Jungen, der er einmal war, sondern träumte laut von der Möglichkeit, das Kriegshandwerk abzulegen und den Frieden zu wagen. Zurückzukehren und die Mühle seines Vaters zu übernehmen. Er sprach es nicht aus, doch sie wusste, dass er sie in seinen Visionen an seiner Seite sah. Es berührte sie, doch sie wusste, dass ihre Macht in der Verführung lag, nicht in der Ehe. Sosehr sie ihn mochte, sie war nicht bereit, diese Macht für das Leben in einer Mühle herzugeben. Der Preis, sie ganz und gar zu haben, war wesentlich höher.

Als die Stärkere war es an ihr, den Traum zu zerstören. Eines Abends kam er in das Gasthaus und suchte vergebens nach ihr. Sie war für immer verschwunden. Sie tanzte nie wieder für ihn.

Sein Herz gebrochen, war er nicht mehr der Krieger, der er einmal war. Seine Konzentration auf dem Schlachtfeld war geschwächt. Er hatte etwas gefunden, wofür es sich lohnte zu leben. Er war jetzt angreifbar. Als ihn der Schuss in die Brust traf, spürte er zu seinem Erstaunen keinen Schmerz, sondern Erleichterung. Erst jetzt begriff er, wie müde er von der Sehnsucht war. Während das Morden um ihn herum weitertoste, sank er still auf seine Knie. Das Letzte, was er erblickte, war nicht sie, sondern ein alter, blinder Mann, der unangetastet von der Schlacht in einem Feuer stand. Seine Lippen formten die Worte:

»Was ist deine Mission?«

Woher kannte er seinen Namen, und was war das für eine seltsame Frage?

Sie hatte es geschafft. Noch rechtzeitig, bevor ihre körperliche Schönheit verblasste, hatte sie einen der Reichen und Mächtigen verführt. Sie hatte ihm einen Erben geschenkt. Es war keine Liebe, aber ein gutes Geschäft. Er schmückte sich mit ihr, und sie erhielt dafür seinen Schutz. Sie war seine zweite und nicht seine letzte Frau. Auch geschieden ging es ihr – materiell gesehen – sehr gut. War sie glücklich? Pah! Glück, was war das schon? Ein Märchen. Ein flüchtiger Traum. Genau wie ihre Nächte mit dem Krieger. Bereute sie, sich nicht auf ihn eingelassen zu haben? Nein. Die Mühle wäre ihrer beider Gefängnis geworden. Sie hatte richtig gewählt. Nicht gut, aber richtig.

Jedoch manchmal …, wenn sie ihren alternden Körper, die schlaffen Brüste und das graue Haar im Spiegel betrachtete, dachte sie sehnsüchtig an seinen erkennenden Blick zurück. Kein Mensch danach hatte sie je wieder so wissend und liebevoll angeschaut. Außer der alten Frau, die in den letzten Wochen ihres Lebens immer wieder in ihren Träumen auftauchte und eindringlich fragte:

»Weißt du, was wahre Schönheit ist?«

DIE FÜNFTE NACHT: DER STILLSTAND

Sie hatten sich durch die Jahrtausende hinweg immer wieder gesucht, gefunden und doch nicht erkannt. Sie hatten sich selbst und den anderen auf jede erdenkliche Weise verletzt. Sie waren des Kämpfens so müde. Sie sehnten sich nach Ankommen, nach einem Zuhause, und es kam.

Wenn du jung bist, lachst du über die Alten.
Du glaubst an die große Liebe,
und du weißt, dass du es besser machen wirst.
Du ziehst voller Tatendrang los, bereit,
die Welt zu verändern.
Dann nimmt dich das Leben in die Pflicht
und braucht unmerklich deine Träume auf.
Hast du die Kraft, das Feuer am Brennen zu halten?

Sie

Sie saß mit einem Glas Rotwein auf der Couch und blätterte in den Fotoalben von damals. Wundervolle, wilde Zeiten. Sie hatten sich beim Studium kennengelernt. Es klingt kitschig, doch es war Liebe auf den ersten Blick gewesen. Erst blieb die Zeit stehen, dann begann sie zu rennen. Nun, fünfzehn Jahre später, würden wohl alle ihre Nachbarn sagen: »Schau, die beiden da, die haben es geschafft!« Beide hatten immer davon geträumt zu heiraten, ein eigenes Häuschen zu bauen und Kinder zu bekommen. Der Traum war wahr geworden. Aber es war ein goldener Käfig – geschätzt und gehasst.

Während der allabendlichen Einschlafzeremonie hatte ihre jüngste Tochter sie heute gefragt: »Liebst du Dad noch?« Was für eine Frage. Reflexartig hatte sie schnell und bestimmt geantwortet: »Na klar.« Doch jetzt, da es gerade nichts zu tun gab, wirkte die Frage nach. Liebte sie ihren Mann? Sie sprach die drei Worte zumindest häufig aus. Nachts, wenn sie die Nachttischlampe ausknipste. Wenn er das Haus für die Arbeit verließ, sie zum Essen ausführte oder mit einem Strauß Blumen überraschte. Doch heute ließ ihr bohrender Geist sie nicht mit der ersten Antwort durchkommen:

»Liebe. Was ist Liebe? Ich liebe es, nicht allein zu sein. Ich liebe es, Kinder zu haben und zu wissen, dass ihr Vater für sie da ist. Ich liebe, was wir miteinander aufgebaut haben. Das Haus, die Sicherheit, das warme Kaminfeuer, das Teilen der alltäglichen Herausforderungen.« Sie liebte es zu wissen, dass sie im Vergleich zu ihren Freundinnen eine gute Partie gemacht hatte. Lisa war seit fünfzehn Jahren Single, viel zu anspruchsvoll, um einen Mann lange Zeit zu halten. Simones Macker war ein cholerischer Alkoholiker mit Bierbauch. Sie hatte also wirklich keinen Grund, sich ernsthaft zu beklagen. Der Lieblingsspruch ihrer Großmutter fiel ihr ein: »Besser einen Spatzen in der Hand, als einen Adler auf dem Dach.«

Ja. Aus dem rebellischen Mädchen war eine tapfere und pragmatische Frau geworden. Für den Traum von Familie war sie Kompromisse eingegangen. Viele kleine und einige große. Die

Leidenschaft der ersten Jahre war nicht vom Winde verweht, sondern langsam von Windeln, Hypothek und Karriere aufgezehrt worden. Wann hatte sie sich das letzte Mal von ihm begehrt gefühlt? Sie konnte sich nicht mehr daran erinnern. Sie machte ihm keine Vorwürfe. Erstens ging es wohl den meisten so in ihrem Alter. Außerdem mochte sie selbst nicht, was sie im Spiegel sah. Sie fühlte sich in ihrem Körper nicht mehr wohl. Der Hüftspeck trotzte jeder Diät und grinste zynisch zurück, wenn sie versuchte, ihn mit wohlklingenden Affirmationen lieb zu gewinnen. Seitdem sie immer häufiger schwieg, wenn er am Tisch die Stimme hob, gab es kaum noch Streit. Das war gut. Doch mit der unterdrückten Wut wanderte auch ihr Eros ins Exil.

In der Erziehung der Kinder waren sie sich meist einig. Nachdem er sie ein paarmal lautstark daran erinnert hatte, wer den Großteil des Geldes nach Hause brachte, hatte sie gelernt, ihm schneller recht zu geben, um ihn dann hinter seinem Rücken zu korrigieren.

Manchmal, zum Beispiel jetzt, wenn sie Bilder von früher sah, überkam sie eine unvernünftige Sehnsucht nach der Unbeschwertheit und Lust ihrer ersten Jahre. Sie hatten es wild getrieben! Doch dann war sie schwanger geworden. Irgendwann muss jeder erwachsen werden, musste Ruhe in die Kiste kommen. So waren sie im Laufe der Jahre zu einem eingespielten Team zusammengewachsen. Jeder wusste, was er realistisch von dem anderen erwarten konnte. Die Arbeitsbereiche waren klar aufgeteilt. Was ihr an Feuer in der Beziehung fehlte, genoss sie in heimlichen Mikrodosen bei Tagträumereien, kleinen Flirts am Arbeitsplatz oder romantischen Schmonzetten im Fernsehen.

War sie glücklich? Hm. Ein großes Wort. Das Leben war kein Ponyhof. Sie sollte dankbar sein. Denn sie hatten geschafft, wovon viele andere träumten.

Er

Preisfrage: Wie fühlt sich ein guter Ehemann, zweifacher Familienvater und erfolgreicher Abteilungsleiter, wenn er heimlich vor seinem Computer sitzt, auf die Möse einer fremden Frau starrt und in sein Taschentuch wichst?
Jedenfalls nicht wie die Helden seiner Kindheit – Siegfried der Drachentöter, Superman oder Winnetou.
Er hatte vor vielen Jahren aufgehört, genau hinzuschauen und sich dem zu stellen, was alles nicht am großen, heilen Bild der Familie stimmte. Ambition und Realität klafften zu schmerzhaft auseinander. Anstatt sich mit unbequemen Fragen zu geißeln, hatte er die Kunst perfektioniert, »gute Gründe« für das zu finden, was er tat. »Niemand sieht es. Es tut niemandem weh. Die anderen Männer machen es auch. Selbstbefriedigung beugt Prostatakrebs vor.«
Die Wahrheit war, er bekam ihn nicht mehr überzeugend hoch, wenn er an seine Frau dachte. Zuerst hatte er sich Sorgen um seine Potenz gemacht. Doch seit dem »Ausrutscher« mit seiner Kollegin auf der Weihnachtsfeier wusste er, dass noch alles funktionierte. Es war also nicht seine Schuld. Seine Frau hatte sich verändert. Er war sich zum Beispiel ziemlich sicher, dass sie erst nach der Hochzeit begonnen hatte, so notorisch an ihm herumzumeckern.

Nein, er beklagte sich nicht. Es war eine gute Ehe. Wann immer er darüber nachdachte, überwogen die Vorteile. Sie hatten immer noch ihre zärtlichen Momente. Er war stolz auf seine Kinder. Sie hielt ihm den Rücken frei. Er konnte Karriere machen. Sie ließ ihn in Ruhe seinen Hobbys nachgehen, war nicht übermäßig eifersüchtig. Wenn er krank war, kümmerte sie sich liebevoll um ihn. Ihre Ehe bot sicher keinen Stoff für eine Hollywoodromanze, aber war auch kein Drama. Es war gut wie es war. Alle gesund. Familie stabil. Karriere bergauf. Kohle rollt. Er sollte dankbar sein. Sie hatten es geschafft. Was will Mann mehr?
War er glücklich? Hm. Wer ist das schon? Das Leben ist kein Märchen. Er sollte dankbar sein. Denn sie hatten geschafft, wovon viele andere träumten.

Wenn du älter bist, irgendwo auf der Hälfte der Wegstrecke zwischen deinem ersten und deinem letzten Atemzug, beginnst du, dich zu arrangieren. So auch die beiden. Sie waren sich sicher, so würde es weitergehen. Sie hatten einen Weg gefunden, ein relativ sicheres Gleichgewicht zu halten und die Störungen draußen zu halten. Sie würden ihre Erkenntnisse über die Machbarkeit zwischen Mann und Frau verantwortungsvoll an ihre Kinder weitergeben, um sie vor unnötigen Ent-Täuschungen zu bewahren.

DIE SECHSTE NACHT: DIE BEFREIUNG

Deas Aufbruch

Bei vielen Menschen hört das Leben in dieser Phase leise schleichend auf. Sie existieren weiter. Sie stehen am Morgen auf. Sie ziehen sich an. Sie gehen zur Arbeit. Sie kümmern sich um die Kinder und gehen am Abend wieder schlafen. Sie bewegen ihre Körper tapfer und fleißig durch Raum und Zeit, doch ihr Geist bleibt in einer Rille einer alten Schallplatte hängen. Er schläft ein. Lange vor dem letzten Atemzug. Dieser Prozess passiert so langsam, dass sie nicht bemerken, was ihnen eigentlich genommen wurde. Es sei denn, das Leben hat etwas anderes für sie vorgesehen und weckt sie aus Gnade gnadenlos fordernd wieder auf.

In diesem Fall empfing *sie* den Ruf zuerst. Die Kinder gingen aus dem Haus und mit ihnen ihre bis dahin wichtigste Existenzberechtigung. Plötzlich hatte sie Zeit. Viel Zeit. Und mit dem Leerlauf kamen neue Gäste. Hartnäckige, unangenehme Fragen standen vor der Tür und baten um Einlass: War es das jetzt? Kann es das schon gewesen sein? Wer bin ich – ohne meine Kinder und ohne meinen Mann?

Er war noch da. Physisch. Doch in Wahrheit lebten sie beide schon lange in Paralleluniversen. All ihre unbeholfenen Versuche, ihn zum Sprechen, Teilen, Fühlen zu bewegen, waren letztendlich ignoriert worden.

Sie ging auf die 50 zu. Ihr Körper veränderte sich. Nicht nur im Außen. Sie verstand sich oft selbst nicht. Die Frau in ihr

stellte neue Ansprüche, für die sie noch keine Worte fand. Immer öfter spürte sie in Gesprächen eine neue Form von Ungeduld. Sie wollte und konnte nicht mehr warten. Etwas in ihr war noch nicht am Ende, sondern fing offenbar gerade erst an. In den letzten Monaten begann sich eine fremde Kraft in ihr zu regen. Ungewohnt. Nüchtern. Männlich. Es war fast so, als wenn die vielen kleinen Ent-Täuschungen, die sie mit ihrem Partner erlebte, ihren inneren Mann zwang, sich zu entwickeln. War es seine Stimme, die all die unbequemen Überlegungen anstellte? War es sein Erstarken, was sie zum ersten Mal in ihrem Leben eine beängstigende Unabhängigkeit spüren ließ?
Wieder und wieder lud sie ihren Partner ein, inmitten dieses chaotischen Umbruches in Verbindung zu bleiben. Immer noch hoffte sie, den Weg gemeinsam mit ihm gehen zu können. Doch die Warnsignale drangen nicht durch seinen Panzer aus geschäftiger Gleichgültigkeit. Zu oft hatte sie gemeckert und an ihm gezogen. Sie würde sich auch dieses Mal wieder einkriegen.
Irrtum. Sie bettelte. Sie drohte. Sie schwieg. Und dann, eines Tages, ließ sie los. Wenn eine Frau ihre innere Tür für dich verschließt, gibt es selten ein Zurück.
Natürlich fürchtete sie sich vor den Konsequenzen. Doch das Leben in ihr war zu keinem weiteren Kompromiss bereit. Hungrig nach Seelennahrung las sie viele Bücher, fand neue Freunde, besuchte Workshops. Ihr Leben lang war sie für andere da gewesen. Jetzt war *sie* dran. Voller Neugier erforschte sie ihren inneren Kosmos – Wildheit, Furie, Weisheit, Stille. Neue Formen der Lust begannen sie von innen zu wärmen und zu führen.

Und eines Tages war die Kraft in ihr so weit erstarkt, dass sie beschloss, sich in ihrer zweiten Lebenshälfte noch einmal selbstständig zu machen. Zum einen brauchte sie die ökonomische Unabhängigkeit dringend, um ihrem Mann gegenüber ein würdevolles Standing einnehmen zu können. Zum anderen stieg aus ihrem wieder ausgebrochenen Vulkan nicht nur Lust, sondern auch eine neue Form von Kreativität auf. Sie erlebte ihr Business wie ihr drittes, ganz eigenes Kind.

Wenn zwei Menschen körperlich nah nebeneinander leben, bedeutet dies gar nichts. Sie können dennoch Welten voneinander entfernt sein. Die alltäglichen Routinen und das gemeinsame Bett mögen diese Tatsache für eine Weile vor ihnen verbergen. Doch eines Morgens wachen sie auf und wissen, dass es Zeit ist, auch im Außen die Trennung sauber zu vollziehen, die im Innern schon lange stattgefunden hat.

Sie ließ sich scheiden und zog aus. Zum ersten Mal nicht in Richtung einer Beziehung, sondern ins selbst gewählte Alleinsein.

Narus Rebellion

Hinterher ist *Mann* immer schlauer. Nein, er hatte es nicht kommen sehen. Wann hatte sie begonnen, sich zu verändern? Als die Kinder auszogen? Als seine Affären aufflogen? Oder als sie aus dem gemeinsamen Schlafzimmer auszog?

Sie hatte ihn mit ihren neuen Ansprüchen so genervt. Um sie ruhig zu stimmen, hatte er versucht mitzuspielen, doch es gelang ihm nur halbherzig. Er verstand ihre Unzufriedenheit nicht. Sein Leben lang riss er sich den Arsch für die Familie auf, und das sollte nun alles nicht mehr zählen? Er kam mit ihrem neuen Selbstbewusstsein nicht zurecht. Er vermisste ihre frühere Anschmiegsamkeit. Irgendwann reichte es ihm. Er schaltete auf Durchzug. Sie würde sich schon wieder einkriegen. Wie immer.

Und dann …? War sie plötzlich wirklich weg. Die ersten Wochen waren schlimm. Ihm fehlte ihre Nähe. Er hatte nicht gelernt, gut für sich zu sorgen. Dann kam der Trotz. Als Erstes kaufte er sich das Motorrad seiner Jugendträume. Sie war immer aus Sicherheitsgründen dagegen gewesen. Es war Zeit, noch einmal so richtig Vollgas zu geben! Er genoss die neue Freiheit. Neue Frisur, Haare leicht gefärbt. Die Mitgliedschaft im Fitnessclub aktiviert. Der Bauch musste weg. Ein frischer Kleidungsstil, um seiner gefühlten Verjüngung Ausdruck zu verleihen. Partys. Nutten. Ja nichts anbrennen lassen! Die Welt lag ihm zu Füßen, und er sah triumphierend, welchen Fehler sie begangen hatte, als sie ihn verließ. Nun gehörten seine Eier endlich wieder ihm selbst! Er fühlte sich wie dreißig und bemerkte, wie die Frauen noch immer auf ihn reagierten. Nicht nur die älteren.

Zwischen seiner fast zwanzig Jahre jüngeren Sekretärin und ihm hatte es schon immer geknistert. Jetzt gab er dem nach. Ihre jugendliche Leidenschaft, gepaart mit einer unschuldigen Verehrung für seine Errungenschaften, wirkten stärker als Koks. Er fühlte sich wie ein neugeborener Gott!

Dann wurde sie schwanger, und er erfüllte ihr ihren Wunsch und heiratete sie. Und täglich grüßt das Murmeltier …

DIE SIEBENTE NACHT: DIE KÖNIGIN OHNE REICH

Die neue Selbstständigkeit machte sich auf vielen Ebenen bemerkbar. Ihr Laden lief gut. Sie genoss es, alle Entscheidungen selbst zu treffen. Es fühlte sich immer noch irritierend und erregend an, allein zu sein und sich dennoch vollständig zu fühlen. Was Männer betraf, war sie wählerisch geworden. Die Erfahrung, *ihn* nicht unbedingt an ihrer Seite zu brauchen, hatte die Messlatte für Dates und Affären nach oben verschoben. Die frühere Bedürftigkeit war einer stillen Sehnsucht nach einem ebenbürtigen Gefährten gewichen, mit dem sie sehr gern die Neuentdeckung des Lebens geteilt und genossen hätte.
Doch die alltäglichen Erfahrungen mit dem anderen Geschlecht ließen sie immer tiefer an dieser Möglichkeit zweifeln. Die Jungen waren erfrischend im Bett, aber langweilig in ihrer naiven Selbstverliebtheit. Die Männer in ihrem Alter? Na, ja. Plumpe Machos, verweichlichte Sinnsucher, frustrierte Ehemänner auf der Suche nach einer tröstenden Affäre. Einige Ältere, die sie geistig inspirierten, wichen verängstigt vor ihrer neuen, tieferen und deshalb radikaleren Lust zurück.
In letzter Zeit besuchte sie viele Workshops. Yoga half ihr, in der Geschäftigkeit ihres Alltags die Ruhe zu bewahren. Im Tantra holte sie sich Nahrung für all ihre Sinne und unkomplizierten Zugang zu achtsamen Berührungen. Sie war oft unterwegs. Es gab so viel zu entdecken. Innen und außen.
So richtete sie sich, nicht ganz freiwillig, in ihrem All-Eins-Sein ein. Sie gewöhnte sich daran, Frau *und* Mann für sich selbst zu sein. So fand sie relativen Frieden in sich. Ging es ihr

doch sehr gut, abgesehen von einer bittersüßen Traurigkeit, die sie manchmal in stillen Augenblicken heimsuchte und ihr leise vom Lied einer verpassten Möglichkeit sang.

Später würde sie es so beschreiben: Sie fühlte sich damals wie eine müde und dennoch zufriedene Reisende, die jahrzehntelang nach einem sagenumwobenen Tempel gesucht hatte und nun bereit war zu akzeptieren, dass es ihn nur in ihren Wunschträumen gab.

Es war Zeit zu erwachen und erwachsen dankbar zu sein. Der Gedanke »Mehr war eben nicht drin« hörte sich mittlerweile nicht mehr feige, sondern vernünftig und tröstend an. Sie war kurz davor, sich friedlich damit zu arrangieren, die Grenze des Machbaren für diese Inkarnation erreicht zu haben. Da empfing sie den Ruf.

Sie hatte ein Meditationsretreat gebucht. Zwölf Tage Fasten und Stille sollten den Verstand zur Ruhe und die Seele ins Gleichgewicht bringen. Sie schlief in dieser Zeit nur noch vier bis fünf Stunden in einem angenehmen, traumartigen Schwebezustand. Ihr Geist wanderte forschend und frei zwischen den Welten hin und her. Manchmal versank er vollständig im stillen Nichts des Tiefschlafs, doch meistens driftete er neugierig im Meer ihres Unterbewusstseins. Er badete in psychedelischen Bildern und Ahnungen ohne Worte, ließ sie kurz wach werden, um sich zu erinnern, und zog sie dann wieder in die wohltuende Dunkelheit ihrer alten Seele zurück.

Am Morgen des siebenten Tages erschien ihr Ura im Traum. Als sie erwachte, konnte sie sich nur noch an ihr altes, narben- und faltenübersätes Gesicht erinnern und die seltsame Vertrautheit, die sie bei ihrem Anblick empfunden hatte. Da sie

diesem Bild keine große Bedeutung beimaß, hatte sie es nach der Morgendusche bereits wieder vergessen.
Doch die alte Frau besuchte sie in der kommenden Nacht wieder. Sie war in ein einfaches weißes Leinengewand gehüllt. Ihre Haare quollen silbergrau unter einer Art Kapuze hervor. Obwohl ihre Hände und ihr Gesicht offensichtlich von Lepra gezeichnet waren, hatte ihre Erscheinung nichts Furchteinflößendes. Ab jetzt erschien sie jede Nacht ruhig und gütig lächelnd in ihrem Traum und stellte ihr eine einzige Frage:
»Was ist wahre Schönheit?«
Sie war davon ausgegangen, dass diese Träume zu Hause wieder ausklingen würden. Doch die Alte kam wieder und wieder und stellte ihr beharrlich dieselbe Frage:
»Was ist wahre Schönheit?«
Die Frage ging ihr tagsüber nicht mehr aus dem Kopf. Wenn sie ihr eigenes alterndes Gesicht im Spiegel betrachtete, Kinder beim Spielen im Park beobachtete, den dreckigen Bettler auf der Straße oder den verwesenden Vogelkadaver unter dem Rosenbusch – stieg nun die Frage von ganz allein in ihr auf: Was ist wahre Schönheit?
Fühlte sie sich schön? Nein. Je mehr sie über die Frage nachsann, desto deutlicher erkannte sie, was sie alles dafür getan hatte, um von anderen als schön bewertet zu werden. Sie hatte die Erwartungen anderer bedient und eine erwünschte Schönheit erschaffen, um in Verbindung zu treten, um zu gefallen, zu verführen, geliebt zu werden. Wenn die anderen auf die erhoffte Weise reagierten, fühlte sie sich gut. Sie hatte ihren Körper hart trainiert und mit Diäten in Form gehalten. Solange der BMI stimmte, dachte sie, sei sie schön. Doch fühlte

sie es auch? War das wirklich Schönheit? Wo hörte Schönheit auf, und wo begann Hässlichkeit? Wer bestimmte diese Grenze?
Wie viele Falten darf ein weibliches Gesicht produzieren, bis es nicht mehr als schön empfunden wird? Wer fällt dieses Urteil? Die anderen oder sie selbst? Wieso empfand sie manche junge Frau in einem »Idealkörper« als wächsern und leer und manche vom Leben durchgegerbte Alte als wunderschön?
Was hatte sie alles getan, um von anderen gemocht zu werden? Wie viel Leben hatte sie aus Angst vor Ablehnung unterdrückt? Und war der Plan letztendlich aufgegangen? Ihr Mann hatte sie gegen eine wesentlich Jüngere (und deshalb Schönere?) ausgetauscht. Ihre Liebhaber gaben ihr kurzzeitig das Gefühl, (noch?) schön zu sein. Sie kannte all die wohlklingenden Konzepte über *reife Schönheit im Alter*, die *Schönheit der Seele*, die *zeitlose Schönheit* … Aber was fühlte sie, wenn sie sich nichts einredete? Wenn das Bett kalt blieb?
Als sie an diesem Abend allein im Badezimmer stand und in ihrem ungeschminkten Gesicht nach Antworten suchte, überkam sie eine schmerzhafte Erkenntnis. All die Männer in ihrem Leben …, sie hatte versucht, in ihren Reaktionen wie in einem Spiegel zu erkennen, wer sie wirklich war. Sie – als Objekt – war von ihnen begehrt und abgelehnt, gelobt und kritisiert, als schön oder hässlich bewertet worden. Aber keiner von ihnen hatte sie erkannt. Wie auch? Sie kannte sich selbst nicht. Wann hatte sie vergessen, wer sie wirklich war? Hatte sie es je gewusst?
In dieser Nacht schlief sie mit einer schmerzhaft-süßen Sehnsucht nach Wahrheit ein. Als Ura ihr dieses Mal im Traum

begegnete, wartete sie die Frage nicht mehr ab. Sie ergriff die Hände der alten Frau und bat sie dringend: »Bitte lehre mich, was wahre Schönheit ist!«
Ein verschmitztes Lächeln glitt über die leuchtenden Augen der Alten: »Geliebte Schwester, ich dachte schon, du fragst mich nie.« In dieser Nacht ließ sie ihren Körper hinter sich und erwachte nach 44 suchenden Leben endlich wieder in Homodea.
Ihre Ausbildung begann.

DIE ACHTE NACHT: DER RONIN OHNE MISSION

Er konnte nicht schlafen, also hatte er sich einen Whisky eingegossen und stand nun am Fenster des Wohnzimmers und schaute auf das Meer. Er hasste diese Momente. Sie waren zu still, um den inneren Stimmen aus dem Weg zu gehen.
Wann hatte er sich das letzte Mal in Frieden gefühlt?
Ein Mann in seiner Position sollte um diese Zeit dankbar und glücklich im Bett liegen. Er hatte vieles erreicht, von dem andere lediglich träumten. Er war in seinem Unternehmen und in der Stadt ein angesehener Mann. Er war im Vergleich zu den meisten sehr wohlhabend. Ihm fiel es immer noch leicht, junge Frauen für eine Affäre zu gewinnen. Doch in letzter Zeit zog er es vor, allein einzuschlafen. Er wollte nichts mehr erklären. Der Gedanke an Flirts und Eroberungen ließ eine graue Müdigkeit in ihm aufsteigen. Der Wolf in ihm war des Jagens überdrüssig geworden.
Wann war sein Feuer erloschen? Während der zweiten Scheidung? Oder schon am Ende seiner ersten Ehe? Was hatte mehr Kraft gekostet? Die privaten oder die beruflichen Kompromisse? Er hatte viel dafür geopfert, um ein Mann zu werden, den die anderen respektierten. Er hatte Werte und Träume wie kaputtes Spielzeug auf dem Weg zurückgelassen. Der erwachsene Mann hatte gelernt stillzuhalten, wenn der ungestüme Junge gern aufgesprungen und ins Freie gerannt wäre. Er hatte trotz so manch sexueller Eskapade selbstverständlich seinen zwei Familien gedient. Er hatte getan, was von einem guten Mann erwartet wird. Seine Kids waren ihm dankbar und sei-

ne beiden Ex meistens auch. Warum war er nicht stolz auf sich?

Am stärksten irritierte ihn ein in letzter Zeit wiederkehrender Traum. Ein kleiner Junge (War er das selbst?) rannte über eine Wiese mit freudig ausgestreckten Armen auf ihn zu. Doch er selbst, warum auch immer, konnte sich nicht bewegen, auch nicht sprechen. Er stand stocksteif und stumm da, während der Junge versuchte, ihn zu umarmen. Irgendwann wandte er sich enttäuscht ab und lief über die Wiese zurück auf einen alten, blinden Mann zu. Dieser nahm das Kind ruhig an die Hand, lächelte ihn milde an und rief ihm aus der Entfernung zu:

»Was ist deine wahre Mission?«

Morgens wachte er dann oft nachdenklich auf. Wenn er nicht wüsste, dass er nicht der Typ dafür war, würde er glauben, er hätte eine Depression. Er brauchte länger als sonst, um seinen inneren Motor halbwegs auf Touren zu bringen. Tagsüber funktionierte er, doch er war spürbar nicht mehr mit seinem ganzen Wesen beteiligt. Wo war er dann? Was fehlte?

»Was ist deine wahre Mission?« Was für eine merkwürde Frage. Könnte von einem Priester oder einem dieser Psychoquacksalber stammen. Seine erste Ex, mit der er sich immer noch gut verstand, hatte ihm hin und wieder Ratgeberbücher zugesteckt, die er genervt in einer Ecke seines Arbeitszimmers stapelte. Er stand nicht auf den Kram. Er war kein Philosoph, sondern ein handfester Pragmatiker. Sein Leben lang hatte er versucht, die Dinge einfach zu halten. Doch jetzt kamen all diese seltsamen Fragen zur Hintertür seines eigenen Herzens herein. Lag das am Älterwerden?

Er besaß so viel. Doch sein Herz fühlte sich in Minuten wie diesen wie ein leeres, verwaistes Haus an.
Wozu strengt man sich über all die Jahre so an? Was ist der Sinn einer Jagd, bei der wir am Ende alles wieder loslassen müssen? Warum bauen wir Sandtürme, die das Meer letztendlich alle wieder einreißt? Wofür habe ich bis jetzt gelebt? Was bleibt von mir, wenn ich einmal sterbe?
Gemeine, bohrende Fragen. Er sah keinen Sinn darin, ihrem Drängen nachzugeben. Sie verunsicherten ihn nur. Sie ließen ihn neuerdings bei wichtigen Entscheidungen zögern. Doch auch wenn er sie unterdrückte, fühlte er sie. Wie uralte Fische schwammen sie im dunklen, geheimnisvollen See seiner Psyche. Sie tauchten unvermutet auf – bei einem Geschäftstreffen, im Stau oder wenn er versuchte, sich mit einem Film abzulenken. Sie zogen ihn für Minuten nach innen. Nach unten. Die äußere Welt verschwand dann wie hinter einer milchigen Wand aus Plexiglas. Er musste aufpassen, dass es niemandem auffiel. Auch deswegen war er gerade gern und viel allein.

Was ist deine wahre Mission?

Was ist eine Mission?

Gibt es überhaupt eine?

Bestand das Universum letztendlich nicht nur aus Chaos, und ging es nicht darum, gut zu überleben? Doch wenn dies stimmte, wozu dann die manische Ambition der meisten

Männer, die wie er versuchten, höher, weiter, schneller zu bauen? Warum nicht einfach diesen Moment mit seinen Liebsten genießen?

Oder existierte doch eine Ordnung in und hinter dieser Welt? Wenn ja, was war ihr Sinn? Gab es eine Richtung? War der Mensch mehr als ein kleiner Fliegenschiss im All? Hatte er eine Aufgabe? War es die gleiche für alle oder für jeden einzigartig? Falls ja, wie würde ein Mensch wissen, ob er sie erfüllt oder nicht? Wenn er heute Nacht sterben würde, wäre dies ein gutes Leben gewesen?

Oje. Wirre Gedanken. Er trank schnell seinen Whisky aus. Zeit ins Bett zu gehen. Morgen stand ein Vorstandsmeeting auf dem Plan.

Bevor er einschlief, fiel sein Blick auf den Bilderrahmen, in dem er seinen Taufspruch aufbewahrte. Er war schon lange kein Kirchgänger mehr, doch er hatte es in all den Jahren nicht über das Herz gebracht, ihn zu entsorgen. Es war ein Zitat aus dem Buch Timotheus:

»Ich habe einen guten Kampf gekämpft.
Ich habe den Lauf vollendet.
Ich habe Glauben gehalten.«

Mit diesen Worten schlief er ein. Er träumte auch in dieser Nacht von dem kleinen Jungen. Wieder war er unfähig, sich zu bewegen. Eine unsagbare Traurigkeit überkam ihn, als sich das Kind enttäuscht abwandte. Doch dieses Mal war etwas anders. Als der Alte am Horizont erschien, um den Knaben abzuholen, brach im Traum der Bann, und er konnte sprechen. Verzweifelt rief er dem Blinden entgegen: »Was ist denn meine Mission?«

Aions dunkle Augen leuchteten erlöst auf, als er ruhig antwortete: »Mein Bruder, ich dachte schon, du fragst mich nie.«

In dieser Nacht erwachte er nach 44 suchenden Leben endlich wieder in Homodea, und seine Ausbildung begann.

DIE NEUNTE NACHT: SCHULUNG IN HOMODEA

Für Dea und Naru begann eine aufregende Zeit. Sie erlebten, was die alten Schriften die zweite Geburt nannten. Die erste ist die physische. Wir bekommen einen Körper geschenkt, damit die Reise beginnen kann. Die zweite Geburt geschieht, wenn wir erfahren, wofür wir hier sind.

Tagsüber gingen die beiden ihrem normalen Leben nach. Nachts wurden ihre Seelen in Homodea gelehrt.

Naru sprach mit niemandem über sein Doppelleben. Er beobachtete sich selbst argwöhnisch und suchte nach Anzeichen von echtem Verrücktsein. Doch tatsächlich ging es ihm so gut wie lange nicht mehr. Wenn er am Morgen erwachte, fühlte er sich tief ausgeschlafen und freute sich auf den Tag. Er sah die Menschen mit anderen Augen. Wacher und gleichzeitig gelassener. Seine neugierige Freude an den einfachen Dingen des Lebens kehrte zurück. Er hatte keine logische Erklärung für seine nächtlichen Reisen. Er hatte einmal ein Interview mit einem Quantenphysiker gelesen. Darin ging es unter anderem um die Relativität von Zeit und Paralleluniversen. Er spielte mal ernst, mal ironisch mit dem Gedanken, in seinen Träumen ein Wurmloch in einer anderen Dimension gefunden zu haben. Doch wahrscheinlich war es einfach ein Geniestreich seiner Psyche. Was auch immer, die Ausflüge nach Homodea taten ihm verdammt gut.

Dea bejahte von Beginn an die Existenz beider Welten. Wenn Homodea ein Traum war – dann war es diese Welt auch. Beide fühlten sich auf ihre Art echt an, und jede wurde durch die

Existenz der anderen ergänzt. Sie fand auf ihren nächtlichen Reisen, wonach sie sich immer gesehnt hatte, ohne ein Wort dafür zu kennen – ihr Erwachen.
Beide wussten zu Beginn nichts voneinander, denn ihre Ausbildung fand an verschiedenen Orten statt.

Deas Ausbildung

Als Dea sich zum ersten Mal nachts von Ura nach Homodea führen ließ, fand sie sich im Tempel der zwölf Schwestern wieder. Während ein Teil ihres Verstandes glaubte, dass sie träumte, wusste ihre Seele sofort, dass sie hier zu Hause war. Wie oft war sie vor langer Zeit (oder war es eben erst gewesen?) durch die Hallen des Heiligtums gerannt, hatte aus der Quelle getrunken oder sich in den Parkanlagen versteckt, wenn sie keine Lust auf Unterweisungen hatte. Jetzt stand sie wieder hier, als gereifte Frau, in der Mitte des kreisrunden Sanctums, und wurde mit großer Freude von elf Frauen empfangen. Eine von ihnen, offensichtlich die älteste im Kreis, war Ura. Sie erkannte sie sofort. Ihr vernarbtes Gesicht hatte sie in all den Leben wieder und wieder zurück in den Kreis gerufen. Nun endlich war sie dem Ruf gefolgt, und der Kreis der zwölf Schwestern war komplett. Sie mussten sich einander nicht vorstellen. Sie kannten sich seit Anbeginn der Zeiten. Jede von ihnen war einzigartig und barg ein wertvolles Geschenk für die anderen. In der Nacht trafen sie sich hier in der Runde, am Morgen kehrte jede Schwester in ihr normales Leben als Hausfrau, Bankangestellte, Vorstandsvorsitzende, Lehrerin oder Ärztin zurück.

Sister war die Hüterin des Kreises, jenes mächtigen und gleichzeitig so einfachen Rituals, in dem Frauen seit Jahrtausenden zusammenkamen, um sich an ihre Einheit zu erinnern und sich in allen Facetten ihrer Weiblichkeit zu stärken. Sie eröffnete jede Nacht die Ausbildung, die oft still, ohne jedes Wort und manchmal hitzig und ekstatisch verlief.

Truth. Die kleine Truth hatte einen starken, unbestechlich nüchternen Geist. Sie lehrte sie die Macht der radikalen Wahrheit konstruktiv zu nutzen. Sie alle hatten im Laufe ihrer Leben gelernt, sich nicht nur anderen, sondern vor allem sich selbst gegenüber zu verstecken. Doch hier kam alles auf den Tisch. Ihre verborgenen Fantasien, ihre Ängste, ihre Schwächen, ihre Power.

Shadow arbeitete in ihrem anderen Leben als Sozialarbeiterin in den Ghettos von Kapstadt. Ihre unangenehme Aufgabe war es, in ihrer Runde immer wieder den Finger in verborgene Wunden zu legen. Sie half ihren Schwestern, die dunkle Seite ihrer Macht in der Welt zu sehen. Wie Frauen durch Verführen und Verachten, Schweigen und Wegsehen gemeinsam mit Männern die Welt erschaffen hatten, in der sie heute lebten. Shadow gab nicht eher Ruhe, bis jede der Schwestern die Kompromisse aufgedeckt hatte, die sie eingegangen war, um ihre mächtigste Angst zu vermeiden – allein zu sein.

Passion lehrte sie, die Energie von Eros bewusst zu nutzen. Zuerst lernten sie, die groben und feinen Ströme ihrer Sexualität in ihrem Körper zu entfachen, zu halten und zu lenken. In diesen Übungsstunden vibrierte der Tempel von der Lust, die sie all die Jahre festgehalten hatten und nun endlich frei entfalten konnten. In einem weiteren Schritt lernten sie Eros bewusst mit ihrem Geist zu verschmelzen und seine nun noch viel mächtigere Wirkung gezielt und integer einzusetzen. Zum Beispiel, um ekstatische Räume zu eröffnen und zu halten, in denen sich die Gedanken aller Anwesenden in neue Höhen emporschwingen konnten.

Mothers Geschenk war nicht nur das Wunder der Schwangerschaft und des Gebärens eines Kindes. Die meisten von ihnen hatten dies selbst erfahren. Sie nahm sie mit in die Mysterien der Manifestation von Welten. Sie offenbarte ihnen die geheime Kraft der Frau, Leben in vielen Formen zu initiieren, zu beschützen und in die konkrete Form zu bringen.

Healer half ihnen zu verstehen, dass jede Frau heilen kann. Egal, ob sie in einem Krankenhaus oder einer Polizeistation arbeitet. Eine Frau, die Schöpfung versteht und ihre wahre Macht angenommen hat, hat die Verantwortung, die Welt, da wo sie wirkt, an ihre Ganzheit, ihr Heilsein zu erinnern. Durch ein Wort, eine Berührung, durch Kunst oder eine Verführung, die nicht einschläfert, sondern wachküsst.

Nubia, eine zarte und zugleich ungeheuer zähe dunkelfarbige Amazone, passte in überhaupt keines der typischen Geschlechterklischees. Sie liebte Frauen, war weiblich und männlich zugleich. Sie schenkte ihren Schwestern die geistige

Freiheit, sich aus allen alten Rollenerwartungen zu befreien und ihren eigenen inneren Animus zu finden und zu stärken.

Leona war eine wunderschöne und aufrechte Kriegerin. Tatsächlich bestand ein Teil ihrer Ausbildung darin, mit den Samurais des männlichen Ordens zu trainieren. Sie brachte ihren Schwestern bei, all ihre Gaben – ihren Geist, ihren Eros, ihren Körper – wie in einem Schwert vereint, im Namen der Schwachen und für die Gerechtigkeit einzusetzen.

Mystique führte ihre Schwestern in jenes weite Feld ihrer Seele, zu dem der Verstand keinen Zutritt hat. Wo es keinen Mann, keine Frau mehr gibt, sondern nur noch freies, unbegrenztes Bewusstsein. Sie lehrte sie, diesen inneren Zustand auch mit offenen Augen zu halten und mit staunendem Herzen die Einheit aller Dinge und Wesen zu erkennen.

Uras Gabe war, die Vollkommenheit des Lebens im kleinsten, hässlichsten und dreckigsten Detail zu offenbaren. Sie lehrte die Frauen den Unterschied zwischen einer schönen Fassade und dem Leuchten essentieller Schönheit. Sie half ihnen, das urteilende und deshalb getrübte Sehen zu entspannen und stattdessen die Fähigkeit des offenen Schauens zu entwickeln. In den ersten Tagen ihrer Zusammenkunft sahen die Frauen noch unbeholfen und beklommen über Uras von Lepra entstellten Körper hinweg. Doch je öfter sie schweigend vor ihm kontemplierten oder ihn behutsam berührten, desto mehr fielen die Schleier einer uralten Trance von ihnen ab. Ihnen allen war durch Erziehung und Medien eingetrichtert worden, was

Schönheit ist. Sie waren regelrecht darauf abgerichtet worden, diesen Maßstab zu bedienen. Doch jetzt begriffen sie erstaunt und befreit, dass das Geheimnis wahrer Schönheit in der Essenz des Lebens selbst bestand. Alles, was damit zutiefst verbunden war, leuchtete in einer zeitlosen Vollkommenheit. Ura erschien ihnen von Tag zu Tag schöner, weil sie wieder begannen zu schauen. Erst verschämt, dann ekstatisch erleichtert realisierten die Schwestern, wie sehr sie in vielen ihrer Leben einer Fata Morgana hinterhergejagt waren. Nicht die Männer hatten sie von ihrer stärksten Kraftquelle abgeschnitten. Sie selbst hatten vergessen, dass sie die Zeuginnen und Hüterinnen der Vollkommenheit des Lebens waren.

Noname war die unbequemste und gleichzeitig gütigste Lehrerin. Sie forderte ihre Schwestern heraus, alle begrenzenden Märchen, die sie sich je über die Liebe erzählt hatten, auf dem Scheiterhaufen der Wahrheit zu verbrennen. Sie zeigte ihnen schonungslos auf, wie Milliarden von Frauen im Laufe der Geschichte im Namen einer falsch verstandenen Liebe manipuliert, festgehalten und geduldet haben. Sie konfrontierte sie mit ihren persönlichen Geschichten – ihrer verirrten Herrschsucht unter dem Deckmantel »der Liebe«. In jeder ihrer Lektionen legte sie ein weiteres ernüchterndes und ent-romantisierendes Holz auf das Feuer, in dem nach und nach jede Illusion von Liebe verbrannte. Sie lehrte ihre Schwestern, das Herz zu reinigen, um von der einen, wahren, über alle Maßen liebenden Kraft des Universums benutzt werden zu können. Nicht um zu herrschen, sondern um in ihrem Namen zu dienen.

Dea. Zu Beginn wusste Dea nicht, was ihr Geschenk an die anderen war. Doch sie fühlte sich absolut richtig im Kreis ihrer Schwestern und vertraute mehr denn je, dass sich alles zur rechten Zeit offenbaren würde. Während sie die Lektionen der anderen Frauen neugierig in sich aufsaugte, erwachte in ihr langsam und heiter wie der Morgenstern die Erinnerung an ihre Kindheit in Homodea, ihre Eltern und ihre wahre Aufgabe. Die Rituale und Prüfungen der anderen Frauen verbrannten ihren Stolz und befreiten sie zugleich von antrainierter Angst und falscher Bescheidenheit. So nahm Dea eines Tages ihren Auftrag, Königin zu sein, ruhig, klar und selbstverständlich an. Sie war bereit, das Königreich im Namen der einen großen Liebe zu führen und so allen Wesen zu dienen. Als die Ausbildung vollendet war, begannen die Schwestern ganz natürlich, als hätten sie nie etwas anderes getan, ihre Gaben mit allen Menschen in Homodea und der anderen Welt zu teilen. In dem Maße, in dem sie sich verschenkten, wurden sie stärker. Sie vergaßen nie die heilsame Kraft ihres Bundes. Sie kamen regelmäßig im Kreis der Schwestern zusammen, um sich zu nähren und zu inspirieren.

Narus Ausbildung

Narus nächtliche Reisen führten ihn nicht direkt in die Stadt, sondern in ein Kloster auf dem nahe gelegenen und fast das ganze Jahr mit Schnee bedeckten Berg, den die Bevölkerung Roter Mond nannte. Hier wurde er nicht nur von Aion, dem blinden Samurai, sondern von neun weiteren Männern erwartet. In seinem normalen Leben hatte er sich nie wirklich auf Männerfreundschaften eingelassen, doch als er das erste Mal in ihrer Mitte stand, wusste er, dass er endlich seine Brüder wiedergefunden hatte. Sie waren unterschiedlich alt, kamen aus sehr verschiedenen Leben und Berufen, und doch verband sie eines: Sie hatten vor langer Zeit auf derselben Felsplatte, auf der sie jetzt wieder standen, einen Schwur geleistet: sich über die Zeit und den Raum hinweg hier zu treffen, sich gegenseitig herauszufordern und zu stärken, bis jeder von ihnen die zwölfte Lektion meistern würde.

Sie trafen sich in jeder Nacht in der zentralen Übungshalle des Klosters und saßen zuerst still im Kreis. Einer von zwölf Plätzen blieb scheinbar leer, und dennoch wusste jeder von ihnen, dass er nicht unbesetzt war. Eine intensive Präsenz war da zu spüren, und eines Tages würde sie ihnen die letzte Lektion offenbaren.

Ihr Weg, sich gegenseitig herauszufordern, war keine Konkurrenz. Es gab keine Gewinner oder Verlierer. Sie agierten wie ein Wesen mit einem gemeinsamen Ziel. Es gab keinen offiziellen Anführer, der durch einen Titel dazu bevollmächtigt worden wäre. Sie folgten dem Gesetz der natürlichen Autorität. Jeder von ihnen hatte besondere Stärken und spezielle Aufgaben. Wenn sie zusammenkamen, ließen sie zuerst ihren Verstand still werden. Sie synchronisierten ihren Atem und einige Minuten später auch ihre Herzschläge. Sie legten für diese Zeit den Eigenwillen ab und warteten auf ein eindeutiges Zeichen, auf wem in dieser Nacht die Kraft lag. Dann ließen sich die anderen von diesem Mann bereitwillig lehren und führen.

Brother, ein kleiner, drahtiger, weißhaariger Mann strahlte eine große Güte aus. In seinem normalen Leben war er einer der führenden Chaosforscher der Welt. Er hatte die Gesetze der Ko-Kreation studiert. Er wusste, wie man eine Gruppe von Menschen und ihre Potentiale in einem Ziel vereint. Er half ihnen, die letzten Reste von Konkurrenz- und Dominanzgehabe abzulegen und sich als Brüder im Geist zu respektieren. Er brachte ihnen bei, ihre zum Teil extreme Verschiedenartigkeit nicht als Hindernis, sondern als kreative Chance zu sehen. Er unterrichtete sie in Ritualen, mit deren Hilfe sie auch im normalen Leben schnell und wirksam synchronisierte Teams bilden könnten.

Satya arbeitete tagsüber als Strafverteidiger am Gericht. Er brachte den Brüdern den Unterschied zwischen verletzender Kritik und befreiender Wahrheit bei. Die Brüder erfuhren bei ihm die erlösende Wirkung radikaler Beichten und die Macht einfacher Fragen, die auf die richtige Weise und immer wieder gestellt alle Fantasien enttarnten, bis nur noch nackte, kristallklare Realität übrigblieb.

Abo. Niemand wusste, wie alt Abo tatsächlich war. Seine Haut, von Sonne, Wind und Zeit gegerbt, war über und über tätowiert mit den heiligen Symbolen seiner Vorfahren aus den verschiedensten Kulturen. Abo war der Hüter einer uralten männlichen Ahnenkette. Sein Gedächtnis war eine Schatztruhe, angereichert mit tausenden Geschichten – realen und fiktiven. Wenn sie sich versammelten und sich der magische Singsang seiner Stimme mit den aufstrebenden Funken des

Lagerfeuers in den Himmel erhob, wurden sie alle wieder lebendig – die Vorväter, die Helden und Götter. Sie standen mit ihnen im Kreis. Ihre Erfahrungen lehrten sie, auf eine natürliche Weise stolz auf ihre Männlichkeit zu sein.

Power – im normalen Leben Initiator eines überaus erfolgreichen Start-ups – brachte ihnen die universellen Gesetze des Erfolgs nah. Er lehrte sie, schöpferische Potenz auf allen Ebenen zu bejahen, sie gezielt in den visionären, dann in den mentalen Geist und von dort in die Handlung zu kanalisieren und wesentlich mehr Wirkungskraft in allen weltlichen Bereichen zu erlangen.

Nobody. Um vom Feuer des Erfolgs nicht sinnlos verbrannt zu werden und in der Welt der Taten nicht verloren zu gehen, brauchte es einen nüchternen und stillen Geist. Dafür lehrte sie Nobody den Weg des Meeres. Die kleine ICH-Welle gibt sich dem Ozean hin. Der kleine ICH-Geist lässt seinen egozentrierten Willen, seine begrenzten Ideen über richtig und falsch, seine Wünsche und Ängste los und öffnet sich dem Großen Geist, um sich von ihm per Intuition führen zu lassen. Die Männer erkannten in seinen Lektionen, dass das Nichts, in das sie dabei eintauchten, nicht leer, sondern über alle Maßen voll war. Sie nannten es scherzhaft die kosmische Quantensuppe, aus der heraus alle Impulse und Formen geboren werden. Sie erfuhren, dass die bewusste Hingabe an dieses Feld nicht bedeutet, sich aufzugeben und seine Individualität zu opfern. Im Gegenteil. Das regelmäßige Eintauchen in die Stille ließ die einzigartige Essenz von jedem danach immer klarer erstrahlen.

Pan. Die Trainingseinheiten mit Pan sprengten immer wieder ihre Erwartungen. Mal überraschte er sie mit einem dionysischen Ritual, das mehr einer verschwitzten, ekstatischen Orgie als einer seriösen Ausbildung gleichkam. Beim nächsten Mal ließ er sie stundenlang in ihren Mönchsklausen masturbieren, ohne ejakulieren zu dürfen. Er ließ sie die Freude und die Macht ihrer Sexualität auf immer feineren Kanälen entdecken. Sie lernten, Ekstase von Fantasien abzukoppeln und die Energien so noch intensiver zu entfachen. Wie Pan zu sagen pflegte: Ein Mann, der es nicht schafft, sein gesamtes System – seinen Schwanz, sein Herz und seinen Geist – in einem einzigen, voll erigierten schöpferischen Penis zu vereinen – verpasst 90 Prozent des Spaßes. Er spritzt in seinem Leben oft und zu schnell ab, kommt aber vielleicht bis zum Ende nie wirklich.

Amor. Die anderen nannten Amor auch liebevoll *ihr Zauberwesen*. Im normalen Leben war er eine der schillerndsten Figuren der Berliner Gay-Szene. Zu Beginn irritierte sie seine androgyne Ausstrahlung, die geschmeidig weiblichen Bewegungen. Wenn sie sich in seinen dunklen Augen verloren, wussten sie oft nicht: Sprachen sie mit einem Mann oder einer Frau? Er hatte solchen Spaß daran, ihre alten Rollenvorstellungen auf eine sinnliche und gleichzeitig ironische Weise durcheinanderzubringen. Er offenbarte ihnen den Zugang zu ihrer Anima – der dunklen, tiefen, bisher verborgenen Seite ihrer Seele. Sie begannen, Ahnungen, Intuition und Gefühle als neue Felder der Wahrnehmung zu genießen und zu nutzen. Durch Amor lernten sie, ihrem vorwärtsdrängenden, brennenden Logos einen verbindenden, wärmenden Eros zur Seite zu stellen. Sie verstanden nun auch viel besser, warum Männer im Laufe der Geschichte fast alles für die Anerkennung von Frauen getan hatten und wie sich diese äußere Abhängigkeit durch innere Ganzwerdung auflösen lässt.

Naru fühlte sich nicht wie jemand, der etwas zu geben hatte. Durstig saugte er all die Lektionen seiner Brüder auf, doch seine eigene Gabe blieb ihm lange Zeit im Unklaren. Er war doch nur ein stinknormaler Mann mit vielen Fehlern und Macken. Aion, sein Mentor, lächelte nur, wenn Naru ihn mit Fragen dazu bedrängte. Statt zu antworten ermutigte er ihn, Gebet und Meditation zu nutzen, um seinen Verstand von Zweifeln zu leeren und sein Herz lauter sprechen zu hören. Zuerst stiegen in ihm Bilder aus seiner Kindheit in Homodea auf. Er erinnerte sich an sein Training bei den Samurais, ihren Ehrenkodex, die Zurufe seiner Lehrer, die Mischung aus Schweiß und Staub auf der Übungsmatte und den Griff des Übungsschwertes in seiner Hand. All diese Eindrücke weckten in ihm ein Gefühl, das ihn lange nicht mehr besucht hatte – Würde.
Es war, als wenn er sich aus einem Nebel von Selbstmitleid und Versuchung befreite. Er vergab sich den Selbstverrat der letzten Jahre. Seine Seele atmete befreit von Schuld und Scham auf. Mit jedem Tag richtete sich sein geistiges Rückgrat wieder mehr auf. Er fühlte endlich wieder den ruhigen, unpersönlichen Stolz eines Kriegers. Eines Tages, während er auf einem Felsen meditierte, wurde es ganz still in ihm. Sein Geist ergoss sich in eine leere, lichtdurchflutete Kathedrale ohne Mauern. Und er vernahm Aions Stimme:

»Vergiss das nie.
Die Würde eines Mannes verwandelt ihn in ein Werkzeug des Lebens.
Makellosigkeit hält ihn auf dem Pfad.
Sein Auftrag ist es, die Erhabenheit der Schöpfung in seinen Taten zu feiern.
Viele Männer sind so wie du vom Weg abgekommen.
Ihr Verstand wurde durch Angst und Gier getrübt.
Verlorene Ronins, ohne zu wissen, was ihnen fehlt.
Ruf sie nach Hause. In die Kathedrale der Würde.
Bring ihnen den Ehrenkodex der Samurais zurück.
Erinnere sie an ihre natürliche Redlichkeit.
Entzünde ihren Mut.
Lass sie ihr Leben als heiligen Pfad begreifen.
Zeige ihnen einen Weg, als gütige Krieger für das Leben zu kämpfen.«

In Narus Verstand stieg ein heftiger Zweifel auf. Das war ein Witz! Das konnte nicht sein. Gerade er hatte diese Werte tausende Male verraten.
Aions Stimme entgegnete ruhig:

»Wer, glaubst du, kann den Ehrenkodex besser lehren als ein Mann, der selbst lange als ein Ronin unterwegs war und den Unterschied kennt? Der Pfad, der uns ruft, kennt keine Schuld. Egal, wie oft wir unseren Schwur gebrochen haben, wir können jetzt, immer wieder jetzt, auf ihn zurückkehren.«

So nahm Naru seine Aufgabe an. Er begann, sich selbst und die anderen Männer in der Kunst zu unterrichten, Integrität als ein Schwert des Geistes zu begreifen und mit diesem Schwert das Leben zu hüten und die Liebe zu beschützen.

Heat. Zu Beginn fürchteten die Männer die Trainingsstunden mit Heat. Wenn sie energetisiert und aufgeputscht von Pans oder Powers Übungsstunden kamen, ließ er ihren Egos gnadenlos alle Luft raus. Heat brachte sie auf dem Weg des Feuers in den Kontakt mit *dem* Dämon, den sie Jahrtausende lang unbewusst am meisten gemieden hatten – *Schwäche.* Doch worin lag der Sinn, freiwillig Schmerz und Ohnmacht zu fühlen? Es dauerte, bis sie den Unterschied deutlich erfuhren – zwischen der aufgeblasenen Stärke eines Mannes, der seine Verletzbarkeit vermeidet, und der Souveränität, die sich von allein einstellte, wenn sie bereit waren, alles zu fühlen und dem Leben mit nackter Brust zu begegnen. Heats Geschenk an sie war die Freiheit, groß *und* klein, stark *und* schwach zu sein. Der Weg ins Feuer verbrannte falschen Stolz. Er befähigte sie, ihr Schwert in Milde und Demut zu führen. Damit war es Zeit für Guardians Lektion.

Guardian. Seine Güte und Weisheit wirkte wie ein Katalysator für das in ihnen schlummernde Hüterbewusstsein. Tausende von Jahren hatten sie gejagt, erobert, geherrscht und waren dafür von den Frauen gefeiert worden. Doch es gab eine wesentlich mächtigere, wenn auch erst einmal unscheinbarere Art zu wirken. Ein Hüter kämpft nicht gegen etwas oder jemanden. Er erlebt sich mit allen Wesen verbunden, denn er weiß, dass es keine Trennung gibt. Er verfällt nicht in Mitleid oder blinden Hilfsaktionismus. Er fühlt den Puls der unsichtbaren kosmischen Ordnung. Er respektiert die Phasen und Ebenen der Entwicklung. Er unterscheidet nicht zwischen Sieg und Niederlage. Im großen Spiel gibt es nichts zu gewinnen, aber alles zu erkennen. Er weiß, dass die Schmerzen von heute die Geburtswehen von morgen sind. Für ihn entwickelt sich Leben nicht auf linearen Wegen. Es schwingt in Kreisen, die sich bei längerer Betrachtung als Elemente einer riesigen Spirale offenbaren, die einer Richtung folgt und gleichzeitig in eine ewige, formlose Stille eingebettet existiert. Ein Hüter will nicht mehr irgendwohin. Er ist. Er gibt sich hin. Er verbindet sich über seine Intuition mit dem Willen des Ganzen und lässt sich davon führen. Da er spielerisch sowohl auf seine männlichen (Animus) als auch auf seine weiblichen (Anima) Seelenanteile zugreifen kann, entfaltet sich sein Potential exponentiell schneller als bei einem polar begrenzten Wesen. Seine Entwicklung verläuft flexibler und friedvoller – auf einer wesentlich größeren Bandbreite zugleich – logisch und mystisch, konsequent und mild, meditativ und aktiv. Manche Hüter wirken still im Verborgenen. Andere führen Unternehmen, Netzwerke und manchmal ganze Staaten in die Zukunft.

Aion. »Was ist deine wahre Mission?« Mit dieser Frage hatte Aion die anderen Brüder über all die Leben hinweg immer wieder hierher in den Tempel gerufen. Sie alle waren Jahrhunderte als Ronins, herrenlose Samurais, unterwegs gewesen. Nun, da nach einem Jahr des Wandels zwischen den Welten das Ende ihrer Ausbildung nahte, war es für jeden von ihnen an der Zeit, seine Mission zu empfangen und ihr zu folgen. Die Mission eines Menschen macht den Unterschied zwischen einem erfolgreichen und einem erfüllten Dasein aus. Zwischen Existieren und Leben. Es ist der tiefere Sinn seiner Existenz. Ohne ihn macht gar nichts Sinn. Mit ihm alles. Deine Mission ist nicht an weltlichen Maßstäben zu messen, sondern an einem Gefühl von Stimmigkeit und innerer Erfüllung. Wenn du die *eine* Note findest, die nur du zur kosmischen Sinfonie beitragen kannst, wirst du es ohne Zweifel wissen. Plötzlich werden sich all die scheinbar zufälligen Begebenheiten deines Weges in einem großen intelligenten Puzzle ordnen. Menschen, die zu Kopien anderer werden, verpassen ihre Mission oder lehnen sie aus Angst vor dem Unbekannten ab. In den letzten Minuten ihres Lebens fällt es ihnen schwer loszulassen. Ein tiefes Bedauern schließt sich wie eine Faust um ihr Herz und quält sie mit der Frage: »Wer hätte ich sein können?«

Die Mutigen, die dem Ruf ihrer Mission folgen, werden nicht sicherer, aber sie leben leuchtend und sterben friedvoll. Sie verschenken sich vollständig und gewinnen so alles.

Aion half jedem von ihnen, ihre Einzigartigkeit zu entdecken und ihre Mission klar zu bejahen. Denn ein Mensch, der nicht weiß, wer er ist, kann nicht dienen. Er rennt durch sein Leben und glaubt, ihm fehle etwas. Anstatt sich voll zu verschenken, versucht er permanent etwas zu bekommen. Er wird sich entweder schwach aufopfern oder andere egoistisch benutzen. Nur wer ein reifes und starkes Selbst entwickelt, kann dieses Selbst einem größeren WIR bewusst zur Verfügung stellen. Der Weg, wie sich ein Mann, der sich selbst gut kennt, an die

Welt verschenkt, das ist seine Mission. Aion lehrte die Männer, Hingabe nicht als Schwäche, sondern größtmögliche Stärke zu begreifen. Ihr Dienen als Samurais bedeutete nicht, sich zu unterwerfen, sondern sich zu erheben. Sie starben freiwillig im Training und immer mehr auch im Alltag den kleinen Tod. Das heißt, sie gaben ihr kleines Ich auf, um ihr freies Selbst zu leben.

Die elf Samurais hatten sich während ihrer Ausbildung ihrem Licht und ihrem Schatten gestellt. Sie waren ihrer Gabe und ihren Dämonen begegnet. Sie hatten gelernt, große Mengen an Energie wachzurufen und sie in einem Anliegen zu fokussieren. Das in ihnen stärker werdende Hüterbewusstsein schenkte ihnen einen mitfühlenden und gelassenen Blick auf das kosmische Spiel.

Ihre Ausbildung neigte sich nun dem Ende entgegen. Es war an der Zeit, ihre Aufgabe für die Zukunft noch einmal klar zu erkennen und anzunehmen. Um sich darauf vorzubereiten, fasteten die Brüder 40 Tage im Schweigen. In der achtunddreißigsten Nacht saß Naru versunken und seiner inneren Stimme lauschend in seiner Zelle im Kloster. Jetzt war er wach. Kristallklar. Zu allem bereit.

Dennoch überraschte ihn die Vision seiner Zukunft sehr. Er sah sich selbst, Hand in Hand mit einer Frau, die ihm sehr vertraut schien, auf einer belebten Straße in einer großen Stadt stehen. Dazu hörte er Aions ruhige Stimme in seinem Kopf: *»Beschütze die Königin und rufe die Ronins nach Hause.«*

In Naru bäumte sich Widerstand auf. Er war sich so sicher gewesen, den Rest seines Lebens gemeinsam mit seinen Brüdern im Kloster zu verbringen und neue Adepten auszubilden. Warum sollte er zurück in die Welt? Und warum noch einmal einer Frau begegnen? Er brauchte kein weibliches Gegenüber mehr.

Er wollte sich einfach nur immer tiefer in den vollkommenen Frieden versenken, den er hier so oft erfahren hatte. Am Morgen des vierzigsten Tages gab er sich hin. Er war bereit, seinen Brüdern gegenüberzutreten und seine Mission mit ihnen zu teilen.

Satya, Abo, Nobody, Heat und Guardian würden im Berg-Kloster bleiben und die Ausbildungsstätte für viele weitere Brüder, die kommen würden, hüten. Aion würde wie eh und je zwischen den Welten und Zeiten wandeln und Männer in ihren Träumen an ihre vergessenen Versprechen erinnern. Brother, Power, Pan und Amor hatten genau wie Naru den Ruf erhalten, zurück in die Welt zu gehen. Brother würde Ko-Kreation als eine neue Form der Beziehungskultur zwischen Männern und Frauen verbreiten. Power freute sich darauf, erfolgreiche Unternehmen von innen heraus zu verwandeln. Pan würde weltweit neue, moderne, sinnliche Begegnungsplätze erbauen, wo Männer und Frauen Sexualität frisch, frei und würdevoll erforschen könnten. Amor freute sich darauf, mit seinem verspielten Tanz zwischen den Polen weiterhin Männer und Frauen in ihren Geschlechterklischees zu erschüttern.

DIE ZEHNTE NACHT: ANGEKOMMEN

Als die fünf ihren Abschied aus dem Kloster vorbereiteten, nahm Aion Naru beiseite: »Es ist Zeit, deiner Königin zu begegnen.«

Gemeinsam stiegen sie aus den Bergen herab in das Reich Homodea. Es war seit seiner Kindheit das erste Mal, dass der nun zum Mann gereifte Samurai die Stadtmauern passierte. Als sie am Hafen vorbeikamen, fiel Naru alles wieder ein. Er sah seine Zwillingsschwester und sich selbst wieder bei Nacht in dem kleinen Boot ins offene Meer treiben. Er erinnerte sich erschreckend deutlich an das Beben, das damals alles zerstörte. Doch heute strahlte Homodea im alten Glanz, als wäre nie etwas davon passiert. War die Stadt neu errichtet worden, oder hatte er das alles nur geträumt? Als er Aion diese Frage stellte, erntete er nur ein leises Schmunzeln.

Dann betraten sie den Palast. Niemand musste ihm den Weg in den Thronsaal weisen. Die Wachen öffneten die Tür, und er erkannte nach 44 suchenden Leben endlich seine Zwillingsschwester wieder.

Die Königin wusste seit einem Monat, dass ihr ein Samurai an die Seite gestellt werden würde. Sie hatte zu Beginn ähnlich widerstrebend reagiert wie Naru. Wozu ein Mann als Begleiter? Sie kam hervorragend allein zurecht. Ihr fehlte nichts, und wenn ihr doch nach Spielen war, gab es viele, die sich glücklich schätzten, der Königin für eine Nacht beizuwohnen. Ura ließ sie maulen und schwieg. Doch vor drei Tagen hatte sie ihr verraten, dass der Samurai ihr verschollener Zwillingsbruder war. Sie konnte es nicht erwarten, ihn endlich wieder in die Arme zu schließen.

Als Naru den Saal betrat, sah er nur sie. Instinktiv begriff er, dass ihn alles – die Höhen und Tiefen, die Tests, die Sackgassen, die bitteren und die süßen Stunden – auf diesen Augenblick vorbereitet hatte. Er hatte sich unbeschreiblich darauf gefreut, seiner Schwester wiederzubegegnen. Er wusste, dass sie schön war. Doch das, was ihm jetzt den Atem verschlug, war nicht sie, sondern *Das*, was durch sie hindurchstrahlte. Er verstand. *Das*, genau *Das,* hatte er unbewusst in allen Frauen gesucht. *Das* war nicht mehr *ihre* Schönheit. *Das* war das Leuchten jener Urkraft, die alles in diesem Universum zusammenhielt. Das Wort, das ihm in den Sinn kam, als er ohne zu zögern vor ihr auf die Knie ging, war *Liebe*. Nicht *ihre* Liebe. Es war die *eine* Liebe, die wie ein von Glückseligkeit durchtränktes Bindegewebe alles in diesem Universum durchdrang und verband.

Als der Mann, den sie sofort als ihren Bruder erkannte, vor ihr zu Boden ging, wollte sie dem zuerst Einhalt gebieten. Doch dann sah sie ihm in die Augen und fand darin … sich. Jetzt verstand sie, warum ihre Lehrer sie wieder zusammengeführt hatten. Nicht um ihr als Frau zu dienen oder sie zu beschützen, sondern als ihren Zeugen. Sein wissendes Sehen würde *Das*, was sie in sich trug, noch mehr auf die Erde bringen. Seine Präsenz würde wie ein Spiegel sein, in dem sich das Licht der Liebe selbst wiederfand. Sie sank vor ihm nieder, und während sich das Eine in ihr und ihm erkannte, hielt die Zeit an. Als sie sich aus der Umarmung lösten, war es bereits dunkel geworden. Aion und Ura hatten sich längst zurückgezogen.

Die beiden hatten sich so viel zu erzählen, während sie in den darauffolgenden Tagen durch die Gärten ihrer Kindheit wandelten. Wer sie oberflächlich beobachtete, sah eine Frau und einen Mann, die oft lachten, manchmal still weinten und sehr häufig überhaupt nicht sprachen. Wer mit wissendem Herzen schaute, sah das Aufeinandertreffen zweier Urkräfte – Eros und Logos – die auf allen Ebenen ihr erneutes und bewussteres Wiedererkennen feierten. Es war, als wenn die Schöpfung jubilierte, weil in ihrem Aufeinandertreffen etwas geboren wurde, was allen zugutekam.

So hätten die Königin und der Samurai bis ans Ende ihrer Tage in Homodea leben und feiern können, doch die Macht, die sie erschaffen hatte und der sie dienten, wollte es anders. Ihr Auftrag war es, sich in der anderen Welt wiederzufinden und das Königreich dorthin, in die Herzen aller Menschen zu bringen. Es fiel beiden unsagbar schwer, loszulassen und zu gehen. So saßen sie eines Tages vor Aion und Ura, um ihre Zweifel zu teilen. Da war zum einen die Sorge um Homodea. Wie würde es in ihrer Abwesenheit dem Königreich ergehen? Die beiden Alten grinsten verschmitzt. Aion klopfte sich lachend auf die Schenkel und bat Ura:

»Erklär du es ihnen.«

Uras blitzlebendiger Blick richtete sich auf die Königin und den Samurai:

»Ahnt ihr es denn noch nicht? Homodea befindet sich außerhalb von Zeit und Raum. Es existiert auf der Ebene der kollektiven Seele aller Menschen. Es ist das Reich der Weltenseele. Hier, jenseits von richtig und falsch, von gut und böse, können wir uns alle immer wieder begegnen und daran erinnern, wer wir wirklich sind. Wählt eine Seele den

Weg, komplett zu vergessen, verliert sie auch ihren Zugang zu Homodea. Doch die Erinnerung schwingt als Sehnsucht in uns weiter. Das ist der Grund, warum den Menschen seit tausenden Jahren Mythen wie die vom Paradies oder Shangri-La so faszinieren. Es ist nicht nur eine Hoffnung auf eine bessere Zukunft, die uns an solche Märchen glauben lässt. Wir wissen alle auf einer tieferen Ebene, dass diese Möglichkeit wahrer ist als der Traum der Trennung, an dem wir aus Angst festhalten. Wenn du bereit bist, dich wieder zu erinnern, taucht auch Homodea wieder in deinen Visionen und Träumen auf. Nicht bei allen in so konkreten Details wie bei euch. Manche erfahren unser aller Zuhause als ein unbeschreiblich liebevolles Meer aus Licht oder ein majestätisches Meer der Stille. Jede Seele erfährt ihre passende Version des kollektiven Sanctums.«

»Also kann jeder ein König oder eine Königin sein?«

»Jeder ist ein König. Jeder trägt ein Königreich in sich.«

»Was geschieht mit unserem Homodea, wenn wir zurück in die andere Welt wechseln?«

»Es ist immer da. Ihr könnt jederzeit hierher zurückkehren. Doch ehrlich gesagt, hoffen wir, dass ihr die andere Welt in ein so wundervolles Paradies verwandeln werdet, dass ihr Homodea in Ehren gedenkt, jedoch gar keinen Drang verspürt, hierher zurückzukommen.«

Naru belastete noch ein weiterer Zweifel:

»Ich verspüre so gar keine Lust, in die alte Welt zu wechseln. Ich kenne mein Ich da drüben. Hier entwickle ich mich viel schneller. Dort ist es oft so frustrierend, wie wenig ich von meinen Erkenntnissen tatsächlich umgesetzt bekomme. Mein Herz fühlt sich häufig so eng an. Ich lerne dort einfach zu langsam. Ich vergesse mich. Ich verrate meine Werte. Seitdem ich Homodea wiedergefunden habe, tut dieser Unterschied so höllisch weh. Um ehrlich zu sein, ich hasse meine menschliche Unvollkommenheit.«

Jetzt ergriff Aion ruhig und bestimmt das Wort:

»Ich verstehe dich. Genau deshalb schicken wir euch zurück. Denn es geht – bewusst oder unbewusst – den meisten Menschen so. Sie ahnen, dass sie größer sind und leiden an der oft so kleinherzigen Auslegung ihres Alltags. Je mächtiger der Spalt zwischen deiner inneren Wahrheit und deinem tatsächlichen Selbstausdruck – desto mehr leidet ihr.

Dieser Schmerz ist die Wurzel für alle eure Süchte. *Ihr wisst, dass etwas fehlt, und eure Sucht sucht für euch danach. Ihr habt gelernt, den Schmerz zu betäuben – mit Medien, Pillen, Ablenkungen jeglicher Art … Doch hilft es wirklich? Ich verrate dir jetzt ein letztes Geheimnis: Je vehementer du versuchst, vor dieser erst einmal so demütigenden Erfahrung deiner menschlichen Unvollkommenheit wegzurennen, desto mehr Macht bekommt sie über dich. Doch dieser Schmerz ist nicht dein Feind. Es ist dein Weckruf. Er ist die Glocke, die dich stetig nach Hause ruft. Ein schwacher Mensch wird sich immer wieder lieber betäuben. Doch dein Training als Samurai hat dich darauf vorbereitet, etwas scheinbar Verrücktes zu tun.* Nämlich stehen zu bleiben, deine Brust weit zu öffnen und in deinem Herzen auszusprechen: Schmerz, *komm!*

Dann wirst du etwas Erstaunliches erleben: Das, was eben noch so sinnlos wehtat, brennt nun wie ein Feuer. Der Schmerz verwandelt sich in die Kraft einer unbändigen Sehnsucht – zu erkennen, wer du wirklich bist. Bleib im Feuer stehen, und die Sehnsucht zieht dich nach Hause.

Geh zurück, Naru, und transformiere deinen menschlichen Alltag in eine Übungsmatte *des Erwachens. Zeit ist eine Illusion. Du kannst auf der einen Ebene ein stinknormaler, unvollkommener Mann sein, der sich täglich geduldig darin übt, ein wenig gütiger zu werden, und gleichzeitig kannst du mit deiner freien, vollkommenen Essenz verbunden sein. Übe dich täglich in den Tugenden der Samurais, und du wirst die Vollkommenheit, nach der du dich sehnst, überall wiederfinden. Sei ein Mann, der den Weg lächelnd geht, weil er innerlich bereits angekommen ist.«*

»Aber ich fürchte mich davor, wieder einzuschlafen und zu vergessen.«

»Deshalb stellen wir dir eine starke Gefährtin an die Seite. Eure Beziehung wird euch wachhalten. Sie wird gute, kreative Spannungen erzeugen. Ihr werdet euch gegenseitig herausfordern, indem ihr das Größte im anderen bejaht und nicht akzeptiert, wenn er oder sie einschläft. Wenn einer von euch beiden das Licht nicht sehen kann, wird der andere die Fackel hochhalten. Ihr werdet euch immer weniger bekämpfen und immer mehr als ein *System fühlen und handeln. Ihr werdet wissen, auf wem von euch beiden gerade die Kraft liegt, und der, auf dem die Kraft gerade liegt, wird den anderen unterstützen. Ihr werdet anderen zeigen, wer sie füreinander sein und was sie miteinander erschaffen können. Immer mehr Männer und Frauen werden ihre Partnerschaften in blühende Gärten verwandeln. Zeigt der Welt, welche Kräfte freigesetzt werden, wenn Eros und Logos sich in Respekt und Freude vereinen.«*

Jetzt fragte Dea:

»Was genau ist meine Aufgabe in der anderen Welt? Wie kann ich dort wirken, ohne mein Königreich?«

Ura richtete ihren Körper auf und schaute ihr eindringlich in die Augen:

»Eine wahre Königin ist nie ohne Königreich. Sie manifestiert es genau dort, wo sie atmet und lebt. Sie bringt allen Menschen den

Geschmack dessen, was sein kann. Eine Königin braucht keinen Thron. Sie weiß, dass sie in Wahrheit nicht regiert, sondern dient. Wo auch immer sie läuft, arbeitet oder tanzt, entfaltet sie das Königreich der Liebe. Dafür braucht es keine großen Worte. Wenn du selbst nicht mit deinem inneren Reich verbunden bist, kannst du reden und agieren, so viel du willst. Du wirst viel tun, manipulieren, herrschen, überreden, jammern, aber nicht in Liebe führen. Ich denke, das hast du in deinen engen Momenten als frustrierte Ehefrau zur Genüge erfahren. Doch wenn du bis in jede Faser deines Seins weißt, wer du bist, woher du kommst und was du in dir trägst, wirst du allen Menschen das Königreich bringen. Ob es die kurze Begegnung mit dem Bettler auf der Straße ist, die beruhigende Umarmung eines weinenden Kindes, dein herzlicher Dank für den Postboten, deine kraftvolle Ansprache in einem Vorstandsmeeting oder die Lust, die du einem anderen Menschen in der sexuellen Vereinigung schenkst – die Menschen werden sich gesehen und geliebt fühlen. Es tut nichts zur Sache, an was sie glauben. Vielleicht wirst du das Wort Liebe nie in den Mund nehmen, nie etwas definieren oder predigen. Homodea ist keine Idee, sondern eine Frequenz von Wahrheit, Güte und Schönheit. Wenn du in ihr zentriert bist, werden sich die Menschen in deiner Umgebung an ihre Größe und Würde erinnern. Sie werden sich selbst als Könige fühlen und beginnen, ihr Reich zu ehren.«

»Welche Beziehung werden wir in der anderen Welt miteinander führen, und wie werden wir uns dort überhaupt finden? Wir wissen nicht einmal, wie wir dort aussehen.«

Aion antwortete:

»Die Form eurer Beziehung ist nicht wirklich wichtig. Auch nicht die Dauer. Ängstliche Menschen halten viel zulange an vertrauten Strukturen fest und ersticken so das Leben. Jeder von euch ist ein Univer-

sum für sich. Einzigartig und quicklebendig. Lasst euch atmen. Gebt euch Raum, euch zu entwickeln. Starke Wesen gehen nie zweimal als dieselbe Person ins Bett. Begegnet euch täglich wach, und lasst den Fluss der Wahrheit immer wieder frisch sein natürliches Flussbett wählen. Vielleicht werdet ihr da drüben wieder Geschwister füreinander sein. Vielleicht Geschäftspartner oder Liebende. Oder alles auf einmal. Haltet nicht an der Form fest. Blickt tiefer. Entdeckt eure Verbindung jenseits von Zeit. Dann werdet ihr auch alle anderen Beziehungen neu erleben. Überall und immer *trifft sich das eine Selbst selbst.«*

Und Ura ergänzte:

»Damit es spannend wird, haben wir eine kleine Überraschung für euch vorbereitet. Wenn ihr heute in Homodea einschlaft und in der anderen Welt erwacht, wartet sieben Tage. Bucht dann einen Flug nach Marrakesch. Begebt euch am neunten Abend auf den Djemaa el Fna, den zentralen Marktplatz. Dort werdet ihr euch treffen.«

Ura und Aion erhoben sich zeitgleich und sprachen nun mit einer Stimme:

»Es gibt keinen Abschied. Da, wo ihr seid, sind auch wir. Da wo wir sind, seid auch ihr. Ruht euch aus.«

Noch während diese letzten Worte in Dea und Naru nachhallten, fielen sie in einen tiefen Schlaf, um am Morgen in der anderen Welt zu erwachen und diese mit vollkommen neuen Augen zu sehen.

Als Naru an diesem Morgen aus der Kapelle ins Offene trat, wusste er, dass es Zeit war, den Brief an seine Brüder zu schreiben. So hatten sie es damals verabredet. Aion würde dafür sorgen, dass er in die richtigen Hände fand.

DIE ELFTE NACHT: ZURÜCK IN DER WELT

Marrakesch, der neunte Abend: Es war heiß, laut und eng auf dem Djemaa el Fna. Eine betörende Duftkomposition aus Gewürzen, Rosen, Diesel, Amber und Kameldung schwängerte die Luft. Die Sonne war gerade untergegangen und die Gebetsrufe der Imams waren verstummt.

Sie musste auflachen, als sie inmitten der lärmenden Menge plötzlich ihren geschiedenen Mann erkannte. Ohne jeden Zweifel wusste sie, dass er Naru war. Bei ihm dauerte es etwas länger, bis das, was er sah, in seinem Bewusstsein ankam. Freude und fassungloses Erstaunen wechselten sich in seinem verdutzten Gesicht ab. Er sah gerade bestimmt nicht besonders intelligent aus.

Sie? Nach all den schmerzhaften und auch öden letzten Jahren ihrer Ehe sollte ausgerechnet sie seine Königin sein? Für einen Moment verkrampfte sein Verstand, überflutet von Erinnerungen an die öden Grenzen ihrer damaligen Beziehung. Doch dann fiel er in die unfassbare Weite hinter ihren grünen Augen. Und er wusste, dass dies nicht das Ende, sondern der Anfang war …

So ließen sie sich neu aufeinander ein. Am Anfang vorsichtig, unbeholfen. Sie hatten sich beide stark verändert. Es würde Zeit brauchen, ihre Erfahrung aus Homodea hier in der konkreten Welt zu manifestieren. Langsam ließen sie die Erinnerungen und Urteile aus ihrer alten Ehe los. Sie begannen, wieder zu staunen und den anderen wie ein unbekanntes Land neu zu entdecken. So geschah es eines Tages, dass sich die beiden wieder ineinander verliebten.

In einem Märchen würde hier nun geschrieben stehen: »Und sie lebten glücklich bis ans Ende ihrer Tage …«
Doch dies war eine reale Beziehung zwischen Mann und Frau. Die guten Zeiten, in denen sie wach waren, überwogen. Doch es gab auch die Tage des Einschlafens – wenn ihnen der Zugang zur Liebe verloren ging und sie sich in den alten Rollen verstrickten. Dies war dann so ungeheuer frustrierend. Ignoranz ist weit besser zu ertragen, wenn du es nicht besser weißt. Doch wenn du einmal mit einem Menschen erlebt hast, wie frei und innig ihr miteinander sein könnt, schmerzt jeder Rückfall um ein Vielfaches. Doch mit der Zeit lernten sie, diese Zeiten nicht mehr als Niederlagen, sondern Lektionen der Demut anzunehmen. Sie akzeptierten, dass sich in ihrer Partnerschaft alles wie auf einer großen Lichtung traf – Licht und Dunkelheit, Enge und Großherzigkeit, Ronin und Samurai, Bettlerin und Königin. Ihre Beziehung war nicht perfekt und doch irgendwie vollkommen. Als sie mit diesem Paradox Frieden schlossen, schlugen nach und nach ihre Erkenntnisse aus Homodea wie kostbare Samen hier in dieser Welt Wurzeln und brachten wunderschöne Früchte hervor. Sie erfuhren das Zusammensein von Mann und Frau auf immer feineren Ebenen. Sie liebten, forschten und arbeiteten zusammen. Sie gründeten gemeinsam mehrere erfolgreiche Unternehmen. Doch welche Rollen sie auf der weltlichen Bühne spielten, war nicht bedeutsam. Hinter der Kulisse wirkten sie als Samurai und Königin. Die Pole wechselten dabei spielerisch. Mal trat er zurück und diente ihr. Manchmal gab sie ihm die Bühne und hielt ihm den Rücken frei wie ein weiblicher Samurai. Alles wurde zu ihrem Königreich. Alles war ihre Übungsmatte.

In Träumen und Meditationen kehrten sie noch oft nach Homodea zurück, um im Kreis ihrer Brüder und Schwestern Kraft zu schöpfen, sich Rat zu holen oder auch nur, um die Freundschaft zu feiern.

Hier, in dieser Welt, wurden sie eine Inspiration auf Augenhöhe für viele Männer und Frauen. Es war nicht, was sie taten. Es war, *wie* sie es taten und was sie dabei ausstrahlten. Männer und Frauen sahen auf sie und begannen, sich instinktiv zu erinnern und selbst zu erheben.

Wenn dein Verstand einmal bewusst erfahren hat, was für dich möglich ist, kann er nicht mehr zurück. Die neue Möglichkeit, sich aufeinander zu beziehen, verbreitete sich wie ein positiver Virus. Und so entfaltete sich auf der Erde fast unmerklich ein Wunder, mit dem viele nicht mehr gerechnet hatten:

Männer und Frauen begannen,
einander neu zuzuhören.
Sie vergaben sich.
Alte Wunden heilten.
Frauen besannen sich auf ihre wahre Schönheit
und führten in Liebe.
Männer öffneten sich für ihre wahre Mission
und wurden Hüter des Lebens.
Gemeinsam erschufen Mann und Frau, hier und jetzt, das Königreich der Liebe,
das in jedem von uns schon immer als Ahnung ruhte.

Dea und Naru lebten gemeinsam noch mehr als 50 Jahre. Eine lange Perlenkette kostbarer Augenblicke. Ein Augenaufschlag in der kosmischen Ewigkeit. Während sie im Außen ein ganz normales Paar waren, das gemeinsam älter wurde, fand in ihrem Innern ein alchemistischer Prozess statt. Sie trainierten bis zum letzten Atemzug die Tugenden der Samurais. Ihr Geist wurde immer reiner und friedvoller. Ihre Seelen schwangen sich wie ätherische Vögel immer höher, in Sphären, für die es schon lange keine Worte mehr gab. Ihre Partnerschaft feierte die Schönheit der Schöpfung in allen Facetten. Leise und wild. Alles war gut. Doch hin und wieder beunruhigte Naru die Frage:

»Was war seine zwölfte Lektion? Warum war der zwölfte Platz im Kloster leer geblieben?«

Er sollte es erfahren, als Dea starb. Er war nicht auf ihren Tod vorbereitet gewesen. In seiner Vorstellung hatten sie den letzten Atemzug immer zusammengenommen und dann gemeinsam losgelassen. Er konnte sich ein Leben ohne sie nicht vorstellen.

Jetzt war ihm klar, sie musste es gewusst haben. Denn wann immer er ihr die Vision vom gemeinsamen Sterben beschrieb, hatte sie nichts gesagt und nur still gelächelt.

Jetzt saß er allein in der Kapelle. Ohne sie. Er hatte wirklich gedacht, er hätte sich vollständig hingegeben. Doch nun flammte eine letzte Rebellion in ihm auf – brutal angefeuert durch Schmerz und Zorn. Immer wieder stieg die trotzige Frage in ihm auf:

»Worin liegt der Sinn, sein Herz so weit für einen anderen Menschen zu öffnen, wenn am Ende doch jeder allein stirbt?«

Er hasste das Schicksal. Er hasste den Tod. Und vor allem verachtete er seine Verwundbarkeit. Er hatte alles riskiert und dadurch alles verloren. Ein Samurai ohne Königin. Durch ihren Tod war er wieder zum Ronin geworden.

DIE ZWÖLFTE NACHT: SEINE LETZTE LEKTION

Nicht aus Hoffnung, sondern purer Disziplin schleppte er seinen Körper auch in der zwölften Nacht in die Kapelle. Es war Neumond, und er saß bereits mehrere Stunden in dumpfer Trance vor dem Altar, als er die Präsenz Aions an seiner linken Schulter spürte.

»Warum weinst du, mein Bruder?«

»Das weißt du genau. Mein Herz ist gebrochen. Ich bin ein Narr gewesen. Ich habe den Frieden unseres Klosters aufgegeben, um einer Frau zu dienen. Ich habe mich ihr komplett verschenkt. Jetzt ist sie fort, und ich fühle mich leer.«

Aion sprach:

»Es ist keine Kunst loszulassen, wenn du nichts liebst. Du bist dieses Wagnis eingegangen, und ich verstehe, dass du im Augenblick glaubst, verloren zu haben. Denn du träumst noch immer einen letzten Traum. Es ist nun Zeit, aus ihm aufzuwachen.«

»Ist dies die zwölfte Lektion? Warum empfange ich sie erst jetzt? Und wer ist der Bruder, der sie übermittelt? Der zwölfte Platz war immer leer.«

»Im Kloster warst du noch nicht bereit. Du hättest die Lektion vielleicht theoretisch verstanden, doch du kannst sie nur meistern, wenn dein ganzes Wesen auf diesen einen Punkt ausgerichtet ist. Die Jahrzehnte des Übens und Liebens *haben dich darauf vorbereitet. Du denkst, du hast Dea gedient. Und in einer gewissen Weise hast du das auch. Aber auf einer tieferen Ebene hast du durch die Liebe zu ihr alles, was du bist, an die letzte Schwelle der Hingabe gebracht und hier gesammelt. Die Wahrheit ist: Es gibt keinen zwölften Lehrer.*

Denn alle Weisheit dieser Welt, jedes Training, jeder Meister kann dich nur bis zu dieser Schwelle begleiten. Alles, was du besitzt, was du weißt und kannst, bleibt hier zurück. Niemand kann dir beschreiben, was jenseits der Schwelle auf dich wartet. Selbst Hoffnung bleibt zurück. Dieser letzten Wahrheit musst du absolut nackt begegnen. Deas Tod ist ihr letztes Geschenk an dich. Er hat dich final vorbereitet.«

In diesem Augenblick erkannte Naru die intelligente Schlüssigkeit seines Schicksals. Er hatte all seine Liebe auf *einen* Altar, in der Person von Dea, gelegt. Durch ihren Tod war diese Kraft freigesetzt. Nichts hielt ihn mehr in diesem Traum. Ein verstehendes Lächeln huschte über sein Gesicht. Er verbeugte sich als Zeichen seiner Bereitschaft stumm vor Aion. Er fühlte den liebevollen Kuss seines geistigen Vaters auf seiner Stirn, dann war der blinde Samurai nicht mehr im Raum zu spüren. Dafür hörte er nun Deas Stimme. Zart. Leise. Wissend.

»Bist du bereit, mein Liebster?«

»Ja.«

»Du kannst den letzten Schritt über die Schwelle nicht selbst setzen. Doch du kannst dich darauf vorbereiten, von der anderen Seite genommen zu werden.«

»Wie?«

»Indem du zum Nullpunkt zurückgehst. An den Punkt, an dem alles begann.«

»Du meinst nach Homodea?«

»Nein. Noch weiter, Liebster. Die meisten Menschen glauben, ihre Geschichte beginnt mit ihrer Geburt. Doch wenn du das Mysterium deines Lebens und unsere Liebesgeschichte verstehen möchtest, musst du viel größer denken. Du musst in dir zum Ursprung reisen. Wie viele Leben haben wir wohl gelebt, Liebster?«

»Vierundvierzig.«

»Jedes von ihnen war so reich, so voll und doch nicht mehr als ein Wimpernschlag in diesem Kosmos. Etwas in uns ist viel, viel älter als alle diese Leben. Mein Körper, den du vor elf Tagen verbrannt hast, bestand – genau wie deiner – aus Sternenstaub der dritten Generation. Seine Atome, die sich mittlerweile im Meer und der Luft verteilt haben, sind 4,5 Milliarden Jahre alt. Doch unsere Liebesgeschichte begann sogar noch viel früher. Nämlich vor 13,5 Milliarden Jahren. Damals existierte … nichts. Es war nicht leer, sondern voll und über alle messbaren Maße hinaus potent. Aus diesem Nicht-Nichts wurde das gesamte Universum geboren, in dem wir beide uns letztendlich begegneten. Doch ganz am Anfang war Stille. Der Kosmos hielt den Atem an. Erinnerst du dich, Aion nannte es den schlafenden Gott, und Ura sprach vom Mutterschoß des einen Lichts.

Da, Liebster, in dieser ewigen, uralten und zugleich frischen Stille, beginnt unsere Beziehung.

Dieser Augenblick ist in dir gespeichert.

Geh in dir dahin.

Lass unsere Verbindung los.

Lass jetzt meinen Namen los.

Lass nun deine Form los.

Zieh deinen Verstand von allem ab, was du sehen, hören oder berühren kannst.

Halte den Geist an.

Atme aus und sinke nach innen.

Werde still.

Stiller als still.

Lass los.«

Das waren die letzten Worte, die Naru hörte. Er war innerlich an der Schwelle angekommen, und er war hier so allein wie noch nie zuvor. Für einen Moment überkam ihn eine eisige Angst: Was, wenn er auf der anderen Seite niemanden vorfinden würde? Was, wenn er alle Erinnerungen an Dea und den Glauben an die Liebe gegen ein dunkles Nichts eintauschen würde?

Er wusste nicht, wie lange er im Bann der Furcht und des Zweifels gefangen war. Im Außen war es vielleicht nur eine Sekunde. Ihm erschien es wie eine Ewigkeit. Dann nahm er einen letzten Atemzug, und das Leben in ihm ließ vollständig los.

Und seine letzten Gedanken waren:

Dea und ich sind nicht Mann und Frau.

Wir sind auch keine Geschwister.

Wir sind eins.

ICH bin.

PART 3

EIN MANIFEST DER LIEBE

EINFÜHRUNG

Ja. Wir haben uns erkühnt, diesen Abschnitt ein *Manifest der Liebe* zu nennen. Dabei ist Liebe sehr wahrscheinlich das mit Abstand am häufigsten missbrauchte Wort auf diesem Planeten. Wir verwenden es, wenn wir die romantisch-verklärte Brille mal absetzen, in sehr vielen Fällen für Dinge, die mit Liebe relativ wenig zu tun haben, dafür umso mehr mit biochemischen Prozessen, mit Projektion oder Manipulation.

Und dennoch können wir nicht anders, als hier bestimmt für das bewusste Lieben zu plädieren, denn wir sind überzeugt, dass wir das letztendlich in unserer tiefsten Essenz alle wollen.

Vielleicht hältst du uns für verrückt, wenn wir dir sagen, wie wir es sehen:

Wir glauben, dass alles, was wir Menschen tun, selbst die absurdesten und grausamsten Dinge, ein gerader oder verkorkster Ausdruck unserer verborgenen oder wachen Sehnsucht sind,

unser wahres Zuhause in diesem riesigen Universum zu finden,

in diesem Leben unsere wahre Natur zu erkennen

und uns mit allem zu verbinden.

Liebe ist unsere Bestimmung und
Lieben der Weg dahin.

Bitte halte uns nicht für realitätsferne Träumer. Wir sehen die Nachrichten. Wir haben tagtäglich durch unsere Klienten mit den Niederungen des menschlichen Daseins zu tun. Mit Angst, Ignoranz oder Missbrauch. Mit enttäuschten Frauen, verbitterten Männern, gescheiterten Beziehungen. Wir wissen, dass es das alles gibt.

Vor allem wissen wir es, weil wir selbst zutiefst menschlich sind und in unserer Beziehung viele triste Stunden erlebt haben. Wir haben uns beleidigt, verraten, betrogen, manipuliert. Wir wissen, wie sich die Abwesenheit von Liebe anfühlt.

Wie kommen wir dennoch dazu, aus tiefster Überzeugung ein Manifest des Liebens zu schreiben?

Weil wir immer wieder erfahren haben, dass all der menschliche Scheiß nur ein winziger Tropfen im Ozean der Liebe ist. Diese Urkraft hat uns wieder und wieder aufstehen und aufeinander zugehen lassen. Und in den reinsten Momenten der Begegnung mit *ihr* war ohne jeden Zweifel klar, dass es sie gibt. Dass es sie lange vor uns Menschen gegeben hat. Dass sie um so viele Dimensionen komplexer und mächtiger ist als das, was wir Menschen bis jetzt als ihren Ausdruck in unsere Beziehungen kommen lassen.

Wir schreiben dieses Manifest, weil wir mittlerweile eine Beziehung erleben, wie es sich keiner von uns beiden in seinen kühnsten Träumen vorstellen konnte. Wir wissen, dass *jede* Beziehung das Potential in sich birgt, uns hinter den Vorhang der Trennung und Kleinherzigkeit zu führen, den so viele von uns bedauerlicherweise als normalen Hintergrund ihres Lebens akzeptiert haben.

Mittlerweile hat das Wort Liebe eine wesentlich reifere Bedeutung für uns. Wir brauchen einander weniger und achten und unterstützen uns wesentlich mehr. Wir erleben, was für eine Heilkraft eine lebendige Beziehung freisetzt. Sie heilt alles. Nicht nur die Verletzungen, die wir uns in den Anfangsjahren unserer Partnerschaft zufügten, sondern auch alte Wunden. Aus unserer Kindheit und dem kollektiven Feld unserer Ahnen.

Wir sind so viel füreinander – Liebende, Freunde, Geschwister, Lehrer, Schüler und Geschäftspartner. Wir erleben, dass es tatsächlich möglich ist, sich auch nach 25 Jahren immer wieder neu ineinander zu verlieben, ohne sich im anderen zu verlieren. Wir teilen den Weg, seinen Schatten und das Licht, Sex und Arbeit, Meditation und Feiern miteinander.

Das alles listen wir nicht auf, um anzugeben, sondern weil wir zutiefst davon überzeugt sind, dass lebendige Beziehungen unser aller Geburtsrecht sind. Jeder Mensch sollte seine Beziehungen mindestens auf diesem Level erfahren. Und danach geht es sicher noch viel, viel weiter …

Wir schreiben dieses Manifest, weil wir uns am Beginn unseres Aufeinandertreffens eine solche ermutigende Landkarte der Liebe gewünscht hätten.

Wir schreiben – das ist bis hierher hoffentlich bei dir angekommen – nicht von einer überheblichen Warte aus, nach dem Motto »He, schaut mal, wir haben es geschafft! So wird es gemacht.« Wann immer wir so etwas gedacht haben, haben wir unmittelbar eine Kelle Demut spendiert bekommen. Nein. Liebe ist uns beiden nicht in den Schoß gefallen. Wir waren Dickköpfe und sind es manchmal immer noch. Wir

üben das Lieben täglich. Immer leichter und freudvoller. Doch es gibt auch heute noch Tage, an denen wir eine unsagbar schmerzhafte Ohnmacht spüren. Tage, an denen alles Wissen, alle tollen Methoden es nicht schaffen, den Graben zwischen unseren zwei Realitätsblasen zu überbrücken.
Früher haben wir in solchen Momenten sofort die Beziehung in Frage gestellt. Heute (Vielleicht das erste Anzeichen von Weisheit?) verzichten wir auf diese unnötige Rebellion, denn wir wissen, dass an diesen Tagen die Hausaufgabe darin besteht, uns der Beziehung zu uns selbst zu widmen. Um dann, mehr mit uns verbunden, wieder offen aufeinander zuzugehen.
Wir schreiben dieses Manifest, um dir Lust auf Beziehung zu machen und dich zu ermutigen, egal wo du gerade stehst, weiterzugehen. Wir begegnen so vielen wunderbaren Männern und Frauen in unserer Arbeit, und bis auf wenige Ausnahmen sehnen sich alle nach einer erfüllten Partnerschaft. Dahinter verbirgt sich nicht nur eine romantische Sehnsucht. Es ist unser instinktives Wissen über eine wunderschöne, zwischenmenschliche Möglichkeit.
Wir möchten dich für den Wert einer jeden Beziehung sensibilisieren. Leider gibt es bis heute kein Schulfach in der Kunst, einem anderen Wesen zu begegnen. Viele Menschen behandeln Beziehungen achtlos wie ein Fahrzeug, das ihren Zwecken zu dienen hat. Aber halt, dieser Vergleich hinkt. Denn tatsächlich widmen viele ihrem Auto mehr Zeit und Sorgfalt als der Pflege ihrer Beziehung.
Das ist sehr, sehr schade. Denn eine wirklich lebendige Beziehung ist …

- *der Königsweg der Selbsterkenntnis,*
- *ein geschützter Raum der Heilung,*
- *eine nie versiegende Quelle der Freude und Inspiration.*

Wir hoffen, auch viele Männer mit diesem Manifest zu erreichen. Wenn du ein Mann bist, der bis jetzt das Thema Beziehung nicht zu seinen Hauptinteressen gezählt hat: Ich (Veit) verstehe dich sehr gut. Ich habe lange Zeit dem Trugschluss aufgesessen, Beziehungen wären ein Frauenthema. Letztendlich hat mich das Leben über einen Umweg auf die heiße Spur gebracht. Ich war schon immer sehr ehrgeizig. Irgendwann habe ich realisiert, dass alles, wirklich alles, wofür ich brenne – meine Mission, meine Vision, mein Erfolg – mit Beziehungen zu tun hat. Gesunde Beziehungen sind die Basis für alles, was du in diesem Leben erreichen willst. Es ist erstaunlich, welche potentialentfaltenden Dynamiken eine Partnerschaft entwickeln kann, in der sich Mann und Frau mit Achtung begegnen und beginnen, beide Pole bewusst in sich zu integrieren. Alles, was wir in unserem Unternehmen aufgebaut haben, entspringt in einer gewissen Weise auch der Dynamik unserer Beziehung.

Andrea und ich sind Instinktmenschen. Wir haben sehr viel durch Versuch-Irrtum-Korrektur gelernt. Auf unserem Weg haben wir hunderte verschiedene Techniken, Übungen und Kommunikationsansätze ausprobiert. Was nicht nur bei Sonnenschein, sondern auch im Sturm funktionierte, haben wir in die DNA unserer Verbindung aufgenommen. Doch wenn wir in den letzten Jahren immer häufiger nach *dem* Geheimnis einer starken Beziehung gefragt wurden, war uns klar, dass es nicht die Methoden sind. Denn wie oft haben wir bei Klienten und uns selbst beobachtet, dass ein noch so vernünftig klingender Ansatz dennoch nicht greift. Praktische Vorsätze brauchen einen fruchtbaren Boden, und diesen wollten wir in diesem Buch beschreiben. Wir zogen uns zurück und analysierten unsere 25-jährige Beziehungsgeschichte und die Beispiele anderer starker Beziehungen. Dabei sind wir auf sieben essentielle Elemente gestoßen:

1. *Gnade*
2. *Ein gemeinsames Anliegen*
3. *Ein Verständnis der Kräfte, denen eine Beziehung ausgesetzt ist*
4. *Ein Verständnis der Entwicklungsebene, auf der sich die Beziehung befindet*
5. *Ein starkes ICH*
6. *Ein starkes WIR*
7. *Und noch mal: Gnade*

Diese Elemente möchten wir gemeinsam mit dir in diesem Teil des Buches erforschen. Nimm sie persönlich. Zieh sie als Perspektiven für deine Beziehungen zurate. Formuliere sie in deinen Worten. Ziehe deine Schlussfolgerungen. Unsere Erfahrung ist: Alle Techniken, alle To-dos kommen danach.

DIE SIEBEN ELEMENTE EINER STARKEN BEZIEHUNG

Gnade

Dieses Wort bedarf einer genaueren Erklärung. Wir meinen nicht die gnadenvolle Haltung einem anderen Menschen gegenüber, sondern die Gnade der Liebe. Auf Grund etlicher, zum Teil sehr existentieller Erlebnisse sind wir überzeugt, dass es die Liebe als übergeordnete und zugleich allem innewohnende Kraft tatsächlich gibt – egal wie sehr Zyniker versuchen, sie wegzureden, oder Wissenschaftler bemüht sind, sie auf biochemische Vorgänge im Gehirn zu reduzieren[7]. Die Erfahrung, von dieser universellen Kraft aufgefangen, erinnert, erlöst und geheilt zu werden – ohne sich das verdienen zu können –, bezeichnen wir als *Gnade*. Die wichtigsten Durchbrüche und Befreiungsmomente in unseren Beziehungen haben wir nicht erarbeitet, sie sind geschehen. Immer dann, wenn wir zugegeben haben, nicht alles zu wissen und uns der Liebe hingegeben haben. Beten mag rational veranlagten Menschen als ein überholtes Wort erscheinen. Wir wissen, dass es gerade uns leistungsorientierten und kontrollbewussten Individualisten guttut, zuzugeben,
dass wir nicht alles im Griff haben,
dass es Dinge gibt, die wir nicht einfach so im Supermarkt kaufen können,
dass wir manchmal mit unserem Latein am Ende sind

7 Wir lieben auch diese Faktenebene. Sie erfasst nur bei Weitem nicht alles.

und deshalb innerlich auf die Knie sinken dürfen, um etwas Größeres um Hilfe zu bitten.

Wie du das nennst – Gott, Leben, Liebe, Weisheit – ist in unserer Erfahrung ziemlich egal. Hauptsache, deine Hingabe ist echt.

Es gibt Schwellen in deiner Entwicklung, die kannst du nicht willentlich überschreiten. Das hast du sicher schon bemerkt. Du durchläufst Phasen, in denen hilft nur, dich hinzugeben und zu beten bzw. zu bitten, dass die andere Seite, die freiere Version, die irgendwo da draußen bereits existierende Lösung dich nimmt. Du gehst symbolisch oder in echt auf deine Knie und bittest um Hilfe. Vielleicht passiert erst einmal eine Weile nichts. Doch dann wachst du eines Morgens auf und weißt, es ist passiert. Du bist durch. Wenn du diesen Turning Point schon einmal erlebt hast, weißt du auch: Du konntest dir das mit nichts verdienen. Du bist nicht weitergekommen, weil du ein besonders guter oder reicher oder smarter Mensch bist. Du bist auf die andere Seite, auf das neue Level geholt worden, einfach, weil es das Leben (und wir sagen, die Liebe) so wollte. Das ist Gnade.

Du kannst sie nicht erzwingen. Doch du kannst dich sehr wohl auf ihren Ruf vorbereiten, damit du, wenn es geschieht, es nicht vermasselst.

Ein gemeinsames heiliges Anliegen

Heilig. »Ach du je …«, denkst du jetzt vielleicht, »… noch so ein seltsames Wort.« Wird es doch oft mit Religion oder Esoterik assoziiert. Wir mögen es, edle Worte aus zu engen, alten Schubladen zu befreien, die ihnen nicht gerecht werden und sie in einem frischen Licht zu betrachten.

Der Wortstamm lautet *heil* und bedeutet *ganz, vollständig*. Egal, was wir uns selbst an der Oberfläche unseres Verstandes erzählen, in der Tiefe unseres Wesens suchen wir alle nach *Heil*ung = *Ganz*werdung. Um eine Beziehung (zu dir selbst oder einem anderen Menschen) auf ein Niveau zu bringen, wo sie dich im wahrsten Sinne des Wortes er*füllt*, braucht es mehr als einen Deal zwischen zwei intelligenten Säugetieren, die zusammenkommen, um sich fortzupflanzen und gemeinsam den Alltag zu bestreiten. Wenn du erfahren willst, was in einer menschlichen Begegnung alles möglich ist, musst du wissen, was du wirklich-wirklich willst. *Wofür lebst du? Wofür brennst du? Was ist dein Credo? Was soll nach einem voll gekosteten Leben auf deinem Grabstein stehen?*

Wenn du so willst, ist dies die konzentrierte Essenz deines Lebens – quasi die Visitenkarte deiner Seele. Wenn du nun jemanden findest, der dasselbe oder etwas Ähnliches will, und ihr euch in diesem heiligen Anliegen miteinander verbindet, werdet ihr miteinander jeden Ego-Mist durchwaten können, immer wieder im Offenen landen, Berge versetzen und echte Wunder möglich machen.

Alles, was wir in diesem Manifest beschreiben, bedarf einer Beziehung mit einem gemeinsamen heiligen Anliegen.

Ein Verständnis für die wirkenden Kräfte

Stell dir vor, du bist der weiße König auf einem Schachbrett und versuchst verzweifelt, mit der schwarzen Königin eine Liebesbeziehung zu führen. Immer wenn ihr glaubt, es gerade geschafft zu haben, funken mysteriöse Kräfte dazwischen, reißen euch auseinander oder lassen euch gegeneinander kämpfen. Kannst du dir vorstellen, wie frustriert, ohnmächtig und wahrscheinlich auch schuldig du dich auf Grund deines »Beziehungsunvermögens« fühlen wirst? So ging es uns lange Zeit. Wir verstanden in unseren Kämpfen, Krisen und Affären oft nicht, was da »in uns fuhr«, was »uns überkam«. Wenn es vorbei war, hatten wir häufig das Gefühl, »etwas« verlässt uns gerade wieder. Irgendwann haben wir uns aufgemacht, diese Kräfte zu erforschen, die an jedem von uns Menschleins ziehen. Das klingt vielleicht etwas mysteriös, aber glaub uns, es ist so heilsam, wenn du erkennst: Du stehst mit deinem Partner nie allein in Beziehung. Ihr seid Stellvertreterfiguren für ein viel größeres Drama. Diese Kräfte zu identifizieren löst noch nicht jedes Problem auf einen Schlag, aber es öffnet den Raum für Vergebung. Es bringt Gelassenheit und Humor ins Spiel.

Ein Verständnis für die Entwicklungsebene

Deine Beziehung ist nicht mit jeder Beziehung vergleichbar. Sie hat ihre Geschichte, ihren Reifestand und – wenn sie nicht abstirbt – eine Entwicklungsrichtung. Stell dir vor, du könntest von außen auf deine Beziehung schauen. Du könntest klar erkennen, auf welcher Ebene der Entwicklung ihr euch gerade befindet. Du würdest sehen, welche Lektionen aktuell anstehen und welche Chancen und Gefahren auf euch warten. Dieser Blick würde dir helfen, dich bestimmten Phänomenen nicht mehr ausgeliefert zu fühlen. Du würdest erkennen, was du proaktiv tun kannst, um den nächsten, befreienden Entwicklungsschub einzuleiten. Wäre dies nicht ungeheuer hilfreich für dich? Du kannst dich freuen. Wir stellen dir eine überraschend einleuchtende Landkarte der Beziehungsdynamik vor, bei der bis jetzt jeder, dem wir davon erzählten, tiefgreifende Aha-Einsichten hatte.

Ein starkes ICH

Unsere Beziehung startete auf eine ungesunde Weise koabhängig. Zwei verletzte, unbewusste ICHs, die versuchten, ihre Unvollständigkeit über den anderen zu kompensieren. Das ist nicht schlimm. Wahrscheinlich beginnen da die meisten Beziehungen. Irgendwann begriffen wir, dass der Schmerz, den wir erfuhren, nicht durch den anderen verursacht wurde. Wir brachten ihn bereits mit. Im Laufe der Zeit lernten wir die Momente der Ohnmacht und Trennung nicht mehr zu bekämpfen, sondern sie als unseren Lehrer im guten Alleinsein anzunehmen. Wir sind auch heute noch sehr verschieden und kommen lange nicht immer zusammen. Und das ist gut so. Eine starke Beziehung zwingt dich, ein starkes, bewusstes, möglichst vollständiges ICH zu entwickeln, sonst fliegt dir der Laden um die Ohren. Männer und Frauen haben sich über tausende von Jahren in ihrer Blindheit gegenseitig benutzt. Alles hat seine Berechtigung, und diese Form des Aufeinanderbeziehens hat uns bis hierher gebracht. Doch das, was nun ansteht, braucht wesentlich wachere, in sich vollständigere Menschen. Frauen und Männer, die für sich einstehen können. Nicht aus Not oder Trotz, sondern weil sie in sich ruhen. Dieser Weg in eine gute Stärke ist für die Geschlechter zum Teil sehr verschieden. Deshalb findest du im letzten Teil des Buches zwei separate Briefe. Einen an die Frauen und einen an die Männer.

Ein starkes WIR

Es ist ein Paradox. Eine starke Beziehung lehrt dich, frei zu sein und gleichzeitig bewusst Ja zu einer neuen, gesunden Form der Koabhängigkeit zu sagen. Wenn sich zwei Menschen nicht mehr brauchen, um zu überleben oder sich emotional zu trösten, dann wird es spannend! Was fangen zwei selbst-bewusste, gesunde Zellen des Lebens miteinander an? Sie kommen auf einer neuen Ebene des Miteinanders zusammen. Sie verbinden sich in Freiheit und voller Freude miteinander, um …

- *das enorme, noch schlummernde Potential im anderen zu wecken,*
- *gemeinsam neue Möglichkeiten zu erschaffen, die sie selbst immer wieder überraschen und die allem Leben zugutekommen.*

Willkommen in der Ko-Kreation. Ab hier wird eine Beziehung wirklich zu einem inspirierenden Abenteuer. Ab hier werdet ihr die Erfahrung machen, euch jeden Tag wieder neu ineinander verlieben zu können. Das Beste daran: Die Fähigkeit zu ko-kreieren macht nicht bei *einer* Beziehung halt. Was du in der einen lernst, steht dir – wenn du das willst – in allen zur Verfügung.

Denke Ko-Kreation auf allen Ebenen! Stell dir die exponentielle Entfaltung an Intelligenz, Kreativität und Freude vor, wenn sich all die Anteile deiner vielschichtigen Psyche, Licht und Schatten, Angst und Liebe, Animus und Anima, Herz und Verstand nicht mehr bekämpfen, sondern miteinander friedvoll ko-kreieren. Stell dir eine Welt vor, in der Männer und Frauen keine blöden Witze mehr übereinander machen, sondern ihre Verschiedenheit respektvoll feiern und in Familien, Unternehmen, in der Politik miteinander bewusst erschaffen. Stell dir riesige globale Happenings vor, in denen die besten Wissenschaftler*innen, Philosoph*innen, Künstler*innen der Welt zusammenkommen – finanziert durch alle Regierungen –, um durch Ko-Kreation die Lösung für jedes unserer drängenden Probleme zu finden.

Zu weit gedacht? Zu utopisch gesponnen? Nein. Die Welt wird da neu erfunden, wo du lebst und atmest. Deine Beziehungen sind der Mikrokosmos der gesamten Menschheit. Wenn es dir gelingt, aus einem starken ICH heraus starke WIRs zu gestalten, haben wir alle etwas davon.

Die Wahl zu lieben

Vor etwa 24 Jahren, nachdem wir in den ersten zwölf Monaten unserer Beziehung extreme Anziehungskräfte, aber auch bereits sehr viele leidvolle Erfahrungen erlebt hatten, waren wir kurz davor aufzugeben. Es machte einfach keinen Sinn, weiter zu kämpfen. Uns war beiden klar: Wir sind einfach zu verschieden. Doch dann geschah ein Wunder.
Es war Nacht. Wir hatten den ganzen Tag lang gestritten[8], nichts gegessen und waren verzweifelt. Wir fanden einfach nicht zusammen. Wir können bis heute nicht genau erklären, was dann geschah. In dieser abgrundtiefen Erschöpfung ließen wir los und irgendwie fiel dabei eine Barriere im Verstand. Für mich (Veit) war es, als wenn ich Andrea zum allerersten Mal ohne jegliches Urteil, ohne alles Wollen sehen konnte. Und was ich sah, war wunderwunderschön. Ich meine damit nicht ihre körperliche Form. Sie war immer sexy und attraktiv für mich gewesen. Nein, in jener Nacht offenbarte sich mir ihre Essenz – anders kann ich es nicht beschreiben. Sie erstrahlte in purer Schönheit von innen heraus. Vor mir saß eine bis dahin sehr wahrscheinlich von niemandem voll erkannte Königin. Und ich begriff in diesem Moment, dass ich sehr wahrscheinlich zum allerersten Mal in meinem Leben einen Menschen in seiner ganzen, reinen Schönheit sah. Seit dieser Nacht weiß ich, dass wir das unter den Schichten unserer Persönlichkeit alle sind – unschuldige, edle, wun-

---

8 Falls du glaubst, wir übertreiben – nein! Wir haben uns damals tatsächlich solche Schlachten geliefert.

derschöne Wesen. Wir wandeln alle in einem Traum von Urteilen und Bedürftigkeit über den Planeten und verpassen uns! Wir sehen nicht den anderen, sondern unsere Projektion. Ich (Veit) erzähle dir so ausführlich von jener Nacht, weil ich damals zum ersten Mal die Liebe wählte. Ich sah Andreas wahre Schönheit und ich wäre in diesem Moment ein Narr gewesen, mich von ihr als Partnerin zu trennen. Aber das war nicht der Punkt. Instinktiv wusste ich damals, dass ich gerade zum ersten Mal einen anderen Menschen mit den Augen der Liebe erblickte. Mir war aus irgendeinem Grund auch schmerzhaft klar, dass dieser Moment wieder vorbeigehen wird. Ich wusste – der Vorhang wird wieder zugehen. Ich wusste, ich kann ihn nicht mit Macht offenhalten, denn ich erfahre gerade Gnade. Doch ich verstand (und auch das war Gnade), dass ich gerade etwas so Kostbares erlebe, dass es wert ist, dem mein Leben zu widmen. Ich schwor mir damals:

»Wenn es einmal möglich ist, mit den Augen der Liebe zu sehen, ist es immer wieder möglich. Ich werde alles dafür tun. Ich werde lernen, alles loszulassen, was mich davon trennt. Ich werde unsere Beziehung der immer tieferen Entdeckung dieses heiligen Raumes widmen. Ich werde die Unschuld in allen Menschen entdecken, bejahen und spiegeln. Ich werde Lieben lernen.«

In dieser Nacht wusste ich ohne die Spur eines Zweifels, dass es die Liebe gibt. Und dass sie von uns in ihrer Existenz radikal bejaht werden muss. Also wählte ich sie. Als Grundlage meines Lebens. Als Basis und Bestimmung unserer Beziehung. Wir erkannten damals beide, dass wir nicht zusammengekommen waren, um etwas vom anderen zu bekommen. Das ist ein netter Nebeneffekt einer guten Partnerschaft. Nein. Unsere

Aufgabe ist es, uns wachzuküssen. Die Verantwortung einer wahrhaft lebendigen Beziehung ist es, dem anderen zu ermöglichen, seine Schönheit und Größe in deinem Blick auf ihn wiederzuerkennen.

Ohne diese Wahl, die wir beide damals und seitdem immer wieder tiefer trafen, wären wir nicht zusammen und würde es dieses Buch nicht geben. Glaub mir, es ist die Wahl, die alles verändert. Sie katapultiert dich sanft aus dem einen Universum der Trennung und des Leids in das der Verbindung und der Wunder.

Es ist ein Paradox. Für uns macht es einen charakterlich reifen Menschen aus, wenn er, selbst wenn er genau wüsste, dass es keinen Gott, keine allumfassende Liebe und kein Leben nach dem Tod gibt, den Mut und die Kraft aufbringen würde, die Liebe aktiv als Zentrum seines Lebens zu wählen. Gleichzeitig sind wir überzeugt (wir können und wollen es gar nicht beweisen), dass wir alle spätestens am Ende unserer Reise den Ursprung, die Quelle dieser Welt erkennen werden: die Liebe als die *eine* Urkraft, die unseren Kosmos gebiert und zusammenhält.

Also lass uns beginnen …

DIE EVOLUTION DER LIEBE

Woher wir kommen

»Wer nichts weiß, liebt nichts.
Wer nichts tun kann, versteht nichts.
Wer nichts versteht, ist nichts wert.
Aber wer versteht, der liebt, bemerkt und sieht auch …
Je mehr Erkenntnis einem Ding innewohnt,
desto größer ist die Liebe …«

Paracelsus (1493–1541)

Denke an alle Beziehungen, die dich gerade innig bewegen. Vielleicht eine Liebesbeziehung? Oder die Sehnsucht danach? Deine Familie? Deine Kollegen? Die Beziehung zu dir?
Meist erleben wir unser persönliches Drama aus der ICH-Perspektive. Wir – im Zentrum unserer kleinen Bühne. Doch beschleicht dich nicht auch manchmal das Gefühl, dass hier noch ganz andere Kräfte wirken? Lässt sich das alles logisch aus der Person-Person-Perspektive erklären? Die gewaltigen, magnetischen Anziehungskräfte im Verliebtsein? Die irrationalen, destruktiven Ausbrüche, mit denen wir manchmal über Nacht eine wertvolle Beziehung zerstören? Das Wunder, wenn wie durch Magie ein Mensch durch eine neue Bezie-

hung völlig neue Seiten an sich entdeckt, über sich hinauswächst oder sich klein, eingesperrt, gelähmt fühlt? Wenn Frauen nach fünf Scheidungen die Schnauze gestrichen voll haben, um dann vor dem sechsten Kerl zu stehen und doch wieder felsenfest überzeugt sind, ihren Seelenpartner gefunden zu haben? Wenn wir eines Morgens neben einem geliebten Menschen aufwachen und ratlos anerkennen müssen, dass wir zwar im selben Bett, aber in völlig verschiedenen Universen liegen? Wenn sich reife, hochintelligente Männer für kleine Mädchen zum Narren machen?

Ich könnte ewig so fortfahren. Ergänze deine Tollheiten, Krisen und Kapriolen.

Keine Ahnung, wie du damit umgehst. Wir haben uns oft dafür geschämt, es nicht besser hinzubekommen. Uns stresste der Anspruch, *es* doch können zu müssen. So haben wir jeden Fehler persönlich genommen. Bis wir einen Schritt zurücktraten und unser Drama aus einer weitaus größeren Perspektive betrachteten. Dabei erkannten wir: Unsere Geschichte begann lange vor uns und – ob wir wollen oder nicht – wir begegnen uns nie allein miteinander.

Wir möchten dich nun auf eine wissenschaftlich mystische Reise in die Entstehungsgeschichte all deiner Beziehungen entführen. Was zuerst eventuell verkomplizierend klingt, schafft tatsächlich Erleichterung und öffnet dich für eine größere Dimension von Liebe. Lass uns den Blick weiten, uns aus den kleinen Puppenstuben des Alltags herauszoomen und untersuchen, woher wir wirklich kommen.

Welche Kräfte begegnen sich eigentlich in deinen Beziehungen? Du und der andere. Logisch. Sicher ist dir auch klar, dass deine Kindheit eine große Rolle spielt. Der kleine Junge, das Mädchen in ihrer Unschuld und mit ihren Verletzungen, sind immer mit dabei.

Vielleicht hast du beim Holotropen Atmen oder einer ähnlichen Therapiemethode schon einmal eine Rückführung in deine eigene Geburt erlebt beziehungsweise die Zeit der Schwangerschaft im Bauch deiner Mutter. Dann weißt du: Manche Grundmuster wurden bereits damals gelegt.

Wahrscheinlich hast du auch schon einmal etwas von der Therapieform des Familienaufstellens gehört. Sie basiert auf dem Wissen, dass all das, was deine Ahnen, Eltern, Großeltern, Urgroßeltern nicht lebten oder verbockten, in deinem Leben weiterhin nach Erlösung sucht[9]. Ihre Erfahrungen leben in deinen Genen weiter, werden aber auch durch unsichtbare kollektive Felder weitergegeben. Siehe zum Beispiel das mächtige Schuldthema der Deutschen seit dem Zweiten Weltkrieg. Auch wenn wir es rational ablehnen mögen, uns damit zu beschäftigen, es liegt über unserem Land. Es ist noch nicht gelöst. Wir könnten jetzt ewig so weiter zurückgehen. Generation zu Generation. Sie alle prägen dich. Sie alle wirken in deine Beziehung hinein.

Doch dabei wollen wir heute nicht stehen bleiben. Wir möchten mit dir in einen wirklich großen Gesamtzusammenhang eintauchen. Am besten ist, du entspannst bei den Worten, die nun kommen, deinen Geist und liest sie wie eine Meditation.

---

9 Andrea und ich haben uns mal eine Weile den Spaß gegönnt, beim Sex oder im Streit innezuhalten und nachzuspüren, wer gerade alles mit auf der Bettkante sitzt und unbedingt seine Meinung einbringen will. Ich kann nur sagen: sehr aufschlussreich!

Die meisten Menschen glauben, ihre Geschichte beginnt mit ihrer Geburt. Doch wenn du das Mysterium deines Lebens und deiner Beziehungen tiefer begreifen möchtest, musst du weiterdenken. Weiter zurück und größer. Du musst zum Ursprung gehen. Tauche in den Augenblick ein, an dem alles begann.

Kannst du für einen Moment alles vergessen, was du heute noch zu tun hast? Kannst du für einen Moment alle Rollen deines Lebens – Mutter, Geliebter, Chef, Angestellter loslassen? Kannst du bitte jetzt für einen Moment innehalten, das Buch aus der Hand legen, einige Male tief durchatmen und in diesem Augenblick ankommen?

Schau dich um. Spüre deinen Körper. Nimm deinen Atem wahr.

Gut so.

Und nun lass in deinem Bewusstsein langsam und entspannt die Fragen aufsteigen:

- *Wer bin ich wirklich? Ohne alle Rollen.*
- *Woher komme ich wirklich?*
  Älter als meine kleine Geschichte.
- *Welche Sehnsucht treibt mich wirklich an?*
  Tiefer und brennender als meine Alltagswünsche.

Lass uns das jetzt etwas genauer untersuchen. Bist du bereit? Wie alt bist du heute? Egal wie alt du bist, es ist nicht mehr als ein Augenaufschlag unseres Universums. Bitte schau jetzt einmal auf deinen Körper. Zum Beispiel deine Hände, die dieses Buch halten. Wie alt sind sie? 20, 30, 40, 60 Jahre?

Das ist *eine* Sicht, es zu sehen. Doch genau betrachtet, ist dein Körper viel, viel älter. Seine Atome stammen aus dem Staub der Sterne der dritten Generation. Sie sind also 4,5 Milliarden Jahre alt. Manche deiner 10^{27}Atome waren übrigens schon Bestandteil des Körpers von Dschingis Khan, Kleopatra und Buddha, aber auch von Säbelzahntigern, Mammuts, Pflanzen, Bergen und Mikroben. Auch wenn es kaum vorstellbar ist, sieh dich für einen Moment mit einem dir wichtigen Menschen im Gespräch und wisse – da treffen gerade 4,5 Milliarden Jahre Evolution aufeinander.

Doch damit geben wir uns heute nicht zufrieden. Denn deine Geschichte beginnt noch viel früher. Vor 13 500 000 000 Jahren.

Damals existierte … nichts. Dasselbe Nichts, in das du während einer Meditation eintauchst. Das du erfahren kannst, wenn beim Anblick eines Sonnenuntergangs dein Verstand ganz weit aufmacht oder du bei der Beerdigung eines guten Freundes die Endlichkeit aller Dinge berührst. Dieses erste Nichts vor der Geburt unseres Universums war freilich ein für den logischen Verstand unvorstellbares Nichts. So wie sich ein Wassertropfen nicht das Meer vorstellen kann, kann der Geist nicht *Das* begreifen, was letztendlich auch ihn erschaffen hat. Dieses erste, ursprüngliche, totale Nichts war nicht leer, sondern voll und über alle messbaren Maße hinaus potent. Es war und ist die ursprüngliche Quelle der Welt, in der wir beide uns jetzt gerade über dieses Buch begegnen. Unsere besten Wissenschaftler wissen bis heute nichts über die ersten 10^{-43} Sekunden unserer Welt. Bis dahin hielt der Kosmos den Atem an. Die uns bekannten Naturgesetze existierten noch nicht.

Vielleicht fragst du dich, was hat das alles mit dir zu tun? Wir bitten dich um etwas Geduld und Vertrauen. Folge uns entspannt weiter.
Hast du dich schon einmal gefragt, warum uns Menschen zeitlebens zwei so scheinbar diametral entgegengesetzte Bedürfnisse antreiben? Der Ruf nach grenzenloser Freiheit und die Sehnsucht nach einem wahren, echten Zuhause. Wenn du jenseits aller biologischen, sozialen und psychologischen Erklärungen verstehen willst, wer du bist, was dich umtreibt und was du immer in all deinen Beziehungen suchst, musst du verstehen, wie alles begann. Und dafür musst du für einen kostbaren Augenblick deine eigene, kleine, persönliche Geschichte entspannen. Lass uns an den Punkt zurückgehen, an dem es »nur« *Nichts* gab. Keine Menschen. Keine Städte. Keine Erde. Keine Sonne. Keine Galaxien.

Nichts.

Dunkelheit.

Stille.

Du kannst das nicht rational, aber mystisch erfassen. Selbst wenn du noch nie meditiert hast – auf einer instinktiven Ebene weißt du, wie es geht. Atme aus, entspanne deine Schultern und sinke nach innen. Lass die Worte, die du liest, deinen Verstand passieren und in dein Herz sinken. Da gab es schon in deiner Kindheit etwas, was von allem unberührt war. Etwas,

was nicht mitgealtert ist. Etwas, was sich jetzt gerade erinnern kann. Dieses beobachtende Bewusstsein in dir ist weder alt noch jung. Hier bist du weder Mann noch Frau. Hier *bist* du. Hier hast du keinen Namen. Hier gibt es keine Zeit. Hier *bist* du. Und wenn du willst, gib dich *Dem* jetzt noch mehr hin. Entspanne dich in dir selbst. In die Weite dieses stillen Bewusstseins. *Das* ist es, was sich selbst in jeder deiner Beziehungen erkennen möchte. Lass für einen Moment alles Suchen los. Werde zu diesem in sich ruhenden Einen.

Stille.
Ewigkeit.
Grenzenlosigkeit.
Alles.
Sich seiner selbst bewusst.
Dann plötzlich ... fühle den Impuls
des Einen sich aus der Stille zu erheben,
ein Universum der Formen zu gebären, zu expandieren,
immer wieder neue Möglichkeiten zu erschaffen,
sich in der eigenen Schöpfung zu verlieren,
um sich dann in magischen Momenten wie diesen
voller Freude wiederzuentdecken.

So erleben es die Mystiker aller Religionen, die seit tausenden von Jahren immer wieder Wege gefunden haben, die äußere Welt anzuhalten und nach innen zu sinken in den ewigen Urgrund von allem. Sie nennen es *Brahman*, die *Weltenseele*, und wir alle tragen davon die Essenz dieser allumfassenden Stille als Funken in uns – *Atman*.

Aus diesem stillen Nichts heraus wird plötzlich – vor 13,5 Milliarden Jahren – unser Universum geboren. Die Physiker zerbrechen sich den Kopf, warum es überhaupt passiert. Nach ihren Berechnungen entlädt sich diese nicht messbare Singularität plötzlich in einem energetischen Ausbruch jenseits aller Vorstellungen. Kurz nach dem Urknall manifestieren sich die uns bekannten Dimensionen von Materie, Raum und Zeit. Hier, ganz am Anfang, ist unser Weltall zwar noch aberwinzig klein, doch es strotzt nur so vor Energie. Ein Liter All wiegt 10^{94} Kilogramm und hat eine Temperatur von 10^{32} Grad Celsius.

Nach diesen ersten mysteriösen 10^{-43} Sekunden dehnt sich unser All mit atemberaubender Geschwindigkeit aus. Es können sich auf Grund der enormen Hitze noch keine Atome formen. Es existiert lediglich Strahlung. Doch die wird durch die starke Ausdehnung abgekühlt, auf »nur« noch zehn Billionen Grad Celsius. Nach zehn Sekunden formen sich die ersten stabilen Atomkerne. Für die nächsten circa 400 000 Jahre besteht unser Universum dann primär aus einem kosmischen Nebel. Dann wird es durchsichtig. Das Licht beginnt, sich ungehindert auszubreiten. In einer gewissen Weise passt zu diesem Moment in unserer Geschichte der Spruch aus der Bibel: »Es werde Licht!«

Erst nach einigen hundert Millionen Jahren formen sich die ersten Sterne und Galaxien. Aber nicht die, die du heute Nacht am Himmel siehst. Diese erste Sternengeneration wurde mittlerweile durch eine zweite und eine dritte abgelöst. Die Galaxie, in der wir uns gerade über dieses Buch begegnen, ist nur eine unter ca. 100 Milliarden. In ihr gibt es wiederum ca. 100 bis 300 Milliarden Sterne. Einer davon ist unsere Sonne. Kannst du sie gerade sehen? Sie ist für uns so groß und wichtig, aber lass uns das noch einmal bewusst inhalieren: Sie ist nur einer von 100 000 000 000 Sternen in einer Galaxie von 100 000 000 000 bis 300 000 000 000 Galaxien!

Unsere Sonne ist rund 4,57 Milliarden Jahre alt und hat damit ca. die Hälfte ihrer Lebenszeit hinter sich. Fast zeitgleich mit ihr entstand unsere Erde. Es ist unwahrscheinlich, dass sie der einzige Ort im Universum ist, an dem sich nicht nur Leben, sondern intelligentes Bewusstsein manifestierte. Doch sie ist nach wie vor ein so unwahrscheinlich kostbares Experiment der Schöpfung.

Wir haben mit dir diesen großen Bogen geschlagen, weil wir es für enorm wichtig halten, dass wir nicht vergessen, woher wir kommen. Wir sind nicht nur verletzbare Fleischklöpschen mit einem Verfallsdatum. Unsere Körper bestehen aus Sternenstaub, und unser Bewusstsein ist in gewisser Weise auch ein Kind dieses ersten Lichts. Unser Verstand – mit all seinen drängenden Fragen – ist letztendlich aus dieser ersten gewaltigen Explosion vor so vielen Milliarden Jahren entstanden.

Kann dies die einfache Erklärung dafür sein, warum wir keine Ruhe finden? Warum wir immer kühner träumen müssen, ins Weltall streben? Warum wir Menschen die Majestät der

Schöpfung in Werken wie Beethovens Neunter wiederempfinden, warum wir hohe Berge erklimmen, immer intensiver mit dem anderen verschmelzen oder uns in Meditation in stiller Ekstase auflösen wollen?

Während du diese Zeilen liest, dehnt sich dieses Universum weiterhin mit Lichtgeschwindigkeit, also 300 000 Kilometer pro Sekunde aus. Dies geschieht auf der materiellen Ebene, aber eben auch in unserem Geist. Wir sind nicht nur Körper mit Verfallsdatum. Du kannst den nächsten Satz ganz persönlich nehmen:

Da, wo du lebst und atmest, lernt ein 13,5 Milliarden Jahre altes Universum etwas sehr Wichtiges über sich selbst. Es ist sich in dir seiner selbst bewusstgeworden. Es dehnt sich nicht mehr nur mechanisch aus. Es erfährt durch dich seine Reise bewusst. Es sucht in dir, in allem, was du tust, permanent nach neuen Möglichkeiten des schöpferischen Ausdrucks und sehnt sich gleichzeitig danach, seinen Ursprung, sein Zuhause zu erkennen.

Wir sind Urahnen der ewigen Stille und die Nachfahren jenes ersten Lichts. Wenn wir geboren werden, vergessen wir. Doch ein Teil von uns bleibt immer dort ruhen, in dieser majestätischen Weite. Unser ganzes Leben suchen wir in allem, was wir tun, nach ihr. Unsere Heimat ist nicht unsere Geburtsstadt, sondern dieses erste Licht. Wir suchen nach ihm in den Augen unserer Liebsten. In der Ekstase beim Tanz. Im Blick auf den Ozean oder in den Sternenhimmel. Wir sind – bildhaft gesprochen – verlängerte Strahlen des ersten Lichts. Denn aus seiner Quelle sind Zeit, Raum, Materie und schließlich Bewusstsein hervorgegangen. Wir tragen den in sich ruhenden Ursprung genauso in uns, wie seinen permanenten Drang zur

Expansion. Wir haben diese zwei Urkräfte geerbt. Das SEIN *und* das WERDEN. Unser Leben tanzt zwischen diesen zwei Polen. Mal genießen wir die Gegenwart, und dann drängt es uns wieder in die Zukunft. Wir lieben es, das JETZT zu erfahren *und* NEUES zu erschaffen. Das Licht teilt sich immer weiter voller Freude auf, und erschafft dabei neue Formen und neue Seelen. Es schläft in diesem Prozess ein. Es vergisst sich. Dann wacht es wieder auf und erkennt sich. Es bezieht sich in den Formen, die es geschaffen hat, auf sich selbst – z.B. du und deine Liebsten. Es nutzt eure Beziehungen, um sich zu erinnern, mit sich zu spielen und um unentwegt neue Möglichkeiten zu gebären.

Verstehst du?
In Wahrheit sind wir alle Geschwister.
Denn unsere gemeinsame Mutter ist die erste Stille,
unser Vater das erste Licht.
Deshalb blutet unser Herz,
wenn wir einander nicht erkennen und uns verletzen.
Deshalb können wir Trennung so schwer akzeptieren.
Weil wir auf einer tiefen Ebene wissen,
dass sie eine Lüge ist.
Wir können nicht wirklich voneinander getrennt werden.
Wir alle sind Geschwister.
Du und wir sind eins.

Wenn du dich das nächste Mal in einer Beziehung in deinem kleinen, bedürftigen, scheinbar so verletzbaren Ich verrannt hast, erinnere dich. Du und der andere, ihr seid Ausläufer desselben Universums, das durch eure Begegnung eine neue Möglichkeit erkunden möchte.

Die Ent-Scheidung zum Sex

Die meisten Menschen denken bei Sex an den Akt der körperlichen Vereinigung. Doch tatsächlich heißt das Wort Sex übersetzt Geschlecht. In diesem Kapitel möchten wir gemeinsam mit dir erforschen, warum es überhaupt verschiedene Geschlechter, zum Beispiel Mann und Frau gibt. Wie du sicher aus eigener Erfahrung weißt, birgt dieser Unterschied viel Potential für Freude und Kreativität, aber eben auch den Stoff für Abermillionen von Missverständnissen und Dramen.

Im Zeitalter der dritten Feministischen Welle, vielen Gleichstellungsbemühungen und einer Menge asexueller spiritueller Konzepte müssen wir genau aufpassen, wie wir die folgenden Gedanken formulieren.

Gleiche Rechte für alle, egal welches Geschlecht? Logo! Sind wir durch Erziehung und Gesellschaft in stereotype Rollenverhalten hineinerzogen worden? Ja. Haben wir jenseits unseres Geschlechts eine Seele, ein Selbst, eine Essenz, die sich um Geschlechter gar nicht schert? Ja.

Und doch gibt es ihn. Den kleinen Unterschied (in der Chromosomenanzahl) mit großer Wirkung. Und doch ticken, denken, fühlen die meisten Männer anders als die meisten Frauen, und es ist ein Irrtum mit verheerender Wirkung, diese offensichtlichen Ungleichheiten zu ignorieren.

In diesem Kapitel beleuchten wir die Frage: Warum überhaupt einen Unterschied? Wäre es nicht viel einfacher, es gäbe nur *ein* Geschlecht? Wenn die Evolution doch angeblich immer die effektivere Lösung bevorzugt, warum sponsert sie einen Unterschied, der zu so viel dummen Witzen, Streit und Unterdrückung führt?

Lange Zeit gab es auf der Erde keine zwei Geschlechter. Wenn sich ein Lebewesen vermehren wollte, spaltete es einfach einen Teil von sich ab. Das war es dann schon. Simpel. Elegant. Doch dann, vor ca. 600 Millionen Jahren erfand die Evolution Sex. Das machte – auf den ersten Blick – alles viel komplizierter. Denn plötzlich musstest du, um dich fortzupflanzen, einen passenden Artgenossen des anderen Geschlechtes finden.

»Wozu der Sex?« Ich kann mir vorstellen, was du jetzt denkst. Doch Evolution schert sich nicht um deinen Spaß. Sie will, dass es funzt. Dass es vorangeht. Also warum der Aufwand? Das ist eine der spannendsten Fragen für Entwicklungsforscher und Biologen. Da sich das Modell über einen so langen Zeitraum hielt und auch wir uns immer noch als Mann und Frau begegnen, muss es doch überzeugende Vorteile aufweisen!

Tatsächlich gibt es dafür sowohl eine einleuchtende physische wie auch eine geistige Erklärung. Indem sich immer wieder neue DNA-Sets mixen müssen, vergrößert sich der Genpool einer Art. Das ermöglicht ihr, schneller auf Herausforderungen, wie zum Beispiel Krankheitserreger zu reagieren.

Doch auch für das Bewusstsein einer Spezies macht es Sinn, sich in Pole aufzusplitten. Stell dir vor, du hättest die Möglichkeit, jede Herausforderung deines Lebens zeitgleich aus zwei völlig verschiedenen Perspektiven zu betrachten und zu analysieren. Würde dir dies einen Lern- und Entwicklungsvorteil einräumen? Na klar! Nun, die menschliche Rasse hat genau diesen intelligenten Schachzug gewählt. Mann und Frau sind von derselben Art, doch wir empfinden und interpretieren dieselbe Situation zum Teil komplett verschieden.

Vielleicht denkst du gerade: »Das ist ja gut und schön. Aber was habe ich davon, wenn mein Partner meinen Standpunkt geringschätzt und ihn gar nicht hören will?« Genau das ist (noch) das Problem. Wir sind eine junge, unreife Art und haben noch nicht verstanden, welcher enorme Wert darin liegt, den Unterschied zu feiern, uns gegenseitig aufmerksam zuzuhören und voneinander zu lernen. Was für eine Verschwendung an Wachstumspotenzial!

Auch wenn wir Optimisten sind, sehen wir unsere Art an einem existentiellen Scheidepunkt. Wir sind kurz davor, den evolutionären Vorteil der zwei Perspektiven zu verspielen. Obwohl geistig noch so unausgegoren, verfügen wir bereits über das technologische Potential, uns sowohl ohne Sex zu vermehren als auch, uns auf Knopfdruck hin komplett auszulöschen. Das bedeutet, wenn die Geschlechter nicht lernen, intelligent miteinander zu ko-kreieren, wird das Leben entweder entscheiden, dass ein Pol zum Überleben der Art reicht (und, liebe Männer, das werden nicht wir sein ;-)), oder es beendet das Experiment Mensch ganz.

Es liegt an uns, Konkurrenz und selbst Kooperation hinter uns zu lassen. Die nächste Begegnungsqualität der Geschlechter ist die bewusste Ko-Kreation.

Über Jahrtausende haben wir unsere Verschiedenartigkeit als Konkurrenz empfunden. *Wer siegt? Wer setzt sich durch? Wer hat recht?* Später haben wir wenigstens gelernt zu kooperieren: *»Ich respektiere deine Meinung und du meine. Lass uns einander ergänzen.«* Wie Schraube und Mutter. Plus und Minus. Das Fundament der meisten Ehen. Doch richtig kreativ ist dies auch noch nicht. Kooperation erzeugt zwar keinen Krieg mehr, aber eben auch nicht wirklich etwas Neues.

Erst wenn Mann und Frau lernen, sich als ein System mit zwei Perspektiven zu betrachten, können sie den Standpunkt des anderen so tief aufnehmen, dass er auch berühren und verwandeln kann. Dann wird es nie wieder langweilig. Die Freude, die Kreativität, aber auch die Wirksamkeit zwischenmenschlicher Begegnungen nimmt so exponentiell zu. Wenn es uns dann noch gelingt, diese Offenheit über spezielle Beziehungen hinaus auf das gesamte kollektive, menschliche Wesen auszudehnen, dann wird eine Utopie real, die Teilhard de Chardin die *Noosphäre* nannte. Genau wie die Atmosphäre die Erde in einen schützenden Mantel von lebensfreundlichen Gasen hüllt, war für ihn die Noosphäre die inspirierende, liebevolle Hülle des Bewusstseins einer vereinten Menschheit. Milliarden menschlicher Geister vernetzen sich wie bewusste Nervenzellen in einem kollektiven Gehirn. Sie bekämpfen sich nicht mehr, sondern ko-kreieren zum Wohle des gesamten Systems.

Die gute Nachricht: Die Nervenbahnen dieses kollektiven Gehirns sind bereits angelegt. In dir und deiner Sehnsucht nach Verbindung. Aber auch im Außen, zum Beispiel vormanifestiert durch das global vernetzte Internet. Barbara Marx Hubbard, die weltweit anerkannte Grandlady der Ko-Kreation, vergleicht die gegenwärtige Zeit mit dem Gehirn eines Babys, in dem sich auch erst einmal alles sortieren muss und die Neuronen wie wild feuern, bis die einzelnen Zellen lernen, ihr enormes schöpferisches Potential zum Wohle des ganzen Wesens zu vereinen.

Die Noosphäre wird nicht über Nacht von Angst und Zwiespalt gereinigt werden. Sondern durch Menschen wie dich, die erkennen, dass sich der nächste Schritt der menschlichen Evolution nicht irgendwo, sondern bei dir, in deinen Beziehungen, genau jetzt ereignet.

Werden wir lernen, unsere Verschiedenheit zu achten und zu feiern? Werden wir lernen, einander neugierig und offen zuzuhören? Warum eigentlich nicht?

Der Mythos lebt

Wir haben dir bereits zwei essentielle Schlüsselereignisse deiner Beziehungsgeschichte vorgestellt – den Big Bang vor 13,5 Milliarden Jahren und die Entscheidung zum Sex vor ca. 600 Millionen Jahren. Eine entscheidende Begebenheit fehlt noch, bevor wir uns der Gegenwart widmen.

In diesem Kapitel erfährst du etwas über eine der bedeutsamsten Aufgaben jeder deiner Beziehungen. Ohne dich stressen zu wollen, aber jedes Mal, wenn du einem anderen Menschen begegnest, wird über die Zukunft der Menschheit entschieden. Denn wir reden nie einfach nur miteinander über das Wetter, die Erziehung unserer Kinder oder Sex. Wir erschaffen in jedem kommunizierenden Augenblick gemeinsam den zukünftigen Mythos der Menschheit.

Um dies besser zu verstehen, reisen wir noch einmal in die Vergangenheit. Unsere Art, der Homo sapiens (lat. für »verstehender, verständiger Mensch«), existiert seit mindestens 300 000 Jahren. Manchmal ist es heilsam, sich daran zu erinnern, dass wir, biologisch betrachtet, Säugetiere sind, deren DNA zu 99,4 Prozent mit Schimpansen und immer noch 90 Prozent mit Schweinen übereinstimmt.

Wir wissen über die ersten 200 000 Jahre unserer Geschichte fast nichts. Vor ca. 125 000 Jahren gab es wohl circa eine Million von uns, doch wir lebten extrem verstreut. Bedingt durch Eiszeiten und Katastrophen wie Vulkanausbrüche sank die Zahl vor 70 000 Jahren auf etwa 10 000 Menschen ab. Doch um diese Zeit, vor 90 000 bis 70 000 Jahren, fand ein erstaunlicher Sprung in unserer Entwicklung statt, dessen Ursachen bis heute nicht vollständig geklärt sind. Wir entwickelten ungewöhnlich schnell viele neue Fähigkeiten: Lernvermögen, Gedächtnis, Kommunikationsskills steigerten sich signifikant. Die Fähigkeit, sich in größeren Gruppen zu organisieren, erste Anzeichen von Kunst und Spiritualität – Malereien, Schmuck, Grabrituale – tauchten auf und wiesen auf ein neues Abstraktionsvermögen hin. Was auch immer es war, der Homo sapiens veränderte sich in dieser relativ kurzen Zeitspanne drastisch.

Nahm auf Grund der kleinen Population die genetische Vielfalt zu? Optimierte unser Gehirn seine Leistung durch veränderte Nahrungszusammensetzung oder die Einnahme psychotroper Substanzen? Kamen Aliens vorbei und verpassten uns einen Evolutionsbooster? Löste der existentielle Druck der Katastrophen einen Kreativitätsschub aus?

Eine der gängigsten Theorien unter Anthropologen und Gehirnforschern besagt, dass *ein* besonderer Katalysator für diesen großen Sprung nach vorn verantwortlich war – die Ausprägung der menschlichen Sprache. Diesen Sprung im Bewusstsein kann man gar nicht stark genug hervorheben. Denn Kommunikation ist eben viel, viel mehr als das Benutzen von Worten. Sprache prägt unsere Wahrnehmung der Realität entscheidend. Andere Tiere kommunizieren auch, doch dabei geht es, soweit wir wissen, fast immer um die Gegenwart. Sie reflektieren, was *jetzt* ist – Futter, Gefahr, Sex …

Wenn du den Unterschied direkt erfahren willst, dann versuche einmal, nur eine Stunde lang ausschließlich in der Gegenwartszeitform über das nachzudenken und zu sprechen, was jetzt ist.

- *Mir ist jetzt kalt.*
- *Ich habe jetzt Hunger.*
- *Der Kühlschrank ist jetzt leer.*
- *Ich werde losfahren, um ihn zu füllen.*

Stopp! Und schon warst du mit deinen inneren Bildern in der Zukunft! Bemerkst du den Unterschied? Stell dir nun vor, dass unsere Vorfahren bis zum großen Sprung weder über die Vergangenheit (was sie gestern gelernt haben, was Otto gesagt hat ...) noch über die Zukunft (ihre Pläne, Wünsche, Träume) kommunizieren konnten. Ahnst du, wie dies unser Entwicklungstempo ausbremste?[10]

Deshalb spricht die Wissenschaft von der Kognitiven Revolution, die damals stattfand und alles veränderte. Warum auch immer – unsere Gehirne kamen auf den Dreh, mit sich selbst abstrakter zu kommunizieren –, über bereits vergangene und eventuell noch stattfindende Dinge. Gleichzeitig lernten wir, uns mit dieser erstaunlichen Fähigkeit, neu im Verbund mit anderen Menschen zu vernetzen.

Plötzlich konnten wir uns *Geschichten* erzählen. Über das, was gestern war. Was Menschen, die gerade nicht am Platz waren, getan hatten und wir darüber empfinden. In unserem Bedürfnis, die Welt zu verstehen, begannen wir, die ersten Legenden und Götter zu erfinden. Diese Mythen waren nicht nur Märchen. Weil wir an sie glaubten, beeinflussten sie, was wir sahen und wie wir handelten. Wir teilten sie mit unserer Sippe, gaben sie von Generation zu Generation weiter und passten sie im Laufe der Jahrtausende immer wieder an. Sie wurden zur geistigen DNA der Menschheit. Denn genau wie unsere physischen Gene dafür sorgen, dass unsere Körper ähnliche Oh-

---

10 Der Witz ist, dass wir heute Meditationsretreats aufsuchen oder ins Kloster gehen, um uns dort mühsam dazu zu zwingen, unsere Aufmerksamkeit für einige Tage wieder nur auf die Gegenwart zu richten. Unser Gehirn sucht nach der wohltuenden Entspannung durch das Einfach-nur-hier-Sein.

ren, Augen und einen Mund hervorbringen, entscheiden die Mythen, an die wir glauben, darüber, wie wir Realität interpretieren, wie wir darüber denken, sprechen und dementsprechend handeln.

Du magst nicht an Gott glauben, doch auch dein Leben ist von Mythen durchzogen. Vielleicht heißt dein Gott nur *Wissenschaft.* Jede Lebensregel, die dir von deinen Vorfahren mitgegeben wurde, ist ein Mythos, der dein Leben still und mächtig aus dem Verborgenen heraus prägt.

Unsere Ideen von richtig und falsch – Mythen.

Unsere Lebensregeln – Mythen.

Unsere Vorstellungen von Nationen – Mythen.

Wie Wirtschaft sein sollte – Mythen.

Unsere Rollenvorstellungen für Männer und Frauen – Mythen.

Wie man Kinder großziehen sollte – Mythen.

Die mächtigsten Mythen sind die, die wir so tief in unserem Glaubenssystem verankert haben, dass wir sie nicht einmal mehr bewusst denken. Weil wir unser Leben auf ihnen aufbauen, sind wir bereit, für sie zu streiten und in den Krieg zu ziehen. Männer und Frauen führen aufgrund jahrtausendealter Mythen verborgene und offene Schlachten. Mit sich selbst (»Als Mann muss ich so und so sein …«) und mit dem anderen Geschlecht.

Willst du wissen, was in deinem Leben ein Mythos ist? Ganz einfach: Alles, woran du glaubst. Denn um etwas glauben zu können, brauchst du Gedanken. Und alles, was du in Gedanken fasst, ist niemals die absolute Wahrheit, sondern immer nur deine Abstraktion davon. Dies ist keine esoterische Binsenweisheit, sondern Konsens von Wissenschaftlern und Weisen. Wir können *die absolute* Wirklichkeit nicht mit unseren Gedanken erfassen. Wir können uns ihr vielleicht nähern. Und dafür werden wir wieder und wieder bereit sein müssen, überholte Mythen zu zerstören, um uns neuen, größeren, freieren, angemesseneren Wahrheits-Interpretationen zu öffnen.

Im Experiment Menschheit schwingt eine fundamentale Ironie mit. Unser Verstand ist viel zu begrenzt, um absolute Wahrheiten zu erfassen, doch um zu überlegen, müssen wir ihn dennoch so intelligent und achtsam wie möglich einsetzen. Denn er erschafft, sobald wir die Augen aufschlagen, Welten. Und sobald wir mit anderen kommunizieren, ziehen wir sie in einer gewissen Weise in unsere Welt mit hinein.

Wir hoffen, dass es uns gerade gelingt, deine Augen für die Tragweite dieser deiner Fähigkeiten zu öffnen. Nicht die »ungerechte« Wirtschaft ist das Problem unserer Welt. Nicht die Umweltverschmutzung. Nicht die Energieverknappung oder die Überbevölkerung. Das sind alles nur Symptome.

Die zentrale Ursache liegt im menschlichen Geist, der bis hierher – bis auf wenige Ausnahmen – noch schläft und nicht realisiert, wie mächtig er ist. Wir sind Kinder der Evolution, denen eine mächtige Atombombe in den Spielkasten gelegt wurde, und wir spielen damit, als wäre es eine Sandschippe. Diese Waffe heißt Kommunikation.

Deine Kommunikation ist niemals neutral. Sie stärkt oder schwächt. Sie öffnet in Liebe oder trennt in Angst. Und sie erschafft Welten. Immer. Du nährst durch deine Kommunikation den Glauben. Das, was du glaubst, siehst du dann. Und das, was du siehst, nutzt du als Beweis für deinen Glauben. Was die meisten überspringen, ist der Moment, in dem wir innehalten und uns wach fragen könnten:

Was möchte ich denn glauben? Unabhängig von dem, was mir die Welt bis jetzt als möglich vorgegaukelt hat?

Was möchte ich für eine Welt erschaffen, und wie muss ich dafür denken und handeln?

Wann findet dieser magische Moment der möglichen Neubestimmung statt? Jetzt. Immer wieder jetzt. Das ist die große Gnade, die Lücke im Spiel. Wir haben *jetzt* die Möglichkeit, den Mythos neu zu gestalten.

Um ein wenig positiven Stress in dir zu erzeugen: Du bist in diesem Sinne nie unschuldig. Selbst wenn du mit deinen Freundinnen nur darüber sprichst, was du gestern doof an deinem Mann fandst, fütterst du in diesem Moment bestimmte Überzeugungen in dir: *Darüber, wie Männer sind. Was mit ihnen möglich ist und was nicht. Was Frauen sind und wie mächtig ihr seid oder eben nicht.*

Und wenn deine Gesprächspartnerinnen nicht sehr klar und wach sind, gibst du den Virus an sie weiter. Zwischenmenschliche Kommunikation kreiert unsichtbare Glaubensfelder[11]. Da wir dazu tendieren, uns mit Menschen zu umgeben, die unsere Überzeugungen teilen, entstehen, wenn wir nicht auf-

11 Sie werden Meme genannt.

passen, regelrechte Ideensümpfe. Da stecken wir dann drin fest und glauben, die ganze Welt sieht es doch so, wie wir.
Verstehst du? Du kannst dich dieser Verantwortung nicht entziehen, auch wenn du versuchst, sie zu ignorieren. Solange du kommunizierst, erschaffst du. All deine Gedanken und Handlungen gehen in den großen Mythos der Menschheit ein und beeinflussen, ob und wie deine Enkel und Urenkel die Welt erfahren werden.
Wohl noch nie war die Menschheit als Ganzes und wohl noch nie waren so viele Einzelne herausgefordert, in so kurzer Zeit so viel zu hinterfragen, woran wir glauben:
Der Mythos der Kleinfamilie, von konservativen Parteien heruntergebetet, wo ist er denn wirklich noch intakt und lebendig?
Unser bestehendes Bildungssystem ist viel zu unflexibel, um junge Menschen auf das, was kommt, adäquat vorzubereiten.
Riesige Völkerwanderungen durch Globalisierung und Flüchtlingskrisen stellen das Grundverständnis von Nationen infrage.
Die organisierten, in lächerlich anmutender Rechthaberei erstarrten Kirchen zwingen Millionen von Menschen, sich persönlich auf die Suche nach Gott und der Wahrheit zu machen.
Die vierte Industrierevolution stampft Riesenkonzerne ein und wird in den kommenden 20 Jahren 60 bis 80 Prozent aller herkömmlichen Berufe infrage stellen. Wir werden bald sehr konkret mit einer Herausforderung konfrontiert sein, die wir eigentlich nur aus Science-Fiction-Filmen kennen: Werden sich die von uns geschaffenen künstlichen Intelligenzen damit begnügen, dem Menschen zu dienen?

Wir möchten niemandem damit Angst machen, doch wir beobachten, dass viele Menschen in Deutschland noch in einer Traumblase schweben, die schon längst zerplatzt ist.

Eine globale, hochkomplexe Krise rüttelt schon lange an all den Mythen, an denen unser Verstand eventuell noch verzweifelt festhält. Welche aktuelle Frage du auch aufgreifst – die alten Sichten liefern keine zufriedenstellenden Antworten mehr. Darin sehen wir die große Chance unserer Zeit. Die Chance, dass möglichst viele Menschen beginnen, sich ihrer Verantwortung bewusst zu werden und den Mythos »Zukunft der Menschheit« selbstverantwortlich und hochgradig bewusst weiterzuentwickeln.

Wenn die meisten Geister aus Faulheit oder Angst weiterschlafen, werden wie immer einige selbstbewusste, dominante Geister das Ruder an sich reißen, und die Masse rennt wie Lemminge hinterher. Sie folgt dann den re-aktionären Märchenerzählern zurück in die »guten, alten, Zeiten«. Oder lässt sich euphorisch von der Hybris der Tech-Giganten in eine schillernde Zukunft mit ungeahnten Konsequenzen führen.

Vielleicht fragst du dich, was dies alles mit der Königin und dem Samurai zu tun hat. Wir glauben, wenn es eine Zeit gab, in der Mann und Frau endlich anfangen müssen, ihre zum Teil so verschiedenen Intelligenzen in Synergie zu vereinigen, dann jetzt. Wir müssen zusammenarbeiten. Wir brauchen uns gegenseitig in unserer schönsten und freisten Version. Die anstehenden Veränderungen werden nicht mehr von Regierungen gelöst werden, sondern von global operierenden Konzernen von oben oder der vereinten Intelligenz sehr vieler

einzelner Menschen von unten. Kein Jammern mehr. Kein Hoffen. *Wir* sind gefragt. Nicht irgendwann. Jetzt.
Werden sich Mann und Frau zu ihrer wahren Größe aufrichten und miteinander die Wunder möglich machen, von denen kollektive, sich seit tausenden von Jahren hartnäckig haltende Mythen in allen Kulturen der Welt berichten? Werden deine Beziehungen alte Stories und ausgelutschte Vorurteile bestärken oder dem großen Lied der Menschheit neue, kühnere, würdevollere Strophen hinzufügen?
Wenn zwei Menschen zusammenkommen, bringen sie niemals nur ihre Körper und ihren bewussten Wissensstand ein. Die gesammelten Mythen und Erfahrungen ihrer Vorfahren umgeben sie wie ein unsichtbares magnetisches Feld. Verfügt euer Geist über kein starkes, visionäres Zentrum (»Da soll es hingehen!«), wird sich eure Beziehung unweigerlich im Laufe der Zeit wieder an diesen abgelebten Memen orientieren. Die alten Zweifel und Vorurteile werden euren Blick trüben, bis ihr nur noch das erfahrt, was ihr eh schon glaubt. Das ist Wahn-Sinn. So normal geworden, dass wir ihn nicht als Krankheit erkennen. »Wir reden doch nur miteinander!« Nein. Ihr erschafft miteinander. Die Frage ist, was. Eine abgenutzte Kopie der Vergangenheit oder etwas wahrhaft revolutionär Neues? Jede Revolution in unserer Geschichte wurde von Menschen ausgelöst, die stark genug waren, sich der Anziehungskraft der alten Mythen zu entziehen und wagemutig eine neue Vision so lange wie eine Fackel aufrechtzuhalten, bis die anderen folgten.
Jede Beziehung deines Lebens bietet dir diese Chance, etwas signifikant anderes von jenseits des bekannten Tellerrandes zu

empfangen und zu manifestieren. Was es braucht, ist ein respektvolles Annehmen deiner schöpferischen Macht.
Geh mal aus dieser Perspektive in deine nächsten Gespräche und lausche. Dir und den anderen. Beobachte euch, wie ihr nicht nur Worte, sondern Überzeugungen und Werte austauscht. Wie sich die alten Vorurteile oder die frischen Visionen über eure Gedanken, Gespräche, Entscheidungen und Handlungen mit neuer Energie versorgen und so ihr Überleben sichern. Wenn du smart bist und dein Leben liebst, nutze dieses Verständnis, um den alten, ängstlichen, begrenzten, kleinherzigen Feldern die Kraft zu entziehen und bewusst, gemeinsam mit deinen Liebsten, neue Mythen zu entwickeln und dann hochzupäppeln.
Jede Sinfonie setzt sich aus zahlreichen Noten zusammen, von denen jede einzelne erst einmal nicht bedeutsam erscheint. Bis sie fehlt. Oder bis sie an einer überraschenden Stelle neu eingesetzt wird. Genauso magst du manchmal denken, du wärest nicht wichtig. Die kollektive Realität der Menschheit ist auch eine Sinfonie, die sich aus Abermilliarden täglichen Gedanken und Interaktionen zusammensetzt.
Wie du deiner kleinen Tochter Frausein vorlebst,
ob du einen dummen Witz über das andere Geschlecht machst oder nicht,
wenn ein Junge sieht, wie du einer Frau die Tür aufhältst,
wie ernst ihr in eurem Unternehmen Gleichberechtigung nehmt,
ob du einen Orgasmus vortäuscht oder den Kerl endlich an die Hand nimmst und lehrst, dich echt zu entfachen, … jede Begegnung zählt. Ist eine essentielle Note im großen Spiel.

Unsere Geschichte begann, als wir erkannten, wie sehr wir die Dramen anderer wiederholten. Damals wachten wir zum ersten Mal auf und fassten einen kühnen Entschluss – nämlich prinzipiell alles für möglich zu halten. Wir nahmen uns das Recht heraus, für unsere Beziehung eine neue Vision zu entwerfen. Beim ersten Aufschreiben klang sie wie eine absurd optimistische Utopie. Doch nach zehn Jahren war sie manifestiert, und uns wurde klar: Das, was wir heute leben, ist niemals das Ende, sondern immer der Anfang unserer Möglichkeiten. Also dehnen wir täglich unseren Geist weiter und weiter, fordern uns und den anderen immer wieder spielerisch heraus. Auf unserer gegenwärtigen Vision stehen heute Ziele wie:

- *Jeden Tag neu verliebt ineinander.*
- *Vollständig und permanent erfahrenes Eins-Sein zwischen uns und mit allem.*
- *Telepathie und bedingungslose Liebe.*
- *Mit unserer Unternehmensgruppe möchten wir das Leben von einer Milliarde Menschen positiv berühren.*

Für manchen mag dies fantastisch klingen. Wir wissen, wo wir herkommen und was bis jetzt schon möglich war. Deshalb sind es für uns realistische Elemente unseres zukünftigen Mythos.

Wir können dir nicht abnehmen, deine Geschichte selbst zu wählen und zu entwickeln. Wir wollen dir nicht sagen: So ist es, und so muss es sein. Wir möchten dich liebevoll und energisch auffordern, in deiner gestalterischen Verantwortung noch mehr aufzuwachen und gemeinsam mit uns und vielen

anderen einen wahrhaft würdevollen und strahlenden Mythos des Zusammenseins von Mann und Frau und Mensch zu erschaffen.
Wir glauben, es ist essentiell, dass du diese Perspektive auf all deine Beziehungen beherzigst: Die Begegnung zweier Menschen ist immer auch das Aufeinandertreffen von Mythen.

Mythen sind …
Was dir deine Eltern erzählten.
Was sie dir tatsächlich vorlebten.
Die Märchen deiner Kindheit.
Die Geschichte, mit der sich dein inneres
verletztes Kind die Welt erklärt.
Deine Schlussfolgerungen aus den letzten Beziehungen.
Die romantischen Liebeskomödien aus Hollywood.
Was dir deine Religion über Lust und
Geschlechterrollen predigte.
Und vieles mehr …

Wenn du nicht nur ein Komparse in den Geschichten anderer sein möchtest, sei dir der Macht dieser alten Mythen bewusst und frage dich immer wieder bewusst:

- *Welchen Mythos möchte ich heute kreieren?*
- *Was ist ein neuer, glücklicher Mann in dieser Zeit?*
- *Wie lebt eine neue, starke Frau?*
- *Wenn du die Macht hast, jeden Mythos zu überdenken, wenn alles möglich ist, was willst du gemeinsam mit deinen Beziehungspartnern erschaffen?*

Warte nicht auf den großen Knall. Jedes einzelne Gespräch zählt. Buckminster Fuller schrieb einmal: »Die Menschheit ist der Kapitän des Raumschiffes Erde.« Noch spielen wir zu gierig, ängstlich und kleinherzig an all den Schaltknöpfen herum. Aber was, wenn immer mehr von uns beginnen, ihre Verantwortung freudvoll wahrzunehmen und eine neue Geschichte zu erzählen.

Zu schön, um wahr zu sein?

Bullshit!

Nichts ist zu schön, um wahr zu sein!

Es beginnt heute mit dir.

Denn die nächste Seite deiner Geschichte wird immer dort geschrieben, wo du heute lebst.

Was in uns wirkt: Eros und Logos

Zwei Pole

Wenn du nach einem Beweis für die unverschämt überbordende Kreativität und den Humor der Evolution suchst, hier ist er – der Mensch.

»Zwei Seelen wohnen, ach!, in meiner Brust.«

Sicher hast du dich schon einmal so gefühlt. Dies sind die berühmten Worte aus Goethes Faust. Es wäre so schön, wenn es so einfach wäre! Doch es sind einige Kräfte mehr als zwei, die wir in uns wecken, wenn wir uns in Beziehung begeben. Dir einige der wichtigsten Akteure und ihre Agenda vorzustellen, ist Anliegen dieses Unterkapitels. Am Ende wirst du verstehen, dass dein sogenanntes ICH keine feste Identität besitzt, sondern eher der Bühne einer griechischen Tragikomödie gleicht. Viel Freude und Aha-Effekte!

Beginnen wir mit Eros und Logos.

Seit der kognitiven Revolution sucht der Mensch eine Antwort auf seine existentiellen Fragen.

- *Wer bin ich?*
- *Wo komme ich her?*
- *Wo gehe ich hin?*
- *Wer oder was hat die Welt erschaffen?*

Mystiker, Philosophen, Wissenschaftler und Religionsgründer haben sich an einer Erklärung versucht. Wir werden heute nicht versuchen, diesen Stein der Weisen zu finden. ;-) Unser Anliegen ist pragmatischer Natur. So wie wir nicht alles über

Elektrizität wissen müssen, um einen Lichtschalter bedienen zu können, wollen wir heute nicht die letztendliche Quelle des Universums ergründen, sondern seinen Lebensstrom erforschen, den jeder von uns wahrnehmen und bewusst nutzen kann, um seine Beziehungen zu erhellen. Dieser Strom fließt zwischen zwei Polen hin und her. Die verschiedenen spirituellen und philosophischen Traditionen der Menschheit gaben ihnen verschiedene Namen:

- *Sein und Werden*
- *Formlosigkeit und Form*
- *Stille und Tanz*
- *Eros und Logos*

Auf das letzte Paar wollen wir uns hier konzentrieren. Wir versprechen dir, dass sie eine durchaus praktische Relevanz für all deine Beziehungen haben. Dafür bitten wir dich noch einmal, die folgenden Worte nicht nur intellektuell, sondern mit deinem ganzen Wesen aufzunehmen. Beschreiben sie doch in Bildern Wirkungskräfte, die jeder von uns wahrnehmen kann, egal an welche Weltsicht er glaubt.

Kehre mit uns noch einmal zum großen Urknall – der Geburtsstunde unseres Universums – zurück. Schon damals wirkten zwei Pole. Ein in sich ruhender, formloser und zugleich omnipotenter Ursprung, der in seinem Potential alles barg, was je sein würde. Und eine drängende, werdende Kraft, die hinauswollte, um sich in Zeit, Raum und Form auszudrücken. Lass uns unterstellen, dass bereits diesem Anfang ein schöpferisches Bewusstsein innewohnte. Kein menschliches, auch kein Gott mit Rauschebart, sondern eine kreative, gestaltende Intelligenz, die zu verstehen wir gegenwärtig nicht in der Lage sind. Die Mystiker aller Zeiten haben dies auch gar nicht versucht. Sie tauchten durch Meditation und Kontemplation in diesen Ursprung ein und beschrieben ihn erstaunlicherweise ähnlich, wie es Quantenphysiker heutzutage aufgrund ihrer Berechnungen tun. Als einen grenzenlosen Raum, der sich primär durch zwei Eigenschaften auszeichnet: allumfassende Einheit (alles ist mit allem verbunden) und eine alles durchziehende Bewusstheit.

Damit wir hier keinen Knoten im Kopf bekommen, weil wir versuchen, etwas rational zu verstehen, was die Grenzen unserer Logik transzendiert, laden wir dich zu einer einfachen Metapher ein.

Stell dir vor, dieses in sich ruhende Bewusstsein beschloss vor 13,5 Milliarden Jahren, aus purer Freude am Erschaffen, im Traum ein ganzes Universum zu gebären. Um das Spiel wirklich aufregend zu halten, wählte das Bewusstsein, zuerst einmal komplett zu vergessen, was es ist, und sich in all den manifestierten Formen zu verlieren. In vielen spirituellen Mythen findest du Gleichnisse über den Großen Schlaf der Götter. Sie inkarnieren in Materie und schlafen dabei ein. Um sicherzustellen, dass ES auch wieder erwacht, installiert es zwei erinnernde Kräfte in dem Traum vom Universum. Die verbindende und die erkennende Kraft – Eros und Logos.

Eros bekommt die Aufgabe, immer wieder auf verschiedenste Weise darauf hinzuweisen, dass jede Erscheinung von Trennung eine Illusion ist und letztendlich alles eins ist. Logos soll in seinem Drängen nach Erkenntnis jede falsche Grenze in

Frage stellen und so irgendwann den ganzen Traum wieder auflösen.
Diese beiden Kräfte erschaffen also miteinander unser Universum. Zuerst wirken sie in Gasnebeln, dann in dem sich ausbreitenden Licht, später in den Anziehungs- und Abstoßungskräften der Materie und irgendwann – was für ein Wunder – erwecken sie sich auf unserem Planeten gegenseitig wieder zum bewussten Leben. Sie wirken in jedem Menschen. Sie sind auf mannigfaltige Weise von Dichtern, Psychologen und Philosophen beschrieben worden. Sie tauchen in unseren Göttersagen und romantischen Märchen auf. Sie melden sich in dir, wenn deine Sehnsucht nach Freiheit und dein Bedürfnis nach Verbindung in Konflikt geraten. Oder wenn Frau und Mann sich darüber streiten, was wichtiger wäre, Herz oder Verstand, Vernunft oder Gefühl.
Eros wird dem weiblichen und Logos dem männlichen Prinzip zugeordnet. In dem wir das schreiben, ist uns bewusst, wie schnell so eine Aussage zu Diskussionen führen kann – über Vorurteile, Polarisierungen und gesellschaftliche Konditionierungen. Deshalb möchten wir betonen, dass es natürlich das Ziel einer menschlichen Reifung ist, beide Kräfte in sich zu erkennen und zu integrieren. Genau wie eine reife Beziehung ihre Kraft aus dem Tanz der Pole zieht. Wie wir später bei den Entwicklungsstufen beschreiben werden, beginnt die Reise der Frau oft im unbewussten Eros und führt über ein bewusstes Anerkennen dieser Qualitäten auch zu einem immer größeren Respekt dem Logos gegenüber. Am Anfang, indem sie ihn im Mann schätzen lernt, doch letztendlich indem sie ihn selbst integriert. Beim Mann genau andersherum. Ein unreifer

Mensch bleibt meist diffus auf einem der beiden Pole hängen. Ihm bleibt gar nichts anderes übrig, als das ihm fehlende Prinzip von außen heranzuziehen. Sei es, in dem er es vehement bekämpft oder indem er es übertrieben bewundert.
Doch bevor wir ausführlich in das Wechselspiel eintauchen, lass uns den individuellen Geschmack der beiden Kräfte kosten.

Eros

Eros entspringt dem unbewussten Wissen um die Einheit aller Dinge und der Sehnsucht, diese durch Verbindung wiederherzustellen. Sei es durch eine Schwangerschaft, eine sexuelle Vereinigung, eine liebevolle Beziehung oder das Erkennen und Fühlen der alles umfassenden Einheit. Weiblich (erotisch) orientierte spirituelle Traditionen erkennen und ehren das Göttliche in allem. Auch im Fleisch und in der Lust. Im Wunder der Geburt und in den Rhythmen der Jahreszeiten. Eros ist das Prinzip der Verbindung.
Wir schreiben dem Eros die Sinnlichkeit, die Gefühle und Instinkte zu. Ein unbewusster Eros sucht sehnsuchtsvoll in allem nach Schönheit, dem Guten, nach Verbindung. Ein erwachter Eros öffnet uns für die Vollkommenheit der Dinge, so wie sie sind, und lässt uns die Glückseligkeit im Jetzt erfahren. Genau wie Liebe sehr unterschiedliche Reifegrade aufweisen kann, so drückt sich Eros – ganz vereinfacht dargestellt – in vier Entwicklungsstufen aus.

- *Stufe 1: Die Mutterschoß-Liebe. Hier wird die Sehnsucht nach Einheit durch ein Liebesobjekt zum Ausdruck gebracht. In einer symbiotischen, alles andere ausschließenden Beziehung zu einem Kind oder einem Mann, der sich zum Kind regredieren lässt. Es ist eigentlich eine Weigerung, völlig in die Trennungsebene der Welt hineinzuinkarnieren. Die Frau möchte das Ursprungsparadies nicht verlassen und hält eventuell auch dadurch unbewusst fest, indem sie wieder und wieder schwanger sein möchte.*
- *Stufe 2: Die erotische Liebe. Die Sehnsucht nach Einheit wird über die physische Erotik ausgelebt und gefühlt.*
- *Stufe 3: Die zwischenmenschliche Liebe: Hier wird Eros als zwischenmenschliche Liebe in Partnerschaften, Familie oder Freundschaften in Form von Verbindung und Austausch gelebt.*
- *Stufe 4: Die allumfassende Liebe. Eros transzendiert die persönlichen und besonderen Beziehungen. Die Frau erkennt die Schönheit und die Einheit der Schöpfung in allem wieder, auch in dem, was der begrenzte Geist als Hässlichkeit, Disharmonie und Chaos bezeichnen würde.*

Du wirst niemals nur eine dieser Stufen in dir wiederfinden. Doch beim selbstkritischen Hinschauen wird dir dein gegenwärtiger Schwerpunkt bewusst. Er zeigt sich in den Themen, die dich am stärksten beschäftigen, und den Menschen, die du anziehst. Hast du eine Stufe gut integriert, stehen dir ihre Qualitäten auch weiterhin zur Verfügung, nur sind sie wahrscheinlich nicht mehr so von Interesse für dich.

Wenn du auf Frauen stehst, ist es sehr aufschlussreich, welche dich anziehen und welche dir eventuell Angst machen. Zum

Beispiel bleiben viele Männer, die ihren Logos nicht weiter entwickeln möchten, in der erotischen Faszination hängen. Verständlich. Hier gibt es Sex, Bestätigung für das männliche Ego, aber relativ wenig Herausforderung zum geistigen Wachstum. Unreifen Männern fällt es schwer zu verstehen, dass Eros viel mehr als Erotik ist. Er kann sich auf viel feineren Ebenen des Geistes und der Seele ausdrücken. Deshalb fühlen sich viele Frauen nicht in ihrem Wesen erkannt, wenn ein Mann nur mit ihrem Körper schläft (das Wort *schlafen* trifft es hier ganz gut), während er glaubt, sie gerade ganz zu besitzen.

Wir haben in unseren Paarberatungen wieder und wieder beobachtet, wie die Erotik einer Beziehung versiegt, wenn der Mann sich weigert, die Frau auf ihren feineren Ebenen zu achten. Da gibt es einen enormen Bildungs- und Entwicklungsbedarf. Denn wenn du einen Blick in unsere Medienlandschaft wirfst, wird dir schnell klar, wo wir kollektiv festhängen. Sex verkauft sich noch immer besser als Intelligenz. Frauen sind daran nicht unschuldig. Wir haben in mehreren Gesprächen erstaunt herausgehört, dass es oft auch Frauen in leitenden Zeitungs- oder Fernsehmedien sind, die es zwar eigentlich nicht richtig finden, aber dennoch darauf achten, »mit Sex und Diäten die Quote zu erfüllen«[12]. Unsere Klientinnen sprechen sehr ehrlich mit uns. Deshalb wissen wir, dass viele Frauen sich bewusst oder unbewusst dümmer stellen, als

12 Wenn du wissen willst, wie ein von jeglichem Geist und Sinn befreiter Eros aussieht, schau dir die Reality-Doku »Love Island« an. Beim Casting wurde offenbar akribisch darauf geachtet, einen bestimmten IQ nicht zu überschreiten. Dafür werden dir so viel Silikon und Sixpacks aufs Auge gedrückt, dass es – gepaart mit den dummen Sprüchen – schon wieder unfreiwillig unerotisch, aber dafür urkomisch ist.

sie sind, und die Ebene der Erotik eher aus Kalkül als aus natürlicher Lust bedienen. Sie tun sich schwer, diese Spiele loszulassen, weil sie halt »funktionieren«. Für viele reife, alleinstehende Frauen ist dies ein echtes Dilemma. Die Königin ist in ihnen erwacht und hat keinen Bock mehr, sich zu verstellen. Leider erleben sie dann häufig, dass ihr sich verfeinernder Eros immer weniger Männer anzieht, wenn nicht sogar abschreckt. Dazu in späteren Kapiteln mehr. Hier nur so viel: Königinnen, es gibt Hoffnung!

Zum Thema Schönheit: Es ist kein Zufall, dass sich so viele Frauen über Schönheit definieren. Sie ist ein ganz besonderer Ausdruck von Eros. In der Schönheit wird nach der verborgenen Harmonie der Dinge gesucht. Je unbewusster die Frau ist, desto mehr wird sie ihre Wahrnehmung von Schönheit an dem orientieren, was die Welt an Idealen vorgibt. Es macht mich (Veit) als Mann zutiefst betroffen, dass ich fast keine Frau kenne, die sich entspannt aus sich heraus als schön empfindet. Die meisten denken, dass sie schön sind, wenn ihr Körper eine bestimmte Kilozahl auf der Waage einhält und sie viele begehrende Reaktionen von außen erhalten. Doch zwischen Denken und Erfahren liegen Welten. Wenn wir Eros immer feiner in uns erwecken, nehmen wir auch immer subtilere Schönheiten wahr. In der Kunst. In einer gelebten Tugend. Oder den Falten eines durchgegerbten Gesichts, das von einem voll und ganz gekosteten Leben zeugt. Auf der höchst entwickelten Stufe des Eros offenbart sich Schönheit als die alles transzendierende Harmonie der Schöpfung in allem. In einer Träne, unserem Bauchspeck oder einem faulenden Tierkadaver. Der oberflächliche, von gesellschaftlichen Normen und Erziehungen besoffene Verstand versteht dies nicht. Doch wenn du aus dieser alten Trance aufwachst, erblickst du Schönheit überall.

Damit wollen wir nicht dazu auffordern, sich nicht mehr verantwortlich für seinen Körper zu fühlen, ihn nicht zu pflegen. Doch es liegen eben Welten an Lebensqualität und Souveränität zwischen einer Frau, die jeden Tag beim Joggen verbissen gegen ihr Körperfett ankämpft, und einer Frau, die ihn liebevoll und entspannt als das Gefäß für ihre Seele pflegt.

Logos

Die ergänzende Gegenkraft des Eros ist Logos – der Drang des Erkennens. So wie Eros sich nach der verloren gegangenen Einheit sehnt, drängt es Logos, Bewusstsein zu erlangen. Das Wort Logos stammt aus dem Griechischen und bedeutet Wort, Vernunft. Es gilt als das Prinzip des Verstehens, des Erkennens. Logos sucht nach der Wahrheit, in dem er vorhandene Grenzen und Regeln infrage stellt, sich ausdehnt, testet, herausfordert, analysiert. Er wird dem männlichen Prinzip zugeordnet. Auf der materiellen und biologischen Ebene ist Logos die Kraft, die Strukturen bildet, sie aber auch wieder zugunsten höherer Ordnungen infrage stellt. Auf der Ebene des Bewusstseins sind es Fähigkeiten wie Analyse, Wahrheitssuche, Unterscheidung, in der sich die Sehnsucht nach der Wahrheit widerspiegelt.

Der Versuch genialer Mathematiker, die *eine* Weltformel zu finden, die den Aufbau des gesamten Kosmos erklärt, entspringt der Logos-Energie. Es verwundert auch nicht, wenn eine männlich dominierte Religion wie das Christentum die Bibel mit dem Satz »Am Anfang war das Wort« beginnt.

Die Symbole für Logos sind: Geist, Sonne, Schwert, Licht, Tag, Flügel, Berg, Turm, König, Weiser, Brille, Buch, Wort, Wissenschaft.

Während ein Mystiker versucht, sich Gott über die direkte Erfahrung (den erotischen Weg) zu nähern und oft in der dabei erfahrenen Ekstase wissend still wird, setzen Logiker auf Verstand und Regeln. So entstehen organisierte Religionen.

Männer, die sich im Logos verrennen, entwickeln ein tiefes Misstrauen gegenüber den intuitiven und mystischen Erfahrungsebenen des Lebens. Für sie zählt nur noch, was man rational-logisch erklären kann. Ihr Verstand konstruiert Konzepte und Systeme, die das Leben erklären sollen, aber häufig unpraktikabel sind und mindestens eine Hälfte der Menschheit nicht berühren.

Doch ein reifer Mann verfeinert seinen Logos weiter. Er weiß, dass das, was er wirklich sucht, letztendlich jedes Wort transzendiert. Um die letzte Schwelle der Erkenntnis zu überschreiten, muss er auch seinen Eros integrieren. Denn wie schon beschrieben, über die letzte Schwelle kommt kein Gedanke. Für sie braucht er die Fähigkeit, sich dem Mysterium hinzugeben. Die Vereinigung von Logos und Eros macht es ihm möglich, nicht nur das Wort zu lesen, sondern in seinen tieferliegenden Sinn einzutauchen.

Wie bei Eros gibt es auch hier vier Entwicklungsstufen, die bereits Goethe im Faust beschrieben hat: Kraft – Tat – Wort – Sinn.

- *Stufe 1: Logos in der Kraft. Hier tobt sich Logos primär in körperlicher Kraft aus. Männer auf dieser Ebene wirken oft sehr vital, physisch potent, aber auch grob und einfach.*
- *Stufe 2: Logos in der Tat. Logos erprobt sich im Tun, im Erschaffen. Männer auf dieser Ebene sind häufig sehr erfolgreich und weltlich aktiv. Mit schier unerschöpflicher Energie bauen sie gern an Unternehmen, Häusern, Gärten oder anderen anfassbaren Projekten.*
- *Stufe 3: Logos im Wort. Auf der dritten Stufe beginnt Logos, sich im Geist und seinem primären Werkzeug, dem Wort, auszuleben. Männer der dritten Stufe denken gern und filigran. Sie drücken sich eloquent aus und spielen mit Worten. Wer dies als »intellektuell« abtut, hat sich noch nie wirklich mit der Macht von Gedanken beschäftigt. Revolutionen wurden meist durch eine neue Idee ins Rollen gebracht. Denke an die Faszination der Rede »I have a dream« von Martin Luther King oder die drei Worte »Yes, we can!«, mit der Obama die US-Wahlen gewann. Dichter, Wissenschaftler, Philosophen leben ihren Logos meist auf dieser Stufe.*
- *Stufe 4: Logos im Sinn. Hier wächst Logos über die Materie und den unterscheidenden Geist hinein ins Transzendente – die Wahrheit hinter dem Schleier. Wenn wir das Unechte und Unwesentliche in Gedanken, Worten und Taten immer radikaler loslassen, spiegelt unser Wesen mehr und mehr das universell Wahre wider. Wenn wir für diese Ebene offen sind, nehmen wir ihre Schwingung sofort wahr, wenn sie uns begegnet. Das kann der noch unbewusste Ausdruck in der unschuldigen Weisheit eines kleinen Kindes sein, die Schriften eines Heiligen oder ein Lied, das aus diesem Raum her-*

aus empfangen wurde. Oft wurde Christus als zum Mensch gewordener Logos bezeichnet.

Auch hier ist uns wichtig zu erwähnen: Die Entwicklungsstufen sind nicht rigoros voneinander getrennt. Sie durchweben sich in einem Menschen häufig. Ein geschickter Handwerker kann feinsinnige Gedichte schreiben. Ein Wissenschaftler kann eine starke Körperlichkeit ausstrahlen. Doch meistens wirst du bei dir und anderen einen eindeutigen Schwerpunkt wahrnehmen können.

Wenn du logoszentrierte Männer anziehend findest, ist es aufschlussreich, welche Art von Männern dich primär fasziniert. Die kräftigen, die wirkenden, die redegewandten oder die vergeistigten? Du kannst daraus die Entwicklungsstufe deines Eros ableiten. Natürlich gilt auch hier: Wahrscheinlich bist du auf allen Ebenen berührbar. Frauen, die mit einem Wissenschaftler zusammenleben, dessen reifen Intellekt sie achten und lieben, bekommen manchmal schwache Knie, wenn sie einem sonnengebräunten, muskulösen Handwerker die Tür aufmachen. Wenn wir diese Anziehungskräfte bewusst wahrnehmen und verstehen, woher sie kommen, können wir sie in uns genießen, ohne ihnen folgen zu müssen. Doch manchmal endet so ein Logos-Ausflug auch in einer Affäre, weil wir verpasst haben, diese vitale Ebene in unserer Primärbeziehung zu fördern. Also Männer, aufgepasst! Wenn ihr euch zu lange und ausschließlich in den Elfenbeinturm der geistigen Ebenen zurückzieht, kann es sein, dass der Eros eurer Partnerin erfinderisch in der Erfüllung der »unteren« Stockwerke wird. Es geht nicht darum, euch zu verstellen und etwas zu schauspielern, was ihr nicht seid. Doch allein euch einen Sport zu suchen, bei dem der Logos in eure Muskeln fahren muss, oder hin und wieder eine Musik aufzulegen, die die unteren Energiezentren belebt, kann eine willkommene Vielfalt in das Wechselspiel von Eros und Logos bringen.

Der Tanz von Eros und Logos

Wir möchten noch einmal betonen, dass Eros und Logos zwar als weibliches und männliches Prinzip gesehen werden, aber nicht immer an Frauen bzw. Männer gebunden sind. Es gibt ganz sicher eher logoszentrierte Frauen und eroszentrierte Männer. Auch in gleichgeschlechtlichen Beziehungen teilen sich die Partner häufig die Pole.

Wir haben uns bewusst entschieden, Eros und Logos nur schemenhaft zu skizzieren und darauf zu vertrauen, dass dein Unterbewusstsein dennoch reagiert und dir mit Hilfe deiner Gefühle und persönlicher Bilder zeigt, wo und wie diese zwei Urkräfte dich betreffen.

Sie wirken in jedem von uns. Je unbewusster wir mit ihnen umgehen, desto mehr erleben wir sie als sich widersprechende Kräfte. Dann ringen Herz und Verstand in uns um die Führung. Mann und Frau konkurrieren. Mystik und Wissenschaft bekämpfen einander. Der eine beruft sich auf Logik, unterscheidet, analysiert, wirft dem anderen Gefühlsduselei vor. Der andere fühlt, taucht ein, verbindet und verachtet den Kopfmenschen für seine Kälte.

Je bewusster wir sie integrieren, desto deutlicher offenbart sich: Eros und Logos tanzen miteinander. Sie inspirieren und ergänzen sich. Sie schwingen sich miteinander empor.

Eros allein verstrickt sich in Genuss und einer eher schwammigen, undifferenzierten Pseudoeinheit. Er schläft so in seiner Entwicklung ein. Der losgelöste Logos verwechselt seine Konzepte mit der Wirklichkeit oder verbrennt sich im Vorwärtsdrang wie Ikarus seine Flügel an der Sonne.

Zum Abschluss dieses Kapitels sei kurz auf eine heikle Eros-Logos-Entwicklungsblockade in unserer Gesellschaft hingewiesen. Seit dem Zeitalter der Aufklärung favorisieren Wissenschaft und Wirtschaft logoszentrierte Themen. Die Ratio steht im Vordergrund. Was nicht bewiesen werden kann, existiert nicht. Mit Geld belohnt werden vor allem die Bestrebungen, die Grenzen sprengen, Innovationen liefern, die Produktion ankurbeln. Der Ausdruck von Eros in Form von Mutterschaft, Ästhetik, Heilung, Kunst oder Spiritualität wird auf dem Papier durchaus als gleichwertig anerkannt. Doch da Eros (scheinbar) kein Wachstum fördert, sondern eher die Verbundenheit und das Aufgehen im Moment betont, bekommt er in einer Leistungsgesellschaft wie der unsrigen meist noch wesentlich weniger Anerkennung. Ein reformerisches Anliegen unseres Buches ist es, durch Bewusstwerdung zu einer harmonisierenden Kräfteverschiebung beizutragen.

Was in uns wirkt: Animus und Anima

Die männlichen und weiblichen Qualitäten

Lass uns den Tanz von Eros und Logos noch aufmerksamer in Mann und Frau bestaunen. Auch wenn diese Urkräfte bereits lange vor dem Menschen wirkten, finden wir sie auch in uns, in einer sehr speziellen Ausdrucksform. Das Zentrum der

Einheit und der Drang des Erkennens nutzen die Polarität der Geschlechter, um im Kontakt miteinander noch bewusster zu werden.
Jemand, der dieser Dynamik sein Lebenswerk widmete, war C. G. Jung – der berühmte Schweizer Psychiater. In ihm vereinten sich auf eine faszinierende Weise ein Mystiker und ein Wissenschaftler, Intuition und Analyse. Er leistete eine außerordentliche Pionierarbeit auf dem Gebiet der Psychologie. Die von ihm entwickelte Landkarte des menschlichen Unterbewusstseins prägte Generationen von Psychiatern, Künstlern, Schriftstellern und Filmemachern.
Wir bitten alle Hardcore-Jungianer im Voraus um Verzeihung, wenn wir uns nun frech erlauben, einen bedeutsamen Bereich seines Mammutwerkes in bewusst einfach gewählten Worten wiederzugeben. Wir möchten keine theoretische Abhandlung schreiben, sondern jedem Leser und jeder Leserin möglichst einleuchtend die praktische Wichtigkeit für all seine Beziehungen vermitteln.
Der Urgrund der menschlichen Psyche war für Jung, der selbst meditierte, das in sich ruhende, vollständige Selbst – im Hinduismus als Atman, in anderen Kulturen als Seele oder Essenz beschrieben. Dieses Zentrum unseres Wesens ist zeitlos, ewig. Es umfasst und transzendiert gleichzeitig unser kleines, begrenztes Ego. Wir alle tragen ein unbewusstes Wissen dieser vollkommenen Ganzheit in uns. Alles, was wir im Laufe unseres menschlichen Reifungsprozesses[13] tun, dient intuitiv oder später auch absichtlich der Suche nach diesem heilen Zustand

13 Bei Jung heißt dies Individuationsprozess.

der Einheit und des Friedens. Um einen kühnen Bogen zur Geburtsstunde unseres Alls zu schlagen: Das Universum erinnert sich auch im Menschen an die Stille, aus der es geboren wurde, und sehnt sich dahin zurück.

Wir suchen nach dem Frieden der
ozeanischen Einheit, indem wir …
uns nach dem Mutterschoß zurücksehnen,
vom Dual-Seelenpartner träumen, Drogen nehmen,
uns Gott in der Religion zuwenden,
die Welt durch Essen und Konsum in uns aufnehmen,
meditieren
oder Bücher über dieses Thema lesen.

Der Weg der ICH-Werdung führt uns allerdings erst einmal aus der unbewusst erfahrenen Einheit (neun Monate Schwangerschaft im Bauch der Mutter) hinein in eine polare Welt der Trennung. Hier gibt es dich *und* die anderen, rechts *und* links, Tag *und* Nacht, Licht *und* Dunkelheit, Eros *und* Logos. Es scheint ein Paradox und gleichzeitig ist es so logisch: Wenn ein Fisch sein ganzes Leben im Wasser verbringt, wie soll er Wasser je bewusst erfahren? Doch stellen wir uns vor, wir würden ihn für einen kurzen Moment auf trockenes Land setzen, ihn den schmerzhaften Verlust erfahren lassen und dann wieder zurücksetzen, ab jetzt *wüsste* er.

Um die Einheit, zu der du für immer gehörst, bewusst zu erkennen, musst du sie verlassen. Wenn auch nur in einem Teil deiner Psyche. In diesem entwickelst du ein von allem anderen getrenntes ICH, was sich nun bewusst mit seinem wahren Zuhause und der Sehnsucht danach beschäftigen kann.

Dieser ICH-Werdungs-Prozess braucht Reibung. Diese entsteht durch Gegenkräfte. Deshalb entscheidet sich unsere Seele bei der Geburt für einen eher logos- oder eroszentrierten Weg. Sie entwickelt ihre männlichen oder weiblichen Qualitäten stärker. Den psychischen Komplex aus männlichen Eigenschaften nannte Jung *Animus*. Den der weiblichen *Anima*. Doch unser ursprüngliches Selbst enthält – das ist wichtig, im Auge zu behalten – immer beide Pole. Deshalb lösen sich bei einem heterosexuellen Mann die weiblichen Qualitäten nicht in Luft auf. Sie sinken in Form seiner inneren *Anima* in sein Unterbewusstsein. Der kleine Junge beginnt nun, sich stärker mit den Männern in seiner Umgebung zu identifizieren. Durch die Vorbilder werden die verschiedenen Facetten seines Animus stimuliert. Seine unbewusste *Anima* sucht einen anderen Weg, um sich auszudrücken. Der Mann projiziert sie auf die Frauen in seiner Umgebung und fühlt sich darum magnetisch von ihnen angezogen. Bei der heterosexuellen Frau verläuft es genau umgekehrt.

Niemand kann sich dem Wirken dieser archetypischen Kräfte entziehen. Jung nannte sie Archetypen (arche = griechisch, der Urstoff, aus dem alles entstanden ist), weil sie größer und mächtiger sind als wir. Sie gleichen eher kollektiven, geistigen Feldern, in die wir hineingeboren werden. Sie sind aufgeladen mit allem, was die Menschheit je dazu empfunden und erfahren hat. Doch wahrscheinlich sind sie noch älter. Logos und Eros wirkten schon, bevor der Mensch erschien. Für Jung gab es viele Archetypen, doch Animus und Anima sind die einflussreichsten.

Der von uns nicht gelebte Teil steht zwischen unserem Ich und unserer Vollkommenheit.

Das heißt: Für den Mann ist seine innere Anima die Brücke zu seinem wahren Selbst, für die Frau ihr innerer Animus. So erklären sich die gewaltigen Anziehungskräfte zwischen den Geschlechtern. Und wir sind uns sicher, spätestens am Ende dieses Kapitels wirst du ihr Wirken überall wiedererkennen. In den männlichen und weiblichen Gottheiten, die wir erschaffen haben, in all den Kriegen, Liedern, Narrheiten und Heldentaten, die wir im Namen der Liebe begangen haben, in den Hexenverbrennungen, den feministischen Befreiungswellen oder den ätzenden Diskussionen zwischen Mann und Frau am Frühstückstisch. Es gibt kaum einen Film, der nicht von der Spannung zwischen Animus und Anima lebt.

Einige wichtige Grundideen wollen wir noch kurz erklären, bevor wir mehr ins Detail gehen:

- *Die »Sonderfälle«. Damit es nicht langweilig wird, bringt die Evolution nicht nur klar heterosexuelle Varianten hervor: homosexuelle Männer, die sich mehr mit der Anima identifizieren und anders herum; Menschen, die sich ganz klar als Frau fühlen, aber in einem Männerkörper geboren werden oder das Gefühl haben, sich gar nicht entscheiden zu können. (An dieser Stelle noch einmal der Hinweis: Andrea und ich haben lange diskutiert, ob und wie wir diese Thematik aufgreifen. Sie in altgewohnter heteronormativer Arroganz zu ignorieren war nicht akzeptabel. Kennen wir doch selbst genug Freunde und Klienten, die genauso mit Animus- und Animakräften ringen, obwohl sie nicht in die Norm passen. Gleichzeitig wollen wir das Buch nicht unnötig verkomplizieren, indem wir immer wieder neu alle möglichen Varianten aufzählen. Deshalb bitten wir jeden Menschen, den es betrifft, uns zu verstehen und es nicht als einen Mangel an Respekt zu betrachten, wenn wir in 99 Prozent aller Fälle von Mann und Frau schreiben. Bitte betrachte Mann und Frau als Qualitätskomplexe für deinen inneren Mann, deine innere Frau. Vielleicht musst du das Buch nur noch etwas aufmerksamer und flexibler als die normalen Heten lesen, um das Wirken der Animus- und Animakräfte ganz persönlich auf dich anzuwenden.)*

- *Untertypen. Sowohl Animus als auch Anima können ihre verschiedenen Qualitäten durch verschiedene Untertypen zum Ausdruck bringen. Unsere Anima bedient sich der Hure, Heiligen, Hexe, alten Weisen oder Königin als Kanal. Der Animus kommt vielleicht als wilder Stier, als Gelehrter, Krieger, Eremit oder König in unser Leben. Sie klopfen in verschiedenen Lebensabschnitten durch Träume oder spezielle Projektionsträger an unsere Tür. Warum sich für dieses Buch die Königin und der Samurai regelrecht in den Vordergrund gedrängt haben, erläutern wir in den persönlichen Briefen für die Frau und den Mann.*
- *Anziehungskräfte. Immer dann, wenn gewaltige Anziehungskräfte im Spiel sind (zwischen Menschen, aber auch in deinen Träumen oder einem Projekt gegenüber), sind sehr wahrschein-*

lich Animus- und Anima-Projektionen auf den Plan getreten. Das kann sich wie Verliebtsein, Bewunderung, Liebe, aber eben auch wie intensiver Widerwille (verleugnete Anziehung) anfühlen.

- *Projektion ist die Ehrfurcht gebietende Fähigkeit deines Bewusstseins, einen unterdrückten Anteil deiner Psyche sichtbar zu machen, indem du ihn wie im Kino auf eine externe Leinwand – in diesem Fall eine andere Person – projizierst. Die Königsherausforderung jeder Liebesbeziehung besteht darin, zwischen unserer inneren Anima/Animus und der Anima/dem Animus unseres Partners zu unterscheiden. So versuchen Männer zum Beispiel, aus ihren Frauen Heilige oder Mütter (Anteile ihrer inneren Anima) zu machen, und wundern sich dann, warum sie nach der Hure woanders suchen müssen. Oder Frauen kreieren sich eine schmerzhafte Ent-Täuschung nach der nächsten, weil sie sich weigern, zwischen ihrer inneren Animus-Vision eines weißen Ritters und dem realen Animus ihres Mannes zu unterscheiden, der halt auch mal die im Sonnenlicht schimmernde Rüstung ablegen möchte. C. G. Jung sagte deshalb sinngemäß: »Im Grunde genommen führen wir immer eine Dreiecksbeziehung. Der Mann mit seiner Frau und seiner Anima. Die Frau mit ihrem Mann und ihrem Animus.« Wenn die Beziehung reifen darf, wird es sogar eine Viererbeziehung. Denn nun kommt der oder die Alte Weise beratend im Hintergrund dazu.*
- *Introjektion ist das Gegenteil der Projektion. Ich übertrage nicht meinen inneren Anteil auf dich, sondern ziehe einen deiner nicht gelebten Anima-Animus-Aspekte in mich hinein und beginne, ihn für dich auszuleben. Besonders Kinder sind*

diesem Mechanismus relativ schutzlos ausgeliefert. Mit zum Teil tragischen Konsequenzen. Wenn die Mutter mit dem Mann nicht glücklich ist und auch keinen bewussten Bezug zu ihrem Animus hat, besteht die große Gefahr, dass sie den Retter, den Geliebten auf ihren kleinen Sohn projiziert. Er liebt seine Mutter so sehr, dass er dieser Erwartung nachkommt. Er wird der kleine König im Haus. Der Geliebte für seine Mutter. Das mag sie in einsamen Stunden trösten, doch die natürliche Animus-Entwicklung des Jungen wird dadurch blockiert. Vielleicht stellt er mit 50 Jahren rückblickend erstaunt fest, wie viele seiner Schritte unbewusst dadurch motiviert waren, seine Mutter zu retten. Wir wünschen uns sehr, dass dieses Buch viele Erwachsene für ihre Animus- oder Animakräfte sensibilisiert. Denn gerade bei Alleinerziehenden oder im Chaos einer Patchworkfamilie besteht die Gefahr, unsere Kinder mit unseren ungelebten Anteilen zu belasten. Kümmere dich darum, ein starker, erfüllter Mensch zu sein, und gib den Seelen deiner Kinder Raum, sich frei zu entfalten und ihren eigenen Weg zu finden.

Genauso steht jeder von uns in jeder intensiven Beziehung vor der Herausforderung, immer wieder achtsam zu überprüfen: »Wo lebe ich ungelebte Anteile meines Partners?« und sie dann freundlich, aber konsequent zurückzugeben. Das trifft auch auf starke Gruppendynamiken zu. In der psychospirituellen Szene kannst du dies zum Beispiel beim Aufstieg und Fall von Gurus erleben. Wenn tausende oder sogar Millionen Menschen sich weigern, ihren eigenen inneren Lehrer und Heiler (Animus) zu aktivieren und als Ersatz im Außen eine charismatische Persönlichkeit finden, auf die sie diese Erwartung projizieren, kann sich ein unheilvolles Wechselspiel ergeben. Der Mensch da vorn auf dem Thron introjiziert die Heilserwartungen der Massen und beginnt, seinen inneren Heiland intensiv auszuleben. Dafür muss er aber all seine kleinlichen, dreckigen, hässlichen Schattenanteile unterdrücken. Was liegt da näher, als sie auf seine Jünger zu projizieren, die ja eh zu ihm kommen, weil sie sich klein fühlen. Beide Parteien halten sich gegenseitig in den Rollen gefangen. Der Guru kann nicht mehr normaler Mensch sein. Der Jünger nicht mehr groß. Bis irgendeine Scheiße auffliegt (meist hat es mit Geld, Sex oder Macht zu tun), und die Trance bricht in sich zusammen. Diese Beispiele sollen verdeutlichen, um was für einen machtvollen Mechanismus es sich bei der Introjektion handelt.

- *Integriert oder autonom? Sowohl die innere Anima als auch der Animus werden immer einen Weg an die Oberfläche deines Bewusstseins finden. Werden sie von uns verantwortungsbewusst und wach integriert, werden wir dadurch zu vollständigeren, mehr in uns ruhenden Persönlichkeiten. Ignorieren oder unterdrücken wir sie, werden sie autonom. Das heißt sie machen ihr Ding, und das meist mit einem schrägen Unterton. Die autonome Anima des Mannes zeigt sich zum Beispiel in Schmollen, Stimmungsschwankungen, Depression oder Impotenz. Der autonome Animus der Frau lässt sie im krassen Fall zu einem herrschsüchtigen, harten »Mannweib« werden.*

Die Aufgabe zweier wacher Beziehungspartner muss also darin bestehen, auf der einen Seite bewusst Verantwortung für den eigenen ICH-Werdungs-Prozess zu übernehmen, den eigenen Geschlechtspol stark und klar zu entwickeln und gleichzeitig die Verbindung zu nutzen, um den in dir eher verborgenen Aspekt (beim Mann die Anima, bei der Frau der Animus) achtsam kennenzulernen und auf eine dir angemessene Weise zu integrieren. Ein Mann wird dadurch nicht zur Frau. Seine Anima wird sich wahrscheinlich nie so differenziert entfalten wie die seiner Partnerin. Doch indem er sich neugierig den Qualitäten öffnet, die er bis jetzt eher auf die Frauen im Außen projiziert hat, gewinnt er einen wesentlich tieferen Zugang zu seiner Seele und damit zu seiner Ganzheit. Aber welche Eigenschaften schreiben wir denn nun der Anima und welche dem Animus zu? Hier ein komprimierter Überblick ohne den Anspruch auf Vollständigkeit. Er soll lediglich den Geschmack in dir wachkitzeln. Und bitte denke immer daran: Hier geht es nicht um eine plumpe stereotype Zuordnung à la Mario Barth (»Ah, so sind Männer. So Frauen.«), sondern um archetypische Qualitäten, die wir letztendlich alle in uns tragen. Animus und Anima sind keine starren Schubladen, sondern eher vergleichbar mit inneren Strömungen voller feinster Schattierungen.

Der Animus-Komplex

Der Animus-Komplex wird der Kraft des Logos zugeordnet. Er ist durch eine Dynamik des Werdens, Wachsens, Grenzenüberschreitens gekennzeichnet. Er will raus. In die Ferne. In die Zukunft. Es ist der Wille zu erobern, zu beherrschen, zu verstehen. Der Animus will selbst erschaffen, sich beweisen. Sein Denken ist klar, rational, logisch, unterscheidend, analysierend. Er versucht, die Welt mithilfe von Urteilen, Kategorien und Regeln zu verstehen und zu meistern. Er drückt sich als Logos in Kraft, Tat, Wort und Sinn aus. Der Animus ist auch die Quelle von Disziplin und Integrität auf der Basis klar definierter Werte. Allem, was paradox, intuitiv, »zu« gefühlvoll ist, steht der Animus skeptisch gegenüber. Integriert ein Mann nicht auch seine Anima, wird er komplexen Situationen oft hilflos gegenüberstehen. Er wird die emotionale oder mystische Dimension einer Beziehung nicht erfassen und mit seinem eher starren Geist Verbindung und Kreativität eher verhindern.

Der Anima-Komplex

Der Anima-Komplex entspringt dem Eros. Die Anima ist mit dem Sein, der Gegenwart verbunden. Sie liebt es, in Beziehung zu sein, und sucht nach Verbindung. Das ist ihr wichtiger als das Tun. Ihr Medium sind Gefühle, Ahnungen und Träume. Sie erfasst Zusammenhänge intuitiv, hat keine Probleme mit scheinbaren Paradoxien. Der Geist der Anima ist neugierig, oft auf das Praktische, das Naheliegende bezogen. Sie denkt nicht linear, sondern zirkulär, rhythmisch. Sie mag das Gefühlvolle, das Mystische und steht oft dem analysierenden Geist skeptisch gegenüber. Wenn eine Frau nicht auch ihren Animus integriert, führt dies zu einem eher flachen, undifferenzierten Denken, das sich mit Pauschalurteilen zufriedengibt, sich vieles wünscht, bei Angst ins Grübeln gerät, aber den Dingen nicht konstruktiv-kritisch auf den Grund geht.

Männer und ihr Animus

Wenn du verstehen willst, wie existentiell die Krise des männlichen Geschlechts ist, schau dich nach überzeugenden Beispielen für ein positives Animuswirken um. Um als Mann die verschiedenen Facetten deines Animus gesund und stark zu entwickeln, sind leuchtende Vorbilder sehr förderlich. Doch wo finden wir sie heute noch – die integren Helden, die gerechten Könige, die milden Weisen? Welcher Junge wächst denn mit einem wachen, potenten, liebevollen und vor allem präsenten Vater auf? In Deutschland haben zwei Weltkriege fast jede männliche Ahnenkette zerrissen. Die Väter sind entweder gar nicht da oder selten zu Hause. Die wirtschaftlichen und politischen Führer dieser Welt sind häufig korrupte Schleimer, narzisstische Egomanen oder viel redende, aber nichts sagende Hanswürste. Männer, wenn wir nicht aufwachen, sterben wir aus!

Männer und ihre Anima

Wenn ein Mann sich weigert, seine innere Anima zu entwickeln, wird er sein Leben lang auf eine übertriebene Weise fasziniert oder beängstigt von Frauen sein. Er wird sie brauchen, um diese unterdrückten Qualitäten (zum Beispiel Fürsorge, Beziehungskultur) zu leben. Wir müssen uns immer wieder vehement deutlich machen, dass mehrere tausend Jahre Patriarchat hinter uns liegen und dies noch lange nicht vorbei ist. In dieser Zeit wurden die Qualitäten der Anima überall – in den Familien, den Schulen, den Unternehmen – geringgeschätzt, belächelt, unterdrückt. Intuition wurde im Extremfall mit Aberglaube, Gefühl mit Hysterie gleichgesetzt. Der Intellekt wurde über

die Empfindung gestellt. Fortschritt und Profit macht man besser mit den Kräften des Animus. Familie, Lieben, Heilen, Kunst wurden in ihrer nachhaltigen Bedeutung für unser Glück, für Frieden und letztendlich auch für Erfolg krass unterschätzt. Männer wuchsen also über viele Generationen mit dem Gefühl auf, das überlegenere Geschlecht zu sein. Auch heute verraten manche Randbemerkungen und gönnerhaften Witze, dass sich das männliche Geschlecht immer noch als das bessere fühlt.
Und doch bleibt ihm gar nichts anderes übrig, als sich seiner inneren Anima zu stellen. Er vereinsamt nicht nur in seinen Beziehungen zu Frauen, die sich in der kommenden Epoche immer schneller von unreifen Männern abwenden werden. Es wird auch einsam *in* ihm. Denn der Weg in seine Seele führt durch seine Anima.

Wenn der Mann sich seiner Anima verweigert,
bleibt er ein Leben lang
ein von Frauen abhängiges Muttersöhnchen,
ein in sich verhärtender Macho, der Frauen benutzt,
oder ein Intellektueller,
der »irrationale« Weiblichkeit verachtet.
Seine Anima wird sich autonome Wege bahnen,
um auszubrechen,
zum Beispiel in sentimentalen Anfällen, dunklen Sorgen,
Depressionen, Zusammenbrüchen …

Frauen und ihre Anima

Wir erleben seit 150 Jahren ein Aufbegehren der Animakräfte, und das ist gut so! Die ganze Welt braucht ihre Qualitäten. Männer werden ohne diese Herausforderung nicht aus dem Arsch kommen. Unser Planet kann nur heilen, wenn wir ihm weiblicher begegnen. Wie zu Beginn eines jeden neuen Zeitalters können wir auch hier viele Unwuchtungen erleben. Bestimmte Aspekte der Anima, zum Beispiel die Hexe oder die Energizerin[14], kommen eindeutig noch zu kurz. Andere verschwenden ihre Zeit noch mit Rachefeldzügen gegen das männliche Prinzip, was (1) zu kurz gedacht ist (alles war und ist eine Kreation beider Geschlechter) und (2) ein Luxus ist, den wir uns nicht leisten können.

Frauen und ihr Animus

Frauen und ihr innerer Animus … ein überaus spannendes Thema in der heutigen Zeit. Jung ging davon aus, dass jedem Menschen eine gewisse Menge an Lebenskraft (Libido) zur Verfügung steht. Über Jahrtausende war die Libido der Frau in der klassisch weiblichen Domäne gebunden: schwanger werden, Geburt, Kind großziehen, Haushalt schmeißen … Wenn wir uns den Alltag der Frauen vor 200 Jahren vorstellen, da war am Abend nicht mehr viel Energie frei.

---

14 Eine Frau, die die Fähigkeiten besitzt, Räume und Zeremonien aufzubauen, die das Energielevel aller Beteiligten anheben, sodass der Geist sich dehnt und die Seele fliegen kann. Wem das noch zu dubios klingt: Wir bilden zum Beispiel Präsentertrainings in einer modernen Form des Trance-Tanzes an. Da geht es genau darum.

Interessanterweise profitieren besonders Frauen von vielen Errungenschaften, die durch den Animus[15] vorangetrieben wurden. Geburtenkontrolle, neue Berufe, technologische Errungenschaften schenken ihr einen Freiraum, den sie vorher nicht hatte. Ihre Libido wird frei. Und was macht sie? Sie sucht in der Psyche der Frau nach stillgelegten Projekten, zum Beispiel der Entwicklung ihres Animus. Das wird zusätzlich durch die Abwesenheit von Männern (bedingt durch Krieg, Arbeit oder Alleinerziehungssysteme) gefördert. Früher war es selbstverständlich, als Frau deinen Animus auf deinen Ehegatten zu projizieren (»Vati macht das schon«) oder die besonders reinen Aspekte auf Gott. Die einen sind nicht mehr da oder frustrieren so sehr, dass selbst die Geduldigste erkennt, dass dort die Wahrheit nicht zu holen ist. Und auch auf die Vereinigung mit dem »allmächtigen HERRN« nach dem Tod mag im Zeitalter der Aufklärung kaum noch eine Frau warten. Nein, sie muss quasi *ihren* Mann selbst stehen. Hinzu kommt – ab einem gewissen Alter, spätestens mit der Menopause – der natürliche Drang der Seele nach Vollständigkeit. Wir können also sicher sagen, dass die Frau mit der Entdeckung ihres inneren Animus dem Mann etwas voraus ist. Probleme können entstehen, wenn dabei die Anima-Qualitäten nicht mit entwickelt werden – zum Beispiel, wenn Frauen im Studium primär männliche Qualitäten (Disziplin, Analyse, Toughsein) trainieren und später in bestimmten Berufen glauben, sich nur mit maskuliner Attitüde durchsetzen zu können. Sie bemerken nicht, wie sie im Laufe der Zeit immer härter werden und

15 Bitte genau lesen! Hier steht nicht »nur durch Männer«. Das ist ein Unterschied.

verteidigen dies häufig noch als Errungenschaft der Gleichberechtigung. Doch dabei gerät ihre Anima in den psychischen Schatten. Sie ist nicht weg. Sie wird autonom. Sie zeigt sich als Herrschsucht, chronischer Frust bis zu Depressionen. Gleichzeitig gewinnt der Animus die Oberhand, und dies geht oft einher mit Selbstüberschätzung. Bei Männern ist dies gut zu beobachten. Ein durchaus mittelmäßiges Leben, garniert mit einer stattlichen Bierwampe und einer nur sparsam eingesetzten geistigen Raffinesse hält sie erstaunlicherweise nicht davon ab, sich toll zu finden. Dieselbe Angewohnheit legen manchmal Frauen mit einem nicht harmonisch integrierten Animus an den Tag. Häufig Single, erotisch etwas eingeschlafen, laut in Gesprächen, beklagen sie sich öffentlich darüber, keinen Mann ihres Kalibers finden zu können. Diese Dynamik erzeugt eine gewisse Tragik, denn kaum jemand hat Lust, einem so übertrieben selbstzufriedenen Menschen (egal ob Mann oder Frau) noch ein ehrliches Feedback zu geben.

Was wir alarmierend beobachten, ist eine Zunahme an älteren, zutiefst frustrierten Frauen, die weder ihre Anima noch ihren Animus weiterpflegen. Sie wirken oft asexuell, depressiv bis zornig, legen sich helmartige Frisuren zu und verstecken Körper und Emotionen unter einem Schutzpanzer aus Fett[16].
Wenn wir dies hier so deftig ausdrücken, dann nicht, um jemanden zu verletzen, sondern um uns alle wachzurütteln. Denn genauso, wie die Vernachlässigung einer gesunden Ent-

---

16 Wir nennen die Krankheit, die diese wunderbaren Frauen von ihrer Passion abgeschnitten hat, nur halb im Scherz »mutti frustratus«.

wicklung beider Kräfte traurige Auswirkungen haben kann, birgt dieses Kapitel tatsächlich eine sensationell gute Nachricht, mit der wir es auch beenden wollen:
Animus und Anima sind mächtige Naturgewalten, die mit dir kooperieren wollen. Sie warten darauf, von dir bewusst gerufen zu werden. Dann geht es häufig erstaunlich schnell, dass sich eine graue Maus in eine Verführerin, ein Bettler in einen König, eine Schläferin in eine Energizerin verwandelt. Denn du musst diese Transformation eben nicht allein vollziehen, sondern hast die Macht einer uralten, kollektiven Energie auf deiner Seite. Dafür ist es notwendig, möglichst ehrlich und genau zu erkennen, in welcher Entwicklungsphase du dich gerade befindest und welchem Archetypus du die Fenster zu deiner Seele öffnen möchtest. Also lass uns gemeinsam einen Blick auf die Entwicklungsebenen von Animus und Anima werfen.

Entwicklung zur Ganzwerdung

Im Folgenden möchten wir dir einige markante Entwicklungsebenen auf der Reise zur Ganzwerdung vorstellen. Achte beim Lesen auf deine Re-Aktionen – gedanklich, körperlich, gefühlsmäßig.
Nach einem Vierteljahrhundert Beziehungsarbeit und -forschung ist uns beiden eines klar. Egal unter welchem Vorwand Menschen zusammenkommen, es geht in der Tiefe immer um eins – zu erkennen, wer wir wirklich sind. Wir glauben nicht mehr an die *eine* perfekte Beziehung, die dann alle Probleme für uns löst. Jede Begegnung verdient unseren Respekt. Ob kurz in einem Fahrstuhl, für einen One-Night-Stand oder

eine lebenslange Ehe. Der Wert einer Beziehung misst sich ganz sicher nicht an ihrer Dauer. Welcher Sinn liegt darin, den 20. Hochzeitstag zu feiern, wenn 18 Jahre davon durch Ödnis und Stagnation geprägt waren? Oder geht es darum, sich am Ende seines Lebens erleichtert über die Stirn zu wischen: »Oh, was für ein Glück, ich bin mal wieder sicher bis zum Ende durchgekommen?«

Der Wert einer lebendigen Beziehung liegt für uns in der Qualität des Fruchtwassers, die sie für deine Entwicklung bereitstellt. Stimuliert und nährt es dich? Oder macht es dich dumpf und bremst dich aus?

Wir geben alle unser Bestes. Jede Partnerschaft verdient unsere Achtung dafür, wie weit wir in ihr gekommen sind. Wir sind allerdings, was die Kultur von lebendigen Beziehungen anbelangt, eine relativ unterentwickelte Spezies. Das hat auch viel mit der Überbetonung von Animus-Qualitäten in den letzten paar Jahrtausenden zu tun. Doch wir wissen es bereits besser und können es auch besser. Alles, was es braucht, ist unsere Bereitschaft, dem Entwicklungsstand unserer Beziehung etwas mehr Aufmerksamkeit zu schenken und dann ihr Erblühen durch kleine, tägliche Impulse zu fördern. Vergiss nicht: Du bist nie allein. Eros und Logos atmen in dir und sehnen sich danach, mit dir gemeinsam die Flügel auszubreiten. Also los, lass uns schauen, wo du stehst.

Ausgangspunkt

Das Selbst – unser Urgrund – strebt bewusst oder unbewusst immer nach der Erfahrung der Einheit. Wir beginnen unseren Individuationsprozess nach der Geburt meistens mit der Ausprägung des uns näher stehenden Pols. Die »Gegenseite« wird zu Beginn primär als Projektion und Anziehungskraft zu einem gegenpoligen Partner gelebt.

Entwicklungsstufe 1: die unbewusste Einheit

Wir starten alle unser Leben mit einer acht- bis neunmonatigen Erfahrung ozeanischer Einheit. Keine Trennung zwischen dir und dem anderen Wesen, deiner Mutter. Full Service. Bedingungslose Liebe und zugleich die Einladung zum Wachsen. Keine Animus-Anima-Probleme. Ein in sich ruhendes Selbst. Mit sich in Frieden. So könnte es bis zum Ende weitergehen! Die ganze Sache hat jedoch einen Haken. Wir können uns später nicht daran erinnern, da unser Bewusstsein im Mutterleib noch nicht voll angeschaltet war. Doch die Erfahrung ist natürlich in jeder Zelle unseres Wesens gespeichert, also suchen wir später ein Leben lang nach einer bewussten Wiederholung dieser Einheit. Der natürliche Weg führt uns dabei durch den ganzen, zum Teil so schmerzhaften Individuationsprozess. Wenn eine unreife Psyche auf all den damit verbundenen Stress keinen Bock hat, bleibt sie auf dieser Stufe stehen. Sie verweigert sich regelrecht dem Individuationsprozess und sucht überall nach dem Weg *zurück* in die Einheit. Sei es durch Drogen, extrem infantiles Verhalten oder stark ko-abhängige und symbiotische Beziehungen[17].

· ♦ ♦ ◆ ♦ ♦ ·

17 Wir nennen sie liebevoll *Nuckelbeziehungen*, weil diese Pärchen permanent und überall aneinander herumnuckeln.

Entwicklungsstufe 2: Trauma – Angst und Verehrung

Hier ist die Erinnerung an die symbiotische Einheit im Mutterschoß noch stark präsent. Der Abnabelungsprozess wird noch nicht freudvoll-energisch angenommen, sondern eher traumatisch erfahren. Die Psyche weigert sich immer noch, den Individuationsprozess voll anzutreten. Sie zögert. Eigentlich würde sie lieber wieder zurück in den Mutterleib kriechen. Wie sieht dies bei Männern und Frauen aus?

Der Mann hat seine innere Anima komplett unterdrückt, deshalb fühlt er sich magisch von Frauen angezogen. Da auch sein Animus noch keine wirklich eigenständige Kraft entwickelt hat, sucht er vorwiegend symbiotische Beziehungen zu Frauen mit einer mütterlichen Ausstrahlung. Sie dürfen auch gern etwas älter sein. Seine Eier gibt er bereitwillig bei Mami ab. Er will nicht aufs Schlachtfeld, sondern zurück in den Mutterschoß. Meistens sind diese Männer verweichlicht und eitel. Sie suchen weiblichen Schutz und zugleich permanente Bewunderung. Sie sind unzuverlässig und sehr gern mit sich beschäftigt. Welche Frau lässt sich auf so einen Mann ein? Zum Beispiel eine ältere, die unbewusst einen Sohn oder ganz offen einen Toy-Boy sucht. Solche Männer bluffen eventuell mit einer strahlenden, vielversprechenden Fassade oder drücken gleich auf die Mitleidsdrüse (zum Beispiel armer, sensibler, hochbegabter Künstler), um deine Milchdrüsen anzuregen. Nicht ohne Grund ist es eine geheime Fantasie vieler junger Männer, von einer älteren Frau in die Kunst des Liebesspiels eingeführt zu werden.

Die Frau auf dieser Ebene hat auch noch keine starke Anima, also kein Standing gegenüber Männern. Gleichzeitig übt das männliche Prinzip eine starke Faszination, aber auch Abschreckung aus. Es steht für das absolut Fremde. Zum einen verlockend, herausfordernd – zum anderen potentiell gefährlich und unnahbar. Frauen auf dieser Stufe wissen nicht, was sie wollen. Sie sehnen sich nach väterlicher Anerkennung. Auf der einen Seite wollen sie Daddy dazu verführen, sie zu mögen, sie wollen ihm aber auch nicht zu nah kommen. Sie bringen Männer durcheinander und richten Chaos an. Anködern, flirten – dann, wenn Nähe entsteht – Rückzug, Unnahbarkeit. Anstrengend! Erlösung kann zum Beispiel von reiferen Männern kommen, die nicht auf das sexuelle Spiel eingehen, sondern der jungen Frau liebevoll und integer einen langsamen und mutmachenden Zugang zum männlichen Prinzip ermöglichen.

Entwicklungsstufe 3: Konkurrenz und Objektifizierung

Der Animus des Mannes erstarkt. Gleichzeitig nimmt seine Faszination für den Eros der Frau auf der erotischen Ebene zu. Da er selbst noch kaum weibliche Qualitäten entwickelt hat, kann er sie auch nicht wirklich schätzen. Für ihn ist die Frau ein Objekt. Er will sie erobern, vögeln, besitzen. Er benutzt sie selbstverständlich für seine Interessen: Bestätigung, Befriedigung, Image. An einer tieferen Beziehung ist er nicht interessiert. Da sein Logos selbst noch stark auf der Ebene von Kraft und Tat konzentriert ist, fällt es ihm auch schwer, eine Frau jenseits ihrer Physis zu erkennen. Er überlässt die Einschätzung des »Weibchens« und der Situation bereitwillig seinem Stamm- und Säugetierhirn. Das Klischee: ein russischer, älterer, sehr reicher Oligarch, der sich mit einer wesentlich jüngeren, wunderschönen Frau schmückt. Er formt sie nach seinen Vorstellungen, indem er ihr zum Geburtstag eine Runde Silikon und Botox spendiert. Sie muss nicht sonderlich schlau sein. Es reicht, wenn sie zu ihm aufschaut und ihn bewundert. Was macht eine Frau auf dieser Ebene, in einem Patriarchat, in dem die meisten Machtträger immer noch Männer sind? Sie spielt das Spiel mit. Letztendlich benutzt auch sie ihn als Objekt. Sie nutzt ihren Eros, um sein Hirn zu benebeln. Sie geht Kompromisse ein, doch dafür bekommt sie den Schutz seines Animus (auf dieser Stufe traut sie es sich noch nicht selbst zu). Wir nennen diese Stufe auch Konkurrenz, weil es hier noch nicht wirklich um faire Kooperation geht. Sie mögen es Liebe nennen, doch letztendlich nutzen sie sich gegenseitig aus. Noch einmal: Jede dieser Stufen hat ihre Berechtigung. Auch hier – aus dem Abstand heraus betrachtet – dienen sich Mann und Frau. Sie liefert ihm Eros auf den Ebenen, die er verdauen kann, und bringt so weibliche Energie in sein Leben. Er lebt Logos in Kraft und Tat und stimuliert so ihren Animus. Was Frauen auf dieser Ebene oft blockiert, ist der Fakt, dass solche Beziehungen natürlich meist in besonders stark patriarchalen Milieus ihren Nährboden finden. Das heißt, sie lebt in einer Atmosphäre der permanenten Geringschätzung weiblicher Qualitäten. Gleichzeitig baut sie sich mit ihren Verführungskünsten einen goldenen Käfig. Sie ahnt: Wenn sie sich weiterentwickelt und verrät, dass sie wesentlich intelligenter ist, als sie oft zeigt, verliert sie für viele dieser Männer ihre magische Anziehungskraft. Unreife Männer wiederum lieben diese Stufe, weil sie ihnen relativ einfach unhinterfragte Bewunderung beschert. Solange ein Mann sich mit seinem Ego identifiziert, wird die Länge seines Schwanzes, die Größe seines Autos und die begehrlichen Blicke, die andere Männer auf seine Frau werfen, extrem bedeutsam für ihn sein.

Reifere Frauen, besonders auf Stufe 5, stehen ihren Schwestern von Stufe 3 sehr ambivalent gegenüber. Auf der einen Seite empfinden sie Mitgefühl und Empörung über die von ihnen wahrgenommene Ausbeutung und würden gern helfen. Auf der anderen Seite stehen sie ihnen misstrauisch und ablehnend gegenüber, denn wie oft müssen sie frustriert feststellen, wie stark die Anziehungskraft dieser ach so oberflächlichen Reize auf ein männliches Hirn wirkt. Wenn der Tag kommt, an dem du dir eingestehen musst, dass dein 50-jähriger Ehemann, mit dem du durch dick und dünn gegangen bist, einen ganz verglasten Blick beim Anblick einer Horde junger Mädchen bekommt, musst du dies erst einmal verdauen können. Da du selbst nicht mehr bereit bist, auf diese Ebene zu gehen, empfindest du Frauen der Stufe 3 als Bedrohung. Du siehst ihre »billigen« Verführungskünste als unfaire Wettbewerbsbedingungen an und erlebst dich selbst insgeheim als smarter und wertvoller. Wir kennen Frauen, die ihren Ehemännern ohne Kommentar Kalender mit jungen, nackten Mädchen aufs Klo zum Wichsen legen, um so Schlimmeres zu verhindern. Wir betrachten es als einen verhängnisvollen Irrtum vieler älterer Frauen, das Terrain Erotik dem »Junggemüse« zu überlassen. Es gibt durchaus würdevolle und faszinierende Wege, sinnliche Verlockungen reifen und verfeinern zu lassen.

Wir würden ja gern sagen, dass sich die Gesellschaft insgesamt signifikant weiterentwickelt hat, doch abgesehen von Talk-

shows zum Thema Feminismus zu spätnächtlicher Stunde verrät ein Blick in unsere Medienlandschaft etwas anderes über unseren kollektiven Entwicklungsschwerpunkt. Ich stelle mir manchmal vor, was ein außerirdischer Vertreter einer hochentwickelten Zivilisation denken muss, wenn er sich hierherbeamt, in einem Tankstellenkiosk landet und versucht, aus dem Anblick all der Monstertitten auf Kinderaugenhöhe Rückschlüsse auf unsere Werte zu treffen.
Auch hier gilt wie auf jeder Stufe: Sie hat ihre Berechtigung. Solange Mann und Frau sich in dieser Konstellation wirklich wohl fühlen, ist es wohl ihre perfekte Station.

Entwicklungsstufe 4: Kooperation und Gleichgewicht

Auf dieser Stufe ist sich der Mann seiner inneren Anima so weit bewusstgeworden, dass er den Wert ihrer weiblichen Qualitäten im Außen mehr anerkennen kann. Er bewundert die Frau nicht mehr blindlings, benutzt sie nicht mehr schamlos. Er sieht, dass er sie in ihrem Anderssein braucht, um das Leben gut zu meistern. Also ist er bereit, mit ihr zu kooperieren.
Er bringt seine soliden, männlichen Qualitäten mit in die Beziehung ein. Sein Animus ist so weit entwickelt, dass er die von ihm erwarteten Rollen übernehmen kann – Ehemann, Versorger, Beschützer. Er arbeitet hart, verzichtet für die Familie auf vieles. Er nimmt auch in Kauf, dass die Leidenschaft verschwindet. Dafür erschafft er gemeinsam mit seiner Frau ein stabiles Gleichgewicht. Ein Zuhause. Es ist Zeit, zur Ruhe zu kommen.
Auch sie glaubt, auf Grund der vielen, auch gesellschaftlich anerkannten Funktionen, die sie erfüllt, zu wissen, wer sie ist.

Eine gute Ehefrau. Eine Mutter für ihre Kinder. Vielleicht geht sie auch selbst arbeiten. Dennoch erwartet sie, dass der Mann – zumindest energetisch – die Rolle des Beschützers, des Hausherrn einnimmt. Sie ist sich ihres inneren Animus so bewusstgeworden, dass sie den ungesunden, fast ehrfürchtigen Respekt vor Männern verliert. Er weicht einem eher nüchternen Realismus. Sie weiß halt, was man von ihnen erwarten kann. Sie sieht die emotionalen und praktischen Vorteile, mit einem Mann zusammen zu sein, also ist sie bereit, mit ihm zu kooperieren.

Willkommen in der Kleinfamilie. Schauen wir uns zuerst den Gewinn dieser Konstellation an. Sie ist relativ sicher und stabil, denn beide sind auf eine konstruktive Weise voneinander abhängig. Durch die friedliche Kooperation wird der Alltag leichter gemeistert, ein gewisses Maß an Wohlstand kreiert. Mann und Frau halten zusammen. Ein eingespieltes Team, um mit einem komplizierten Universum zurechtzukommen. Warum das in Frage stellen? Die Kräfte des Eros erleben durch diese Form der Beziehung ein gewisses Maß an Verbundenheit. Logos findet eine Plattform, auf der er sich ausruhen und dann erneut zu nicht allzu gefährlichen Abenteuern starten kann. Die Lage ist auch im Hinblick auf die Entwicklung bequem, denn du hast jemanden gefunden, der quasi stellvertretermäßig das lebt, was dir fehlt. In einem klassischen Haushalt lebt er die männlichen, sie die weiblichen Prinzipien. Er »jagt« draußen auf der Arbeit, Geld und Karriere, pflegt das Pferd (in dem Fall das Auto), repariert das Haus, spielt Fußball mit den Jungs, und wenn Strenge in der Erziehung angesagt ist, überlässt sie ihm gern den Part. Sie pflegt dafür die Beziehung, hält den Raum, nährt die Gefühlswelt. Wenn die Kinder bedingungslose Liebe brauchen, wenden sie sich an sie. Das mag furchtbar klischeehaft klingen, doch wir haben so viele Paare dabei beobachtet, dieses Modell zu leben bzw. krampfhaft zu versuchen, es zu etablieren. Warum? Wir haben es so gelernt. Über viele hundert Jahre war die Kleinfamilie *das* Erfolgsmodell.

Warum brechen dann immer mehr dieser scheinbar so idyllischen Konstellationen auseinander? Weil es auch ein Auslaufmodell ist. Es erfüllt seinen Zweck nicht mehr ausreichend. In einer Welt, die sich immer schneller dreht und in der der Anspruch des Einzelnen auf Selbstverwirklichung lauter wird, wirkt diese kleine Zelle plötzlich abgeschottet und starr. Eine Kleinfamilie bietet den Beteiligten, allen voran den Kindern, nicht ausreichend Inspiration und Vielfalt, um zu wachsen. 100 Milliarden Nervenzellen warten in jedem menschlichen Gehirn darauf, befeuert und zur Vernetzung angeregt zu werden. Es jeden Tag denselben Routinen auszusetzen, mag sich beruhigend anfühlen, ist aber de facto eine sträfliche Unterforderung unserer geistigen Kapazität.

Wenn zwei Menschen sich entscheiden, den Hauptteil ihrer menschlichen Lebenszeit nur miteinander, relativ abgekapselt von den anderen zu verbringen, sollten sie genau wissen, was sie da tun. Sie erschaffen zwangsläufig eine sehr eingegrenzte Realitätsblase. Du kannst dies schon auf Facebook beobachten, wenn Menschen nur das liken, was ihre Freunde teilen. Irgendwann bekommst du von anderen Lebensmodellen, Weltsichten, Lösungsansätzen nichts mehr mit. Du schläfst in deiner Blase ein und denkst tatsächlich, das wäre die Welt. Wenn wir Erwachsenen dies tun, ist das eine Sache. Doch es

ist absolut hinterfragenswert, was wir unseren Kids in einer Kleinfamilie zumuten. Unser Gehirn kommt mit einem enormen Überfluss an kreativem Potential zur Welt. Seine Neuroplastizität, seine Fähigkeit, sich durch Erfahrung zu verändern, ist in den ersten 18 Jahren besonders hoch. Es braucht viele leuchtende Vorbilder, Freude, Abwechslung, möglichst viele verschiedene Lebensverarbeitungsansätze. Es mit nur zwei Erwachsenen in eine kleine Betonzelle zu sperren und ihnen jeden Tag dasselbe Schauspiel vorzusetzen, ist eine Beleidigung für seine Kreativität. Kein Wunder, dass ihr Gehirn, das nach Erregung und Herausforderung giert, auf Computerspiele und andere Reizersatzformen zurückgreift.
Doch seien wir Erwachsenen doch mal ehrlich. Wir alle spüren instinktiv, dass etwas fehlt, wenn wir in dieser Kiste landen. Aber wir haben ein Dilemma. Diese Kiste bedeutet Sicherheit und Stabilität! Wenn du einen stressigen Job hast und Kids großziehen musst, bist du froh, wenn du an wenigstens einer Front Ruhe im System hast. Stimmt's? Doch zu welchem Preis? Du opferst deine eigene Entwicklung der Organisation des Alltags. Die Logos-Kräfte sind unterfordert. Sie versuchen, sich in Büchern und Netflix-Serien Futter zu holen. Der Eros zieht sich aus der erotischen Ebene zurück und konzentriert sich auf die mütterliche und die zwischenmenschliche Ebene. Die Spannung zwischen euch lässt nach. Ihr seid vielleicht eine gut geschmierte Funktionseinheit, aber schon lange kein geiles Paar mehr, bei dem es knistert, wenn man sich nur anschaut. Werden Urkräfte unterdrückt, muss dies kompensiert werden: mehr Arbeit, Fernsehen, Essen, Alkohol, Affären, zwanghaftes Putzen …

Es gibt noch einen offensichtlichen Grund, warum du dich nicht mehr auf dieses Modell verlassen solltest. Es ist in Wahrheit ein geniales Konstrukt des Patriarchats. Frauen stärken ihre Anima natürlicherweise in guter, wacher Schwesternschaft. In matriarchalen Kulturen kommen sie deshalb öffentlich in Kreisen zusammen. Sie tauschen sich aus, lernen voneinander, lachen miteinander, helfen sich. Wir wissen aus vielen Gesprächen mit unseren Klientinnen, wie lieblos sich Männer häufig ihren Frauen gegenüber verhalten, wenn niemand dabei ist. In den eigenen vier Wänden blühen destruktive Neurosen, von einfacher Missachtung über Anbrüllen bis hin zu Gewalt.

Um mal einen verschwörerischen Blick darauf zu richten: Wenn du ein Mann wärest, der keinen Bock hätte, sich selbst stark zu entwickeln und du würdest sicherstellen wollen, dass deine »Alte« nicht aufmuckt, was könntest du dann tun? Du könntest sie zum Beispiel aus dem Kreis ihrer Schwestern ziehen und sie so einer ihrer wesentlichen Freude- und Feedbackquellen berauben.

Jetzt mach mit uns einen visionären Sprung. Stell dir vor, du würdest mit 100 bis 200 Menschen zusammen auf einer Lichtung leben. Jede Familie hätte ihr eigenes Haus, aber Türen und Fenster wären die ganze Zeit offen. Alle würden alles sehen und hören können. Was glaubst du, wie lange sich all die kleingeistigen Neurosen zwischen Mann und Frau halten könnten? Stell dir weiter vor, Frauen würden in dieser Konstellation viel Zeit miteinander verbringen und sich stärken. Nicht *gegen* den Mann, sondern *für* das Leben. Was meinst du, wie viel Libido, und damit Lust, aber auch Selbstwert und

Freiheit würde dies freisetzen? Eine in sich abgeschlossene Kleinfamilie entzieht Frauen die Power ihrer Schwestern und bindet ihre Libido in der Einzelanstrengung ihres Alltags. So bekommt *Mann* sie in Griff! Kein Wunder, dass sie im Zeitalter der dritten feministischen Welle keinen Bock mehr auf diesen Käfig haben.

Aber auch für die Männer ist der Preis hoch. Zu allererst: Ihr Logos stagniert in seiner Entfaltung. Er wird so nicht genug gefordert. Zweitens: Wenn du die wichtigste und vielleicht einzige männliche Bezugsperson für deine Frau bist, wird sie alle ihre inneren Animus-Aspekte auf dich projizieren und von dir erwarten, dass du Geliebter, Krieger, Retter, Weiser, Bruder, Vater in einem bist. Das hält auf Dauer kein Mann aus. Entweder er versucht, ihren Ansprüchen gerecht zu werden, und mutiert zu ihrem Hampelmann, oder er hat die Schnauze so voll, dass er dichtmacht. Männer haben in der Kleinfamilie die Fähigkeit entwickelt, körperlich anwesend zu sein und sich innerlich dennoch vollständig zu verpissen.

Falls bei dir nun der Eindruck entstanden ist, wir plädierten für eine Kommune, wo es jeder mit jedem treibt: Nein. ;-) Wir leben selbst monogam und genießen unsere Zweisamkeit sehr. Doch wir wissen auch, wie extrem wichtig es für uns beide ist, viel in Kontakt mit anderen Menschen zu stehen und mit ihnen unser Leben auf verschiedenen Ebenen zu teilen. Wir sagen manchmal im Scherz: Wenn wir zwei extrem dominante Typen nur mit uns allein auf einer Insel wären, gäbe es nur zwei Alternativen: (a) Wir halten die Klappe und werden Heilige. (b) Einer erschlägt im Frust den anderen und frisst ihn auf.

Als unsere Tochter Leona noch klein war, verbrachten wir sehr viel Zeit in verschiedenen Gruppenkonstellationen. Sei es auf Seminaren oder Reisen. Wir haben immer darauf geachtet, dass Leona freien Zugang zu anderen Kindern und Erwachsenen hat und selbst wählen kann, wie viel Zeit sie mit uns verbringen möchte. Andrea und ich teilen unsere Liebe mit sehr vielen Menschen, und gleichzeitig behalten wir uns eine besondere Form nur für uns vor. Wir brauchen beides. Den kreativen Reichtum vieler Beziehungen und die Intimität der einen, besonderen Verbindung. Für uns ist dies seit langem die angemessene Form. Doch wir glauben, heute muss jeder und jedes Paar sich mutig und wach auf die Suche nach der passenden Struktur der Beziehung begeben. Die meisten Partnerschaften brechen nicht auseinander, weil die Menschen sich nicht lieben, sondern weil sie zu lange an altbekannten Regeln festhalten, bis die Liebe keine Luft zum Atmen mehr bekommt.
Schauen wir uns auf der nächsten Stufe an, wie der Befreiungsschlag der Liebe aussehen kann.

Entwicklungsstufe 5: Chaos und Freiheit

Dreimal darfst du raten, welches Geschlecht überdurchschnittlich häufig als Erstes aus Stufe 4 ausbricht?
Die Frau.
Warum sie? Zum einen, weil die Kleinfamilie nur scheinbar ein Gleichgewicht war. Genau untersucht, stellen wir fest: Es ist ein System, bei dem meist Frauen den Kürzeren ziehen. Und bevor die Männer jetzt aufschreien: Wir wollen hier nicht all das Generve, die Vorwürfe, die Missverständnisse ge-

geneinander aufrechnen, die Mann und Frau sich auf Stufe 4 neben all der Kuscheligkeit auch antun. Wir reden von Fragen wie:

- *Wer hat immer noch überdurchschnittlich häufig die ökonomische Power?*
- *Wer maßt sich immer noch viel zu oft sexuelle Grobheiten und Übergriffigkeiten an?*
- *Wer entzieht sich dem bewussten Gestalten einer Beziehungskultur, weil er denkt, das der Frau überlassen zu können?*
- *Wem flüstert sein eigener Animus selbstverliebt zu, er wäre ein toller Hecht, auch wenn er – mit ausgebeulter Schlafanzughose und Bartstoppeln Kaffee schlürfend – am Frühstückstisch die BILD-Zeitung liest?*
- *Wer trägt voller Stolz T-Shirts mit der Aufschrift »Ein Mann ohne Bauch ist kein echter Mann«?*

Liebe Männer, es ist Zeit, dass wir aufwachen und uns den Tatsachen stellen: Die Kleinfamilie hat die Norm verdorben und die Messlatte für unsere Stattlichkeit sehr tief rutschen lassen. Wer sein Weibchen »gesichert« hat und sie im Eigenheim beschäftigt hält, braucht sich nicht mehr mit einem eventuell ungünstigen Vergleich auf dem freien Markt auseinanderzusetzen. Die Ehe nährt die Illusion des durchschnittlichen Mannes, er hätte jetzt das Hochplateau seiner Evolution erreicht. Lange ging das gut. Unsere Väter und Großväter haben diesen Trip noch mit echter Überzeugung durchziehen können. Doch dann sind wir hochmütig geworden. Wir sind auf unserem patriarchalen Lorbeerbettchen eingeschlafen und haben einige beunruhigende Vorkommnisse in ihrer Tragweite wohl etwas unterschätzt:

- *Seit Beginn des zwanzigsten Jahrhunderts können Frauen wählen.*
- *Seit 1960 gibt es die Pille. Das heißt, seitdem kann jede Frau frei entscheiden, ob sie schwanger werden möchte oder nicht.*
- *Seit 1977 müssen Frauen ihren Mann nicht mehr um Erlaubnis bitten, wenn sie einer Berufstätigkeit nachgehen wollen.*
- *Kindergärten.*
- *Ganztagesschulen.*
- *Technologische Erleichterungen.*
- *Seit den 1960er-Jahren jede Menge Selbstverwirklichungsimpulse: Fortschritte in der Psychologie, kulturelle Revolution wie der Feminismus oder die Hippie-Bewegung, immer mehr lebende Beispiele für starke, autonome Frauen, …*

Das Resultat haben wir schon angesprochen. Die Libido der Frau wird frei und wendet sich wieder ihrer Weiterentwicklung zu. Ihr innerer Animus koppelt sich von der Projektion auf ihren Partner ab und drängt sie aus der Komfortzone. Die vierte Stufe des Logos ist der Sinn.
So verwundert es nicht, dass der Ausbruch meist mit einer *Sinn*krise beginnt. Vieles kommt zusammen. Im klassischen Fall gehen die Kinder aus dem Haus, und die sich damit radikal reduzierende Mutterrolle hinterlässt ein Vakuum. Oder der Mann dreht in der Midlife-Crisis mit einer 20-Jährigen durch. Plötzlich stehen unangenehme, bohrende Fragen im Raum:

- *Was habe ich die ganze Zeit gemacht? Für wen? Ist meine Rechnung aufgegangen?*
- *Wo war ich in dieser Zeit?*
- *War es das jetzt?*
- *Was fange ich mit der zweiten Hälfte meines Lebens an?*
- *Wohin sind die Träume meiner Kindheit verschwunden?*
- *Wann wurde ich das letzte Mal sexuell auf die Weise berührt, bei der ich mich wirklich gesehen gefühlt habe?*

Wir könnten ewig so fortfahren. Es ist bewegend, den Frauen in dieser Umbruchphase zu begegnen und ihren inneren Kampf wahrzunehmen. Alte Bilder von sich selbst, von Männern, von Beziehung brechen zusammen. Das löst häufig eine immense Traurigkeit aus. Auch das Gefühl, versagt zu haben. Doch da bahnt sich auch eine neue, kühne Kraft in ihr den Weg ans Licht. Ihr Animus wittert seine Chance. Er lässt nicht mehr zu, dass sie Dinge tut, die ihre Würde verletzen. Er schickt ihr Träume von weiten Stränden, jungen Männern, wilden Pferden. Er macht ihr klar, dass sie ihre Pflichtkür geleistet hat, und nun ist sie dran. Diese Verschiebung der inneren Kräfte sorgt auch im Außen für Unruhe und Chaos. Der erblühende Animus lässt sie herber, tougher, intellektueller erscheinen. Männer, die sich an ihr anschmiegsames Weibchen gewöhnt haben, reagieren irritiert, beschweren sich. Sie selbst ist zuerst meist verunsichert von ihrer neuen Kraft. So lange hat sie sich darüber definiert, einen Mann an ihrer Seite zu brauchen. Doch nun, da er in ihr selbst erwacht, fühlt sie sich emotional unabhängiger. Das wiederum ermöglicht ihr, die Beziehung viel nüchterner zu betrachten. Und was sie dabei sieht, mag ihr eventuell nicht gefallen. Die Hormone verschieben sich. Ihre Sexualität verändert sich. Was sie früher erregt hat, lässt sie jetzt kalt. Manchmal weiß sie selbst erst einmal nicht mehr, ob und was sie im Sex will. Sie würde es gern mit ihm zusammen herausfinden, doch was, wenn er am Abend einfach nur müde grunzend neben ihr einpennt? Wohin mit der Kraft?

Sie erlebt sich meist auch finanziell unabhängiger. Muttersein macht Frauen erpressbar. Sie atmen auf, wenn ihre »Babys« sicher und groß das Haus verlassen. Sie selbst ist zäh. Sie kann allein für sich sorgen. Entweder haben sie gemeinsam eine Menge erwirtschaftet, und sie weiß, dass ihr die Hälfte zusteht. Oder sie hat ihr eigenes Einkommen. Oder sie fühlt, dass ihre Zeit jetzt gekommen ist und macht sich selbstständig.

Wer ist sie, wenn sie keinen Mann braucht? Das ist die spannende Frage, und der muss sie nachgehen.

Achtung, Männer, meist beginnt es (scheinbar) harmlos. Zum Beispiel mit einem Buch oder einem Yogakurs. Du denkst: »Prima. Sie geht zur Gymnastik, und ich habe für ein paar Stunden meine Ruhe.« Was du nicht auf dem Schirm hast: Sie hat nun auch Ruhe. Um über heikle Fragen nachzudenken. Und Yoga ist keine Gymnastik. Es ist eine uralte Tradition, die Kräfte des Lebens zu wecken und auszubalancieren. Also kommt sie zurück aus dem Kurs. Ihr Körper vibriert. Sie hat mit ihren Schwestern gesungen und gelacht. Sie würde es so gern mit dir, ihrem Gefährten teilen. Dies ist für ein Paar eine sensible Phase. Der, der zu neuen Ufern aufbricht, möchte seinen Partner meist mitnehmen. Doch die Veränderung wird leider häufig nicht willkommen geheißen. Sie bringt Unruhe in etablierte Systeme. Sie fordert dich heraus, neu zu denken, mehr zu fühlen, dir selbst unbequeme Fragen zu stellen. Auf der Ebene des Gehirns sprechen wir von einer Störung der Kohärenz. Das Gehirn liebt es, wenn alles immer so weiterläuft. Dann spart es nämlich Energie. Es empfindet die Veränderung als anstrengend. Das Beziehungssystem kommt ins Stolpern. Die alten Rollen funktionieren nicht mehr. Jetzt wäre die Zeit, sich aufmerksamer zuzuhören, sich selbst und dem anderen die Veränderungsprozesse ausführlich zu erklären. Menschen können sehr wohl äußere Strukturen ihrer Partnerschaft gehen lassen, wenn ihre innere Verbindung zueinander deutlich spürbar ist. Deshalb wäre es gerade in diesen Übergangsphasen, wenn ein Element des Systems zu neuen Ufern aufbricht, besonders wichtig, die geistige und herzliche Nähe zu pflegen.

Doch wir haben leider wieder und wieder bei unseren Klienten erlebt, wie Menschen mit Ignoranz oder Widerstand auf die Veränderungsprozesse im Partner, im Kind oder einem Kollegen reagieren.

Also, Männer, glaubt uns. Es funktioniert nicht, die (R)Evolution eurer Frauen einfach nur stur auszusitzen. Denn sie ist ein Spiegelbild deines bevorstehenden Aufbruchs. Es ist in Wahrheit deine innere Anima, die nach mehr Sichtbarkeit ruft. Die für dich anstehenden Herausforderungen der kommenden Jahre wirst du gut meistern und sanft überstehen, wenn du sie freiwillig annimmst und nicht wegschaust. Wenn du beginnst, die Qualitäten, die du bis jetzt Frauen zugeschrieben hast – Emotionalität, Intuition, Liebe, Milde, Beziehungspflege –, in dir zu begrüßen.

Beide – Mann und Frau – müssen sich auf dieser Stufe ihrem Schatten stellen. Der erstarkende Animus der Frau bringt sie, vielleicht zum ersten Mal, so radikal dazu, gründlich nachzudenken. Zu welchem Preis ist sie in ihrem Leben Kompromisse eingegangen, und wie soll es von hier aus weitergehen? Bis jetzt hatte Eros die Führung und hat sie in all ihren Beziehungen nach der Verbindung und nach Liebe suchen lassen. Nun meldet sich mit Macht die Frage des Logos: »Wer bin ich?« Ja, sie ist wahrscheinlich begehrt und bewundert worden. Man hat ihr gesagt, dass sie für das, was sie gibt, geliebt wird. Doch jetzt reicht dies nicht mehr.

Logos will nicht geliebt werden. Logos will nicht unter allen Umständen in Verbindung sein. Er will die Grenzen sprengen und die Wahrheit erkennen. Dafür muss sich die Frau ihrer größten Herausforderin stellen – der Angst, allein zu sein. Das Leben hat sie nun zielsicher an die existentielle Weggabelung ihres Lebens gebracht. Bleibt sie dem Ruf treu mit dem Risiko, die Verbindung zu verlieren? Oder hält sie unter allen Umständen an der Verbindung fest mit dem Risiko, den Ruf für immer aufzugeben?

Auch an Männer geht in dieser Phase ein dringender Weckruf. Sie haben meist tapfer ihren Mann (Animus) gestanden. Sie haben das abgeliefert, was die Gesellschaft über tausende Jahre von ihnen erwartete. Doch nun geht die Rechnung plötzlich nicht mehr auf. Bis jetzt konnten sie sich darauf verlassen, dass die Frau an ihrer Seite ihr Defizit an nährenden und verbindenden Qualitäten ausgleicht. Doch jetzt spielt ihre weibliche »Hälfte« da draußen nicht mehr mit. Sie stellt neue Ansprüche, probiert sich aus, fühlt sich anders, nicht mehr so

»handsome« an. Zeitgleich beginnt die eigene innere Anima zu rufen. Männer schauen auf ihr Leben – nicht mehr nur nach vorn, auch zurück. Sie haben funktioniert, doch zu welchem Preis? Immer haben sie um *Respekt* gekämpft, den ihres Vaters, ihrer Frau, der Kinder, des Chefs. Doch was ist mit der *Liebe*? Männer haben es nicht leicht auf dieser Stufe.

Ihre erstarkende Anima stellt sie vor ihre größte Herausforderung – die Bereitschaft, Schwäche und Scham zuzulassen.

Die »Schwäche«, Gefühle zu zeigen, verletzbar zu sein. Die Ohnmacht, anerkennen zu müssen, dass sie nicht alles wissen. Dass manche ihrer großartigen Pläne nicht aufgegangen sind. Die Scham, sich nach Liebe zu sehnen und nicht zu wissen, wie das geht.

Sehr wahrscheinlich ist diese Stufe für den Mann sogar schwieriger zu nehmen. Über mehrere Jahrtausende hat er erfahren, dass Anima-Qualitäten in der Gesellschaft eher geringschätzt wurden. Er hat das stärkere Geschlecht repräsentiert. Plötzlich soll all das, worin er geschult und bestätigt wurde, nicht mehr zählen? Er soll selbst weibliche (= »schwächere«) Qualitäten entwickeln? Vielleicht nicht rational, aber unterbewusst müssen dies viele Männer zuerst als »Abstieg« empfinden, nicht wie die Frauen als Befreiungsschlag. Er muss seinen Stolz überwinden, um über diese Schwelle zu kommen. Aber auch seine Angst vor dem Ominösen. Denn wir dürfen nicht vergessen, dass der innere Animus der Frau sie mit einem ganz anderen Geschmack erwartet als ihn seine innere Anima. Ihr Animus bringt mehr Klarheit, präzises Unterscheidungsvermögen, System, Richtung in ihr Leben. Seine Anima wirkt – das ist ihre Natur – diffuser, dunkler. Sie zieht ihn nach innen und konfrontiert ihn mit der Komplexität seiner Psyche, die er lange unterdrückt hat, um gut funktionieren zu können. Er wird mit Gefühlsschichten konfrontiert, die er nicht kennt. Mit Ahnungen, Stimmungen, Paradoxien. Auch wenn dieser Weg ihn letztendlich nach Hause und in die Ganzheit führt: Zuerst wird es sich komplizierter, irritierender, verletzbarer anfühlen.

Sie werden beide in dieser Phase aufwachen und peinlich erkennen, dass sie sich lange Zeit einfach nur benutzt haben. Wie Krücken haben sie sich aneinandergelehnt, um zu kaschieren, was ihnen fehlt. Sie werden zurückschauen und vieles, was sie als Liebe bezeichneten, nun ernüchtert als Kompromisse erkennen. Diese Erkenntnisse können weh tun, aber sie befreien auch.

Es ist wundervoll und so wertvoll, wenn es einem Paar gelingt, in dieser Phase miteinander in engem Austausch zu bleiben. Es wird holpern. Die Rollen greifen nicht mehr ineinander. Die Abhängigkeiten – emotional, geistig, aber auch oft finanziell – lösen sich auf. Bringt ihr euch jetzt echte Wertschätzung entgegen, auch wenn ihr euch nicht mehr braucht? Seid ihr bereit, euch jetzt mehr denn je offen zuzuhören? Damit vielleicht, hoffentlich auf dem Nährboden dieses Chaos, eine tiefere Liebe füreinander reifen kann?

Wir können selbstverständlich nicht für jeden Menschen sprechen, doch nach unserer Erfahrung sind Frauen sehr daran interessiert, diese Phase gemeinsam zu meistern. Es sind häufig die Männer, die sich querstellen. Zuerst unterschätzen sie die Dringlichkeit ihres Aufbruchs. »Ach ja, sie mit ihren verrückten Ideen. Sie kriegt sich schon wieder ein.« Mann, glaub mir, du willst nicht wirklich, dass sie sich wieder einkriegt. Denn wenn sie diesen Turn verpasst, ist die Wahrscheinlichkeit groß, dass sie für dieses Leben resigniert. Ihr nicht zum Zug gekommener Animus wird sich an dir und eurer Beziehung rächen. Anstatt kühn und lustvoll in die Freiheit zu streben, wird er sich in einen mürrischen, meckernden Geist verwandeln. Sicher kennst du auch Beispiele für diese älteren, verbitterten Frauen, deren Lieblingsthema die Schwächen ihres Mannes sind. Sie machen ihn für die unerfüllte Beziehung verantwortlich und lassen ihn büßen. Doch tatsächlich ist ihre Seele todtraurig über die verpasste Chance, alles zu geben. Wenn es ernst wird und sie sich erhebt, belächle sie nicht. Bekämpfe sie nicht. Sie sucht ihren Weg in die Freiheit. Höre ihr zu. Gib ihr Raum. Lass dich auf dich zurückwerfen. Wenn dir dies gelingt und du im Feuer dieser Stufe stehenbleibst, wird dir diese Frau etwas schenken, was du eventuell noch nie erfahren hast – ihre innere Königin.

Frau, du kannst es ihm erleichtern, indem du ihm freundschaftlich klarmachst, dass die Zeit des Meckerns und Wartens von deiner Seite aus vorbei ist. Dass du dem Leben folgen musst. Mach ihm klar, dass du es sehr schätzen würdest, mit ihm gemeinsam weiterzureifen, aber zieh nicht an ihm. Wenn er anders reagiert, als du es dir wünscht, fühle deinen Schmerz, aber verzichte auf Vorwurf und Verachtung. Er gibt genau wie du sein Bestes. Versteh seine Krise. Er wurde sein Leben lang darauf trainiert, auf eine bestimmte Art zu wirken, und nun ist dies alles in Frage gestellt. Hör ihm zu, *ohne* ihn verändern zu wollen. Denn sosehr du glaubst zu wissen, was er jetzt braucht – er muss diesen nächsten Schritt selbst herausfinden und gehen. Das mag eine extrem starke Herausforderung für dich werden: Wenn du ihn wirklich liebst, nimm deine Finger aus seinem Getriebe. Verbiete dir, ihn retten oder verbessern oder belehren zu wollen. Glaub uns, dies empfinden 99 Prozent aller Männer einfach nur als ätzend und hochgradig unsexy. Anstatt sich freiwillig ihrer Entwicklung zu stellen, sind sie nun damit beschäftigt, sich gegen deine Einmischung zu wehren.

Wie gesagt: Was für ein Geschenk, wenn zwei es schaffen, in diesen stürmischen Zeiten respektvoll in Kontakt zu bleiben und die geistige Nähe zu hüten. Die Realität sieht leider manchmal anders aus. Der, der zuerst aufbricht, wird von dem anderen bekämpft, bis er entweder klein beigibt, oder die Beziehung zerbricht. Dann ist die Ent-Täuschung natürlich auf beiden Seiten groß. Wofür haben Mann und Frau denn all die Jahre in die Beziehung eingezahlt?

Männer gehen sehr verschieden mit dieser Niederlage um. Viele regredieren aus Trotz auf die Stufe 4, verlieben sich in eine 20 Jahre jüngere Frau und versuchen sich so zu beweisen, dass mit ihnen alles in Ordnung ist. Bis auch diese Frau in Phase 5 kommt und er wieder vor derselben Aufgabe steht. Andere Männer fallen regelrecht in sich zusammen. Sie haben nicht gelernt, gut für sich da zu sein. Ihre autonome Anima sucht sie mit Wehleidigkeit und Sorgen heim.

Für Frauen beginnt nach so einer Trennung oft ein zweites Leben als selbstbewusster Single. Viele gründen noch einmal ein Business, reisen durch die Welt, besuchen Workshops. Sie genießen ihre neue Freiheit. Es bleibt, wenn du mit ihnen in einer stillen und ehrlichen Stunde sprichst, eine leise Trauer um die verpasste Chance und die Sehnsucht, all diese wunderbaren Abenteuer mit einem Gefährten zu teilen. Aber es ist schwieriger für sie, einen passenden Partner zu finden. Ihr innerer Animus schenkt ihr so viel Unabhängigkeit, dass sie nicht mehr zu den alten Kompromissen bereit ist. Sie hat keinen Bock mehr, sich dumm zu stellen, billig zu verführen, Orgasmen vorzutäuschen oder höflich über hohle Witze zu lachen.

Sie will alles. Ihr Animus will einen Partner, der sich sanft hingeben kann, ihre Anima einen, der weiß, was er will und führen kann. Du ahnst es sicher schon: Es gibt eine Menge Singles in dieser Phase. Wenn du den anderen nicht mehr brauchst, steigt die Messlatte deines Anspruches nach oben. Die Luft wird dünner. Lieber nimmst du dir ab und zu einen Liebhaber[18] und bleibst ansonsten allein. Der Weg in die alte, kleine Box ist versperrt. Viele Frauen wenden sich interessanterweise nun auch neugierig ihrem eigenen Geschlecht zu. Da jetzt auch ihr Animus aktiv ist, kann es zu neu gemischten Anziehungskräften kommen. Außerdem fühlen sie sich durch andere Frauen häufig besser verstanden.

Es wäre interessant, Statistiken darüber zu lesen. Wir glauben, es gibt auf dieser Stufe aktuell mehr reife Frauen als Männer. Diese tun sich aus oben genannten Gründen mit dieser Phase schwerer. Entweder sie regredieren trotzig und legen sich eine junge Geliebte plus Ferrari zu. Oder sie durchwandern erst einmal tiefe Selbstfindungskrisen, die ernsthaft-würdevolle,

18 Das darf dann auch mal ein unreifer Junge von Stufe 2 sein, mit dem du einfach etwas spielen kannst.

aber auch skurril-amüsante Erscheinungsformen annehmen können.

Wenn Männer in Workshops versuchen, nun die besseren Frauen zu werden, sich in den Armen liegen und bei jeder Gelegenheit losheulen, kommt bei mir (Veit) immer eine leise Unruhe auf. Wir dürfen und müssen unseren eigenen Weg finden, unsere Anima zu integrieren. Wir lernen, auf vielen Ebenen neu für uns selbst zu sorgen. Wir entdecken unsere zarte, bisweilen sentimentale Seite. Die Frage nach dem Sinn unseres Lebens erwischt uns auf einer tieferen Seelenetage als bisher. Wenn ein Mann alleinsteht – ohne jegliche Anerkennung durch Frauen oder seine Kinder – was zählt dann noch sein Lebenswerk? Woran misst er seinen Wert?

Viele Männer, die bis dahin eher als einsame Wölfe unterwegs waren, suchen in diesen Tagen eine neue Form der Bruderschaft. Ihnen reicht es nicht mehr aus, mit dem Kumpel ein Bier zu trinken und dabei Fußball zu schauen. Wir sind – endlich! – bereit auszupacken, was uns bewegt und sind selbst erstaunt, was da alles an die Oberfläche steigt.

Selbst wenn du diese Phase als Single durchschreitest, empfehlen wir dir, im wachen Austausch mit dem anderen Geschlecht zu bleiben. Das wird dir helfen, deinen inneren Gegenpol organisch zu integrieren. Männer ohne weibliche Spiegel tendieren entweder dazu zu verhärten oder melodramatisch zu verweichlichen. Frauen ohne einen wachen männlichen Gesprächspartner entwickeln in dieser Phase manchmal einen Animus-Überschuss. Sie werden herrschsüchtig und legen ein übertriebenes Selbstbewusstsein an den Tag. Gefördert durch das einseitige Feedback ihrer Freundinnen (meist in ähnlicher

Situation) wird eine unangenehme Arroganz kultiviert (Tenor: »Ich bin weiterentwickelt als die meisten Männer, spirituell advanced, sehr schlau und obendrein genau so, wie ich bin, supersexy. Wer das nicht sieht, hat Pech gehabt!«). Diese Lücke zwischen Selbst- und Außenwahrnehmung fördert eher die Isolation.

Nicht ohne Grund haben wir dieser Stufe so viel Raum gegeben. Wir sehen nicht nur viele Männer und Frauen, sondern auch unsere Gesellschaft mitten in diesen Turbulenzen der sich aufbäumenden unterdrückten Archetypen. Eine manchmal frustrierende, aber vor allem aufregende Zeit. Die Karten werden völlig neu gemischt. Übrigens betrifft dies nicht nur ältere Erwachsene in der Midlife-Crisis. Viele junge Menschen starten bereits mit diesen Fragen in ihr Beziehungsleben, überspringen quasi die klassischen Entwicklungsklassen und starten bereits im kreativen Chaos. Hetero-, homo-, bi …, monogam, polyamor … so viel wird ausprobiert. So viele verschiedene Variationen. Doch wenn du einen Schritt zurücktrittst, siehst du: Es sind immer Eros und Logos, Anima und Animus, die in dir und deinen Partnerschaften um eine möglichst bewusste Balance ringen.

Wenn wir also bis hierher den Mut gefunden haben bzw. dazu gezwungen wurden, die alten Regeln über Bord zu werfen, wie könnte es denn von hier aus weitergehen? Wenn wir aus all den Missverständnissen zwischen Frau und Mann radikal aufgewacht sind, innegehalten und den Frust verarbeitet haben, gibt es denn eine bessere Alternative? Lautet diese *Feminismus*? Oder *Maskulinimus*? Oder ist es Zeit, uns konsequent von allen *Ismen* zu verabschieden, uns die bisherige, gemeinsam kreierte Geschichte zu vergeben und auf einem höheren Level an Wachheit neu anzufangen?

Entwicklungsstufe 6: Ko-Kreation – der bewusste Tanz

Bevor nach den letzten Sätzen des vorherigen Abschnitts ein Sturm der Empörung über uns hereinbricht: Wir sehen ohne jeden Zweifel den unschätzbaren Wert, den der Feminismus nicht nur den Frauen, sondern uns allen gebracht hat. Wir verneigen uns vor den Mutigen, die ihre Stimme auch heute noch zum Teil unter Todesgefahr für die Rechte der Frau und letztendlich für unser aller Gleichberechtigung erheben. Es war und ist dringend notwendig, uns alle dafür einzusetzen, dass die Ideale der Chancengleichheit für alle Menschen das Ende von Sexismus und Rassismus weltweit in allen Bereichen der Gesellschaft selbstverständlich Wirklichkeit wird. Davon sind wir, da sind wir uns sicher alle einig, noch weit entfernt. Wir dürfen nicht aufhören, jegliche gesellschaftliche Rollenkonditionierung, jede wirtschaftliche Unfairness, jede Form der Unterdrückung aufzudecken und aufzulösen. Wir sehen die bisherigen drei Wellen des Feminismus als bedeutsame Katalysatoren für unsere geistig-moralisch-ethische Evolution.

Hier kommen unsere drei *Aber*[19].

Das erste Aber. Wir sind keine Politiker, Geschichtsforscher oder Sozialwissenschaftler. Aber wir haben uns in unserer Arbeit intensiv mit einigen existentiellen Themen auseinandergesetzt, zum Beispiel mit der Frage:

Wie entsteht eigentlich die Realität, die wir Menschen wahrnehmen und an der wir manchmal so leiden?

Wir können diese Frage integral, aus mindestens vier Perspektiven heraus beantworten, und jede liefert eine berechtigte Antwort. Ich kann mir objektiv die äußeren Bedingungen eines Systems anschauen, zum Beispiel seine Gesetze und Regeln, und dann beweisen, welche davon Leid verursachen. Wir können objektiv die inneren Bedingungen analysieren (zum Beispiel den Aufbau eines menschlichen Gehirns) und können erklären, welche Neurotransmitter leidvolle Erfahrungen induzieren. Wir können uns ein System (zum Beispiel eine Partnerschaft) von außen und subjektiv anschauen und zu dem Schluss kommen: Weil diese Menschen auf diese Weise miteinander kommunizieren, entsteht Leid. Oder – und das ist unser Spezialgebiet – wir können das Thema sehr detailliert von einem inneren, subjektiven Standpunkt erforschen.

Dann wird schnell klar: Es gibt nicht die *eine* Wirklichkeit. Wir erschaffen sie in jedem Augenblick neu. Eines der machtvollsten Werkzeuge dafür ist das *Wort*. Jedes einzelne Wort, das wir denken und aussprechen, induziert eine Trance. Das heißt, es färbt unsere Wahrnehmung der Wirklichkeit. Ein einfaches

19 Wir handeln uns damit zumindest mit unserer Tochter, einer überzeugten Feministin, ganz sicher hitzige Diskussionen ein.

Beispiel: Ob ein Mensch in seinem inneren Monolog häufig das Wort »muss« verwendet (»Ich *muss* zur Arbeit«, »Ich *muss* noch die Kinder abholen«) oder »möchte« (»Ich *möchte* zur Arbeit«, »Ich *möchte* noch die Kinder abholen«), bewirkt auf Dauer einen fühlbaren Unterschied mit auch messbar anderen Ergebnissen. Der eine erschafft eine Welt der *Pflicht*, der andere eine der *Möglichkeiten*. Was hat das mit Feminismus zu tun? Vielleicht ahnst du es schon. Feminismus ist eben nicht nur ein Wort. Abgesehen davon, dass sich Feministinnen und Feministen untereinander nicht einig sind, was es bedeutet, es schließt bereits in seinem Wortstamm eine Hälfte der Bevölkerung aus. Natürlich kann ich mir als Mann (Veit) die Mühe machen und recherchieren, was es denn eigentlich bedeutet. Bei Wikipedia lese ich dann: »Feminismus (abgeleitet von lateinisch femina: Frau) bezeichnet sowohl eine akademische als auch eine soziale Bewegung, die für Gleichberechtigung, Menschenwürde, die Selbstbestimmung von Frauen sowie gegen Sexismus eintritt.« Dafür bin ich auch. Also bin ich ein Feminist. Gern. Nichts dagegen. Aber ich will noch viel mehr. Ich trete auch für die Selbstbestimmung des Mannes ein und vor allem für ein Erwachen beider Geschlechter aus der Illusion der Polarität, und das alles finden viele Männer nicht in dem Wort Feminismus wieder.

Unser zweites Aber richtet sich gegen die im Feminismus oft mitschwingende Opferperspektive. Wir übertreiben jetzt einmal bewusst: *Der böse, mächtige Mann hat die arme, machtlose Frau unterdrückt, und deshalb* … Bitte lies unsere folgenden Worte sehr aufmerksam, denn wir wünschen uns, richtig verstanden zu werden. Es gibt eine situationsbedingte und eine

Metaebene, das Thema zu betrachten. Beleidigung, Missbrauch, Unterdrückung ist in keiner Situation zu rechtfertigen. Egal, ob es einem Mädchen oder einem Jungen, einer Frau oder einem Mann passiert. Wenn ein Mensch sich in einer solchen Situation nicht wehren kann, ist er ein Opfer. Wenn ein Mensch Gewalt – sei es körperliche, emotionale oder auch wirtschaftliche Gewalt – einsetzt, ist er ein Täter. Punkt. Wir Menschen haben uns schreckliche Dinge zugefügt und tun es immer noch. Das muss aufhören. Doch das wird es nicht, wenn wir weiter durch Sprache und Vorwurfshaltungen Fronten aufbauen. Wenn wir es uns zu einfach machen und für den gegenwärtigen Zustand der menschlichen Art nur eines der beiden Geschlechter zur Verantwortung ziehen. Es war und es ist eine Ko-Kreation von Mann *und* Frau. Bis jetzt zugegebenermaßen auf einem sehr unbewussten, primitiven Level. Wenn wir etwas wirklich Neues miteinander erschaffen wollen, müssen die Schwarz-Weiß-Malereien und einseitigen Schuldzuweisungen aufhören. Wir haben uns gemeinsam in das Schlamassel geritten.

Wir verzichten an dieser Stelle bewusst darauf, detailliert aufzulisten, wo und wie Mädchen und Frauen in unserer Gesellschaft ohne jede Frage Opfer von Männern sind. Darüber ist in den letzten Jahren ausgiebig geschrieben worden. So viel, dass sich mittlerweile viele Männer tatsächlich als das schlechtere Geschlecht fühlen.

Jegliche Form von Respektlosigkeit einer Frau gegenüber ist FALSCH! Sexismus, Unterdrückung, Gewalt oder auch nur die Androhung davon sind FALSCH! Doch um uns auf die Stufe 6, die bewusste Ko-Kreation zu bewegen, brauchen wir eine ausgewogenere Sicht auf die Dinge. Für dein Gehirn ist es erst einmal wesentlich energiesparender, dein Leben aus der Opferperspektive heraus zu betrachten und sich noch ein paar Freunde oder Freundinnen zu suchen, die dies bestätigen. Aber mit welchem Effekt? Erstens erschaffst du so wieder und wieder Feindbilder, und die Menschengruppen, auf die du sie projizierst, werden sich wehren. Zweitens wirst du so nie herausfinden, wie mächtig du eigentlich bist.

Frauen sind durch die Jahrtausende hinweg nicht nur Opfer gewesen, sondern auch Täterinnen. Sie haben aus ihrer Unbewusstheit heraus Männer benutzt, manipuliert, gegeneinander aufgestachelt. Sie haben sie auch emotional, körperlich (die Statistiken dazu sind erstaunlich!) oder wirtschaftlich missbraucht. Sie haben in unzähligen Situationen geschwiegen und die Macht, die sie offenkundig in ihren Familien haben, nicht für gute Veränderungen eingesetzt. Sie fallen ihren Schwestern in den Rücken, in dem sie über sie lästern oder ihre Männer verführen. Sie haben all die Kriege auf unserem Planeten nicht nur toleriert, sondern oft im Hintergrund eine treibende Rolle gespielt. Sie haben Milliarden von Söhnen zu den Männern erzogen, die sie später selbst verachteten. Sie treiben Männer durch eine chronische Haltung von Vorwurf und Arroganz auf »die andere Seite«, anstatt ihnen Lust auf Ko-Kreation zu machen.

Männer sind nicht nur Täter, sondern auch Opfer. Sie wurden über Jahrtausende von Müttern und Vätern darauf trainiert, den Job zu leisten, den die Gesellschaft von ihnen erwartete. Ihnen wurde beigebracht, Gefühle zu unterdrücken, um besser funktionieren zu können. Ihr Job war es primär, zu leisten und nicht zu lieben. Dieses Manko wird ihnen nun vorgeworfen. Männer haben nach wie vor eine wesentlich geringere Lebenserwartung als Frauen. Sie sind wie Maschinen in die Fabriken und Kriege gezogen. Nicht nur zum Spaß, sondern auch und primär für ihre Familien. Sie haben furchtbare Dinge erlebt und sie weggesteckt, um weiter funktionieren zu können. Hörst du als Frau den Männern in deiner Umgebung manchmal in Ruhe zu? Gibst du ihnen die Chance, sich in ihrem Tempo zu öffnen und auszupacken, oder erstickst du ihre ersten Versuche, sich zu artikulieren, mit penetrant voreiligen Ratschlägen? Das Zuhören würde sich lohnen und sicher einiges verändern. Du würdest etwas über das Gift lernen, was vielen kleinen Jungs bereits früh in Bezug auf ihr Mannsein eingeträufelt wurde (»Werd auf gar keinen Fall wie dein Vater!«). Über den emotionalen Missbrauch durch die »Liebe« einer nicht erfüllten Frau. Der Mann könnte dir etwas darüber erzählen, wie gefährlich es für ihn in der Schule war zu weinen. Über die stumme Ohnmacht, die er empfindet, wenn die Opfer, die er für die Familie bringt, nicht gesehen werden. Oder den fürchterlichen Schmerz, nach einer Scheidung seine Kinder nur noch selten zu sehen.

Nein, wir nehmen die Männer nicht in Schutz. Wir wollen nur die alten Opfer-Täter-Geschichten vom Tisch wischen.

Lass uns gemeinsam den Schmerz der vergangenen Missverständnisse fühlen. Lass uns gemeinsam nach unserer Verantwortung suchen. Lass uns gemeinsam vergeben. Und vor allem, lass uns gemeinsam neu beginnen. Nicht als Opfer. Nicht als Täter. Sondern als Menschen, die begreifen, dass sie vereint etwas wirklich Neues erschaffen können.

Unser drittes und letztes Aber richtet sich gegen jeden Ismus. Hinter jedem Ismus steht eine Ideologie, die uns vorschreiben will, wie wir die Dinge sehen sollten. Auch wenn es sich vertraut und bequem anfühlt zu glauben, wir hätten die Welt verstanden und wüssten jetzt genau, was richtig und falsch, was oben und unten ist … Wir können uns keinen Ismus mehr leisten. Er bremst unsere Fähigkeit, wach und agil auf die Herausforderungen der Gegenwart zu reagieren, enorm aus. Er lässt uns in durch andere bequem vorgefertigten Boxen, anstatt in selbsteroberten Freiräumen denken. Außerdem grenzt jeder Ismus immer auch Menschen vom Spiel aus, nämlich die, die gerade einem anderen Ismus huldigen. Doch die Welt ist dafür zu klein geworden. Wir müssen das größere Bild sehen. Wir sind – ob wir wollen oder nicht – mit jedem Menschen auf diesem Planeten verbunden. Wir sitzen, ob wir wollen oder nicht, alle miteinander in einem kleinen blaugrünen Boot, welches in einem kostbaren und fragilen Gleichgewicht durch die unermesslichen Weiten des Alls reist. Wir werden die Zukunft entweder mit unseren starren Ismen abfucken oder uns für eine völlig neue Beziehungsebene öffnen – die bewusste Ko-Kreation.

Ko-Kreation ist deine Fähigkeit, dein kleines antagonistisches Ich zu entspannen und dich mit deiner Essenz, deiner freiesten Version zu verbinden. Von hier aus kannst du das innere Wesen anderer Menschen, aber auch die Natur und den Kosmos spüren. Du kommst hier nicht mehr mit anderen zusammen, um recht zu haben, sondern um ein gemeinsames Resonanzfeld zu erschaffen und eure schöpferische Intelligenz in einem höheren Anliegen zu vereinen.

Ko-Kreation löst Kooperation und Konkurrenz ab. Ko-Kreation ist die Zukunft der Menschheit.

Wir sehen die Bedeutung und den Wert der feministischen und auch der maskulinistischen Bewegung. Wir ordnen sie als wichtige Befreiungs- und Selbstfindungsideologien der Stufe 5 zu. Beide – Frauen und Männer – müssen aus den alten Erwartungsmauern ausbrechen und sich neu entdecken. Doch jede Revolution zieht einen Teil ihrer Schubkraft aus der Abstoßung vom Alten. Wie eine Rakete, die ihren Feuerstrahl gegen die Startplattform schleudert, um sich aus der Erdanziehung zu katapultieren. Und was dann? Jetzt sollte sie wissen, wohin sie will.

Eine Frau schafft es nur auf Stufe 6, wenn sie bereit ist, Männern zu vergeben. Solange sie ihnen grollt oder sie verachtet, kann sie ihren Animus nicht liebevoll willkommen heißen. Er wird sich autonom, also verzerrt äußern. Wenn sie das Schattenspiel durchschaut, das sie sich bis hierher mit ihren Partnern geliefert hat, wird sie den Kampf der gesamten Menschheit verstehen. Wenn sie in sich Frieden findet, wird sie der Welt Frieden bringen. In Phase 6 reift der innere Animus der Frau gut integriert ans Tageslicht. Ihr Eros *und* ihr Logos sind nun im Bewusstsein. Liebe und Logik sind keine Widersprüche mehr. Ihre Pole bekämpfen sich nicht mehr, sondern ko-kreieren miteinander. Das verschafft der Frau eine völlig neue Form von Freiheit und Wirksamkeit. Flexibel bedient sie sich aller Qualitäten, je nachdem, was die Situation erfordert. Mal ist sie zart, hingegeben, verführerisch, dann wieder messerscharf und tough. Während alleinstehende Frauen auf Stufe 5 manchmal zu einer geschlechtsneutralen bis herben

Ausstrahlung neigen, genießt sie es hier wieder, mit ihren weiblichen Reizen zu spielen. Allerdings dezenter und würdevoller. Schönheit bekommt hier eine völlig neue Dimension. Während Frauen ihre Schönheit bis zu Stufe 5 hauptsächlich über die äußere Anerkennung definieren[20], ruht sie hier in sich. Ihr eigener wacher Animus befreit sie von den gesellschaftlichen Trancen, nach denen wir uns bewerten, und befreit so ihren natürlichen Eros von jeder falschen Projektion. Anstatt sich ständig von außen nach innen zu beurteilen, strahlt ihre natürliche Schönheit von innen nach außen und umgibt sie mit dem sinnlich-edlen Charisma einer echten Königin. Sie lässt sich nicht mehr einordnen und kann es selbst nicht mehr. Damit kommen nur noch starke Menschen klar. Von denen wird sie geliebt *und* respektiert. Für die anderen erscheint sie seltsam, faszinierend bis bedrohlich. Die Königin ist manchmal allein, doch niemals einsam. Denn sie verfügt in sich über den Zugang zum gesamten Kosmos. Sie findet Ruhe in sich. Sie will nicht mehr herrschen, doch das Leben wird sie benutzen, um natürlich zu führen.

Ein Mann schafft es nur auf Stufe 6, wenn er lernt zu lieben. Damit ist nicht das Begehren einer Frau gemeint, auch nicht der Stolz auf sich selbst, wenn er etwas geleistet hat. Liebe ist auch nicht die wehleidige Selbstbeweihräucherung eines Narzissten. Es ist ein bedingungsloses, alles, den Dreck und das Licht umfassendes, wohlwollendes Ja zu sich selbst und den Menschen um sich herum. Um diese Liebe zu erfahren, muss

---

20 Selbst wenn sie im Trotz rebellieren und sich den aktuellen Trends widersetzen, ist es immer noch ein Bezug auf die äußere Meinung.

ein Mann seine Verachtung, aber auch seine blinde Verehrung des weiblichen Prinzips loslassen. Nur so bekommt seine innere Anima den Raum zum Atmen. Sie wird ihn lehren, dass Milde nicht gleich Schwäche ist und dass ihm das tiefere Lieben nicht seine weltliche Funktionskraft raubt, aber völlig neue Welten erschließen wird. Dieser Mann spielt mit beiden Polen. Er ist, verständlicherweise, bei Frauen sehr beliebt. Er versteht sie. Nicht weil er sich einschleimen will, sondern weil seine innere Frau deutlich zu ihm spricht. Er kann zart sein *und* zupacken. Er kann sich hingeben *und* die Führung übernehmen. Er ruht in sich und hat es nicht mehr nötig, seinen Wert im Wettstreit zu messen. Deshalb entwickelt er eine neue Freude am Fördern. Der, der weiß, wer er ist, hat keine Angst vor dem Erstarken der anderen. Nach all den Jahren der Schlacht genießt er es, einfach da zu sein und zu lieben. Sein Schwert ist deshalb nicht stumpf. Doch er transzendiert seine Kraft mehr und mehr von der Tat in das Wort, in den Sinn. Auch wenn ein Mann seine innere Anima entdeckt, bleibt er ein Mann. Er wird seine weiblichen Qualitäten wahrscheinlich nie so filigran und weitläufig ausprägen wie eine Frau. Interessanterweise fördert seine Anima sogar die Reifung seiner Männlichkeit. Solche Männer strahlen eine natürliche Autorität aus. Du lässt dich gern von ihnen inspirieren, weil etwas in dir das Gute und das Wahre in ihm sofort erkennt. Während Männer auf allen Stufen davor enorm viel dafür *tun*, um anerkannt und notfalls auch gefürchtet zu werden, wird er hier natürlich respektiert *und* geliebt.

Er fürchtet sich nicht mehr vor den komplexen Welten seiner Anima, und so beginnt *sie*, ihn zu lehren. Sie lüftet den Schleier seiner Konzepte und offenbart ihm die Vollkommenheit inmitten all der scheinbaren unlogischen Widersprüche des Lebens. Sie zeigt ihm einen Weg, seine Verletzlichkeit in eine mächtige Stärke zu verwandeln.

Wie sieht eine Neubegegnung zwischen den Geschlechtern auf dieser Ebene aus?

Stell dir vor, ein Blinder und eine Lahme haben sich lange Zeit gegenseitig bei ihrem Weg durchs Leben unterstützt. Sie nannten es Liebe, doch in Wahrheit waren sie voneinander abhängig. Sie haben sich benutzt, zuerst mit Gewalt, dann relativ fair. Auf der einen Seite waren sie dankbar, sich zu haben, doch dann auch wieder angenervt davon, sich so zu brauchen. Unterschwellig wussten sie immer, dass etwas nicht stimmt. Eines Tages reißt das Leben sie auseinander. Die Lahme realisiert erstaunt, dass sie allein laufen und tanzen kann. Der Blinde wacht auf und sieht die Welt durch seine eigenen Augen. Ein aufregender, irritierender Moment. Da ist die Scham, sich gegenseitig so benutzt und es auch noch Liebe genannt zu haben. Da ist Freude über ihre neue schwindelerregende Freiheit – innen und außen. Und da ist die Frage: Was wollen wir jetzt? Ist da noch etwas, was zwischen uns erfüllt werden möchte, oder gehen wir nun in Würde auseinander?

Bis Stufe 5 fühlen wir uns unbewusst permanent unvollständig. Wir suchen nach der passenden Ergänzung. Wir konzentrieren uns mehr auf die äußere Struktur einer Beziehung als auf ihre Qualität. Beziehungen brechen nicht auseinander, weil sich die Partner nicht mehr lieben, sondern weil sie auf einer bestimmten Form beharren. »Wenn wir Mann und Frau füreinander sind, bedeutet das …!«

Uns ist beigebracht worden, eine Trennung als Niederlage zu sehen. Wir fühlen uns schuldig, wenn es nicht klappt. Aber was heißt das? Wer kann schon das Schicksal zweier Menschen füreinander einschätzen? Die Qualität einer Beziehung lässt sich nicht an ihrer Dauer messen. Aus Angst an einer alten Form festzuhalten ist eine Entscheidung gegen das Leben.

Die Wahrheit ist: Du kannst dich von niemandem trennen. Du hast bis zu deinem Lebensende zu jedem Menschen, der dir je begegnet ist, eine Beziehung. Sie sind alle in dir. Ob du willst oder nicht. Du kannst versuchen, einen dieser Menschen aus deinem Herzen, deinem Gedächtnis zu verbannen, weil die Beziehung für dich mit Schmerz und Wut gekoppelt ist. Aber letztendlich bekämpfst du so nur dich selbst. Sie sind für alle Zeiten in dir. Die Lebenden und die Toten. Nur die Form eurer Beziehung hat sich verändert.

Eine der mit Abstand häufigsten Fragen, die wir von den Teilnehmenden unserer Beziehungsseminare gestellt bekommen, lautet: »Wann weiß ich, dass es vorbei ist? Wann weiß ich, dass es Zeit ist zu gehen? Und wann ist es Zeit, mich noch einmal richtig ins Zeug zu legen?« Wir geben dann gern eine Gegenfrage zurück: »Hast du bereits alles gegeben?« Diese Frage ist der Schlüssel. Du kannst sie nicht nur rational beantworten. Du musst sie in deinem Herzen platzieren und mit ihr schwanger gehen.

Hast du in dieser Beziehung bereits alles gegeben?
Hast du dich voll eingebracht?
Hast du dem anderen gezeigt, wer du wirklich bist?
Hast du dein Rechthaben hergegeben?
Hast du dem anderen richtig zugehört?
Warst du so mutig, gesunde Grenzen zu setzen?
Durfte der andere deine geheimen Fantasien
und Ängste kennenlernen?
Bist du im Feuer der Nähe stehengeblieben?
Hast du dich schon mindestens einmal vollständig
hingegeben?
Hast du alles gefühlt, alles gesagt, alles getan?

Du kannst dich, was das Lern- und Liebespotential einer Beziehung betrifft, nicht auf deinen Kopf verlassen. Eine Beziehung mit dem Potential, dich zu transformieren, lässt sich nicht berechnen und nach Pro- und Kontralisten bewerten. Sie ist ein Schmelztiegel, der dich, wenn du reinspringst, vieles kosten, aber noch mehr beschenken wird. Wie oft hast du dich aus der Vernunft heraus getrennt, um ein paar Tage später zu realisieren: »Es ist nicht vorbei«?

Wir plädieren ganz sicher nicht für ein stures Aussitzen in jeder Beziehung. Wenn du die Frage »Hast du bereits alles gegeben?« mutig und wach in deinem Herzen erforschst, wirst du eines Morgens aufstehen und es ohne Zweifel wissen. Entweder du spürst eine ruhige Gewissheit, dass das Lernpotential dieser Beziehung für jetzt erfüllt ist. Oder du weißt: Nein, du darfst noch einmal in den Ring.

Wir wissen aus eigener Erfahrung, was es für ein Geschenk ist, wenn sich Mann und Frau hier auf dieser Stufe noch einmal neu begegnen können. Nachdem ihr euch gemeinsam durch den ganzen evolutionären Kakao von Ko-abhängigkeit, Konkurrenz und Kooperation gezogen habt, steht ihr nun viel freier voreinander und reicht euch die Hand. Nicht weil ihr vom anderen gestützt werden wollt, sondern weil ihr Lust habt, jetzt mit dem anderen in Freiheit zu tanzen.

Doch natürlich ist es kein Muss, mit ein und demselben Menschen alle Stadien zu durchwandern. Vielleicht bleibst du Single[21] und tanzt mit vielen. Vielleicht schickt dir das Leben einen neuen, reifen Partner für diesen Abschnitt. Es wird sich organisch ergeben. Da du nicht mehr bettelst, ziehst du es an. Es ist jedenfalls eine Stufe, auf der individuelle, aber auch kollektive Wunden heilen können. Wer seinen inneren Counterpart bewusst entwickelt und integriert hat, versteht das andere Geschlecht nun viel besser. Du hörst jetzt gern zu. Du siehst rückwirkend deine Blindheit und übernimmst Verantwortung für deinen Anteil am Krieg. Aber das hat nun keinen unterwürfigen, schuldbeschwerten Geschmack mehr. Ihr seht zurück und wisst: Es ging nicht anders. Es musste so sein. Das größere Bild offenbart sich. Nicht Frauen kämpfen gegen Männer, sondern Eros und Logos ringen miteinander. Die

21 Das Wort hat hier nicht mehr den Geschmack von Defizit.

beiden Urkräfte hatten immer ein gemeinsames Ziel: das Erkennen von Wahrheit und das Feiern der Einheit. Der Kreis schließt sich in dir und in deinen Beziehungen.
Wer nicht mehr aus dem Mangel, sondern aus der Fülle heraus in Beziehung geht, wählt bewusster, mit wem er tanzen möchte. Es ist keine Arroganz, sondern pure Lebensintelligenz. Du suchst Partner, die genau wie du mit ihren Animus- *und* Animakräften spielen können. Die sich so klar gefunden haben, dass sie sich nicht mehr ständig beweisen müssen. Du suchst die, die Lust haben, nun aus der Fülle heraus, mit dir die Kräfte der Ko-Kreation zu erforschen.
Was können Mann und Frau miteinander erreichen, wenn sie ihre Energien nicht mehr im Rechthabenwollen erschöpfen und sich stattdessen auf gemeinsame höhere Anliegen besinnen? Das kann ein Projekt, ein Unternehmen sein, das aus eurer Beziehung heraus etwas Heilsames, Wertvolles für alle erschafft. Denn auf dieser Stufe weißt du, dass eine Beziehung niemals nur ihrem Selbstzweck dient, sondern eine evolutionäre Aufgabe zu erfüllen hat, von der letztendlich alle profitieren. Dadurch entwickeln diese Beziehungen auch eine große Ausstrahlungskraft. Die anderen spüren, dass hier etwas geboren wird, das alle etwas angeht.
Echte Ko-Kreation ist nur möglich, wenn jeder der Beteiligten genau weiß, wer er ist. Es herrscht Gleichberechtigung, aber keine Gleichmacherei. Sowohl Mann als auch Frau genießen ihr eigenes Geschlecht und die kreative Spannung, die sich dadurch zwischen ihnen aufbaut. Eros prickelt wieder, nur viel feiner und auf mehreren Ebenen. Auf Stufe 4 wird die gesunde, sexuelle Spannung der Pole häufig in der Alltagsrou-

tine sediert und aufgerieben[22]. Auf Stufe 5 kommt es zum Chaos. Die Karten werden neu gemischt. Frauen werden oft herber. Männer »verweichlichen«. Aus mangelndem Verständnis für Entwicklungsdynamiken schleichen sich hier auch gern gleichmacherische Tendenzen ein. Manche feministischen Strömungen sehen die Ursache von allen Mann-Frau-Dynamiken nur in Erziehung und Konditionierung begründet und ignorieren biologische beziehungsweise archetypische Differenzierungen. In gewissen psychospirituellen Szenen veröden regelrecht die unteren Chakren und schläft der Sex völlig ein, sediert von Konzepten wie »Ich bin weder Mann noch Frau. Ich bin ein göttliches Selbst«.

Hier auf Stufe 6 knistert es wieder. Gerade die bewusste Integration der gegengeschlechtlichen Kraft führt zu einem frischen Erblühen deines vorrangigen Poles. Die innere Anima lässt einen Mann entspannen und reifen. Der Krampf fällt ab, und seine natürliche Kraft zeigt sich. Der innere Animus dient einer Frau wie ein unsichtbarer Bodyguard. In dem Maße, wie sie lernt, effektiv Grenzen zu setzen und optimale Umgebungen für ihr Erblühen zu erschaffen, kann sich ihre natürliche Erotik und Schönheit leuchtender denn je zeigen. Logos und Eros gehen in einer neu eröffneten Runde voller Neugier aufeinander zu.

Sie konkurrieren nicht mehr um Aufmerksamkeit, streiten nicht mehr um Macht. Sie jagen, forschen, kreieren und lieben auf eine sehr lebendige Weise, indem sie sich gegenseitig

---

22 Wenn du jede Nacht neben demselben Menschen einschläfst, ohne das bewusst zu wählen; wenn ihr beginnt, euch identisch zu kleiden und euch *Mutti* und *Vati* nennt, ist es fast unmöglich, noch echte erotische Spannung aufzubauen.

die Führung überlassen. Die Entscheidung dafür fällt nicht im Kopf oder nach einer vorgegebenen Quote, sondern folgt dem Gesetz der natürlichen Autorität. Sie wissen, wer in was besser ist. Sie spüren im Gespräch, in der Arbeit, im Bett immer wieder frisch, auf wem der Scheinwerferspot der Power liegt. Derjenige führt. Nicht um zu herrschen, sondern um dem gesamten System optimal zu dienen. Der andere tritt zurück und schenkt dem Führenden aus dem Hintergrund seine Kraft. Das ist kein schwaches Aufopfern, sondern ein sehr bewusstes Dienen aus der Stärke heraus. So wechseln sie sich ab im Tanz von Impuls und Empfangen, Führen und Hingeben. Die enorme Menge an Energie, die bis hierher durch Reibung verloren ging, steht nun für Schöpfung zur Verfügung. Was für eine Freude! Ja, es ist tatsächlich möglich, sich immer wieder neu ineinander zu verlieben. Nicht in einem romantisch dramatischen Sinne, sondern als echte Pioniere des Bewusstseins.

Da es bis jetzt nur relativ wenige Männer und Frauen auf diese Stufe geschafft haben, ist im Grunde genommen ab hier alles Neuland. Weil die mächtigsten Archetypen ihrer Seele sich nicht mehr bekämpfen, wird die Libido in Entwicklung und Forschung umgesetzt. Nach innen und nach außen. Die Seele befreit sich ekstatisch von allen geistigen Korsetts!

Wir beobachten erfreut, dass viele junge Menschen bereits mit der Rollenoffenheit dieser Stufe in ihr Liebesleben starten. Nichts wird als fest definiert akzeptiert. Die sturen, überheblichen Urteile älterer Generationen über den Wert nicht heteronormativer Beziehungen wird überhaupt nicht verstanden. Bi, homo, hetero, cis – alles ist willkommen. Jeder hat das

Recht, sich individuell zu finden und auszuleben. Mann und Frau aktualisieren ihr Selbstverständnis immer wieder neu. Gleichzeitig genießen sie es, das Gute und Schöne der alten Traditionen (zum Beispiel einer Frau die Tür aufzuhalten) spielerisch neu zu beleben.

Ihre Beziehung befindet sich im kreativen Freeflow auf dem stabilen Fundament einiger weniger verbindlicher Regeln. Manche, so wie wir, wählen sehr bewusst die Monogamie, andere vielleicht Polyamorie als Form. Hier kommen keine Kinder in erwachsenen Körpern zusammen, die sich ängstlich festhalten oder ihr Ego austoben wollen. Reife Geister wählen immer wieder frisch und wohldurchdacht das Setting, das alle Beteiligten am meisten stärkt.

Alles, was wir bis hierher für Liebespartnerschaften beschrieben haben, gilt für jede Art der Beziehung. Das neue, reiche Wechselspiel zwischen den eigenen Anima- und Animuskräften ermöglicht wesentlich lebendigere und stärkere Teams. Die ausgenudelten gruppendynamischen Spielchen zwischen Männern und Frauen in Unternehmen fallen weg. Kids entdecken neue Lern- und Projektionsflächen an ihren Eltern. Neue Gemeinschaftsformen entstehen, Working Spaces, Intentional Communities. Als einer der stärksten Zukunftstrends wird die Kombination aus Individualismus mit Community vorausgesehen. Starke, in sich autarke ICHs vernetzen sich in starken, auf Wertekonsens basierten WIRs. Halleluja!

Geht es noch weiter? Ja. Ob für jeden, sei dahingestellt. Bereits Stufe 6 bietet so viel Freiheit und Freude. Es ist nicht verwunderlich, dass dies den meisten Menschen als überaus erstrebenswertes Endziel der Liebe vollends genügt. Andere müssen weitergehen. Nun nicht mehr im Außen. Eine süße Sehnsucht zieht sie nach innen. Sie wollen alles. Sie suchen – bewusst oder unbewusst – nach der Unio Mystica, der Vereinigung mit allem.

Entwicklungsstufe 7: Unio Mystica

Wenn dich dieser innere Ruf (noch) nicht erreicht hat, wird dir dieses Kapitel eventuell etwas seltsam, vielleicht sogar esoterisch vorkommen. Wenn du nichts damit anfangen kannst, überspring es einfach. Es wird dich eventuell später hierher zurückrufen und dann einen Sinn ergeben.

Dieses Buch wäre ohne diesen Abschnitt inkonsequent. Wir haben einen großen, kühnen Bogen geschlagen – vom ewigen Meer der Stille über den Urknall, die Entstehung geschlechtlicher Pole hin zu den Entwicklungsstufen einer Mann-Frau-Beziehung. Wir möchten dich dafür sensibilisieren, dass in jeder deiner Begegnungen eben nicht nur zwei Menschen aufeinandertreffen, sondern die Urkraft des Lebens selbst – mit dem drängenden Wunsch, sich im Gegenüber noch tiefer zu erkennen. Etwas in uns sucht nach seinem Ursprung, und da wir ihm entstammen, letztendlich immer sich selbst.

Sehr unreife Menschen suchen diese Einheit rückwärts. In der Symbiose. Sie wollen den Mutterschoß nicht verlassen. Doch hat dein Individuationsprozess erst einmal begonnen, gibt es nur noch eine Richtung. Manchmal bleiben wir vielleicht über Jahrzehnte auf einer Stufe »hängen«, doch letztendlich ist das Ziel der Reise gewiss. Wir bewegen uns auf die nun *bewusst* erfahrene Einheit der Welt zu. C. G. Jung erkannte als eine der wichtigsten Funktionen der Anima im Mann und dem Animus in der Frau die Brücke zwischen ihrem von allem getrennt erfahrenen ICH und ihrem vollkommenen Selbst. Wir könnten auch bildhaft sagen: Für den Mann ist seine Anima die Heiratsvermittlerin zwischen seinem individualisierten ICH und seiner Seele. Die Frau wird von ihrem Animus zum Altar geführt. Doch was für eine Hochzeit ist dies?

Die Mystiker haben seit mehreren tausend Jahren einen Begriff dafür – die Unio Mystica. Übersetzt bedeutet dies die *Einswerdung mit Gott.* Das war ihr höchstes Ziel. Wir müssen gestehen, dass wir den Begriff hier auf eine neue Weise interpretieren. Wir erklären auch gleich, warum. In der religiösen Vorstellung vor allem mittelalterlicher christlicher Mystikerinnen (zum Beispiel Teresa von Avila) war die Unio Mystica die geistige Vereinigung zwischen Gott und Mensch, dem in diesem Fall klar die Rolle der irdischen Braut zugedacht wurde. Das heißt der Animus wurde radikal auf Gott projiziert. Dies gab dem Adepten die Möglichkeit, vor allem die weiblichen Fähigkeiten wie Hingabe, Demut und Offenheit zu entwickeln. Auch heute finden wir diese Grundhaltung im Zölibat der Klöster wieder: Ich entziehe meinen Eros der Welt und lege ihn auf dem für mich reinsten Logos-Altar nieder, den ich mir vorstellen kann – Gott.

Wer diese Form der bedingungslosen Anbetung, der Konzentration seiner Liebe auf ein Objekt nie erfahren hat, dem mag diese Vorstellung befremdlich erscheinen. Doch wenn du die Erfahrungsberichte eines Johannes vom Kreuz oder einer Teresa von Avila liest, wird dich sicher ihre radikale, von Eros nur so glühende Hingabe zutiefst berühren. Diese Mystiker haben nicht am Rand des Schmelztiegels der Liebe getanzt, sie haben sich mit allem, was sie waren, hineingeworfen. Sie haben dabei etwas erfahren, wonach wir uns alle in Beziehung sehnen – Einheit und Ekstase. Leider birgt dieser alte Weg eine Herausforderung. Er funktioniert nur, wenn du Animus/Logos konsequent auf eine Vorstellung von Gott projizierst. Da bist du, die Braut, und da ist der Bräutigam, Gott.

Doch wer die Unterscheidungskraft von Logos in sich entwickelt, dem wird es zunehmend schwerfallen, die Dinge so vereinfacht zu sehen. Sein Geist muss etwas tun, was von organisierten Religionen als Ketzerei angesehen wird. Er beginnt zu hinterfragen. Ist die Welt wirklich in sieben Tagen entstanden? War Maria tatsächlich eine Jungfrau? Warum nochmal soll Sex etwas Schlechtes sein? Was ist der Teufel? Und existiert Gott überhaupt?

Je nachdem, wo du dich in deiner Bewusstseinsentwicklung befindest, sind dies extrem unangenehme oder befreiende Fragen. Vereinfacht könnten wir sagen: Die Aufklärung war ein einziges Aufbäumen von Logos. Die Wissenschaft hat die Götter vom Thron gejagt, den Aberglauben zerschlagen. Das war gut und wichtig. Doch sie hat uns dadurch auch in gewisser Weise die Fähigkeit der Hingabe und des Staunens geraubt. Dies hat den Homo sapiens zu einem sehr mächtigen, aber gleichzeitig arroganten und isolierten Wesen gemacht. Vielen Menschen, mit denen wir heute sprechen, fehlt dieser sinnbetonte innere Bezugsrahmen, den uns Religionen einst boten. Unser Logos baut Raketen, um den Mars zu besiedeln. Währenddessen verwaist unsere Fähigkeit, hingegeben und bedingungslos zu lieben.

Was können wir tun? Wir können nicht mehr zurück, auch wenn es manche retroromantischen Strömungen der westlichen Flachlandspiritualität[23] versuchen. Wir wissen zu viel, um noch blind und naiv glauben zu können.

Wie erhalten wir uns dennoch die Kraft des Glaubens und die Gabe des Staunens? Wie finden wir wieder einen angemessenen Platz in diesem Universum?

Indem wir den Weg konsequent und achtsam weitergehen.

Auf der siebenten Stufe reift Logos von der Ebene des Wortes (zu der auch die Wissenschaft gehört) hinein in den Sinn. Der sich ausdehnende Geist des Lebens wird in allem wiedererkannt. In den Königreichen, die wir errichteten. In den Religionen, an die wir glaubten. In den Erkenntnissen der Wissenschaft. Alle Errungenschaften werden als Ausdruck der Evolution des Bewusstseins gewertschätzt. Ein so hochentwickelter Logos weiß, dass sich die Wahrheit nicht in einem noch so überzeugenden Gottesbild einfangen lässt. Ihm ist auch bewusst, dass jede wissenschaftliche Erkenntnis, auf die wir heute setzen, morgen bereits wieder obsolet sein kann. Er findet seine Sicherheit nicht mehr dadurch, dass er sich an fixen Konzepten festhält und sie vehement verteidigt. Er verwendet sie wohlüberlegt als die momentan aktuellsten Landkarten. Er sieht, bejaht und kultiviert die konstante Weiterentwicklung von Bewusstsein. Um in den Weiten dieses geistigen Ausdehnungsprozesses nicht verloren zu gehen, nutzt er mindestens einen, wenn nicht alle vier der folgenden Ankerplätze:

---

23 Der so treffende Begriff stammt von Ken Wilber, »Integrale Spiritualität«.

1. *Eine Lebensethik, die nicht auf Glauben, sondern auf Werten beruht, die immer wieder sorgfältig durchdacht und erneuert werden. Sie gibt ihm inneren Halt und dient gleichzeitig als verbindende Kommunikationsbrücke zu allen Menschen – egal woran diese glauben.*
2. *Eine tägliche integrale Lebenspraxis – zum Beispiel Yoga, Sport, Teezeremonie, maßgeschneidert zusammengestellte Routinen, die ihm wie Fixpunkte im Universum zur Zentrierung dienen.*
3. *Eine Kultivierung der geistigen Stille. Der Geist muss hier nicht mehr an einem Bild von Gott festhalten, doch er genießt es, in die reine Stille des Nichtwissens und des Staunens einzutauchen. Interessanterweise finden heutzutage in der Meditation nicht nur religiöse Menschen, sondern auch überzeugte Atheisten oder Neurowissenschaftler etwas.*
4. *Eine Praxis des Liebens. Wenn du einmal realisiert hast, dass du dich mit 300 000 Stundenkilometern durchs All bewegst und es sehr wahrscheinlich auf einer intellektuellen Ebene nie vollständig raffen wirst, was hier passiert, welche sinnvollere Schlussfolgerung könnte es geben, als diesen magischen Moment deiner Existenz der Liebe zu widmen und sie mit allen Wesen in verschiedensten Formen – mystisch, emotional und sehr aktiv – zu teilen?*

Wie verwandelt sich Eros auf der siebenten Stufe? Seine Kraft sucht nicht mehr zwanghaft danach, die Verbundenheit mit ganz bestimmten Objekten oder Menschen herzustellen. Seine Liebe löst sich mehr und mehr von allen Einschränkungen und verschenkt sich – so freigesetzt – an alles. Während Eros auf den unteren Ebenen die Erfahrung von Schönheit immer an Bedingungen knüpft (»Schön ist, wenn …«), lässt er hier alle begrenzenden Urteile hinter sich. Vor allem die große Illusion des Mangels und der Trennung, mit der alles begann. Er kämpft nicht mehr um die Einheit. Er gibt sich ihr hin. Nach innen. Und außen. Und so offenbart sich einem Menschen mit einem so fein entwickelten Eros die natürliche Vollkommenheit und Verbundenheit von allem. Liebe strömt in alle Richtungen, denn wo auch immer du hinschaust, siehst du *dich*.

Wenn ein Logos, der Geist in allem sieht,
und ein Eros, der Schönheit in allem erkennt,
sich nun in einem Menschen vereinen,
kommt es zur Unio Mystica.
Wenn zwei Menschen oder mehr auf
dieser Ebene zusammentreffen,
sehen sie nur noch *ein* Wesen,
das sich in verschiedenen Formen widerspiegelt.
Ihre Zusammenkunft ist eine Hochzeit
von Erkennen und Lieben.

Durch ihre Beziehung feiern sie das Wunder der Schöpfung, ohne daraus eine neue Religion etablieren zu müssen. Das wäre eine pure Zeitverschwendung, denn sie wissen, dass ihre Reise des Begreifens unendlich ist.
Wie wird sich diese Unio Mystica ganz konkret zeigen?
Wer weiß. Manche von uns werden vielleicht ganz still, ziehen sich zurück und versinken in der auf dieser Stufe immer häufiger und tiefer erfahrenen Glückseligkeit.
Andere gehen hinaus, verkleidet als Banker, Ärzte, Pastoren, Gärtner, um als geheime Agenten der Liebe die Unio Mystica in einem scheinbar stinknormalen Alltag mit all den anderen zu teilen.
Unio Mystica bedeutet, so tief im Ursprung angekommen zu sein, dass es keinen Unterschied mehr macht, ob du gerade tanzt oder lauschst, ob du schaust oder handelst.
Das Gewebe des Lebens wird dich angemessen nutzen.
Und du wirst dem Ruf entspannt folgen.
Denn der Ausgang der Reise ist gewiss.

PART 4

EIN BRIEF FÜR DICH

BRIEF AN DEN MANN

»Was für ein Mann ist ein Mann,
der die Welt, in der er lebt, nicht verbessert?«

(Aus dem Film »Königreich der Himmel«)

Lieber Bruder!
Für den Samurai in dir

Ja, du bist mein Bruder. Sehr wahrscheinlich kennen wir uns nicht. Vielleicht würden sich unsere Wege im normalen Leben nie kreuzen, weil wir so verschieden sind. Und doch sind wir Brüder. Wir stammen beide genetisch von der ersten Menschenmutter ab. Und ... noch viel weiter zurück ... war unsere allererste, unsere gemeinsame Mutter die Stille des Alls und unser Vater das erste Licht.

Vielleicht kannst du mit diesen Worten viel oder wenig anfangen. Doch in einem sind wir uns bestimmt einig: Dieser Planet ist ein kleines Boot geworden, und wir beide sitzen – ob wir wollen oder nicht – gemeinsam da drin. Das heißt, die Art und Weise, wie ich mein Mannsein lebe, geht dich indirekt etwas an, und wie du dein Mannsein lebst, mich auch. Dieser Brief ist kein Ratgeber-Konzentrat, kein Coaching-Pamphlet. Ich schreibe dir diesen Brief auf Augenhöhe. Von Mann zu Mann.

Ich wünsche mir, die angemessenen Worte zu finden, um dich in deiner inneren Welt zu erreichen. Ich wünsche mir, dass wir für diesen Moment unseres Kontakts über dieses Stück Papier das typisch männliche Kräftegerassel (»Wer ist cooler?! Wer hat den Längsten?! Wer weiß mehr Bescheid?!«) beiseitelegen und uns wahrhaftig begegnen können.

Kannst du dir vorstellen, gerade mit mir unter vier Augen zusammenzusitzen? In deiner Lieblingskneipe, bei einem Glas Bier oder Wein? Auf einem Berg oder an einem Feuer? Wie mit deinem allerbesten Freund, dem du erzählen kannst, was sonst niemand von dir weiß?

Ich lade dich ein, diesen Brief zu nutzen, um innezuhalten und mit mir gemeinsam auf unser Mannsein in dieser so komplex gewordenen Welt zu schauen. Ich hoffe, du kannst die Eindringlichkeit in meinen Worten ab. Ich will es nicht vorsichtiger formulieren, denn aus meiner Sicht braucht uns diese Welt gerade dringend. Sie braucht Männer. Gute, ehrliche, wache Männer. Die die Eier haben, im Feuer ihrer Integrität zu brennen. Denen Begriffe wie Ehre und Mitgefühl noch etwas bedeuten. Ich bitte dich, gemeinsam mit mir und vielen anderen Brüdern unsere Welt noch mehr zu respektieren, sie zu heilen und zu hüten.

Um dies zu können, müssen wir Männer zuerst uns selbst heilen. Das war bis zu dieser Weggabelung der Evolution nicht gerade unsere Stärke. Abenteuer und Eroberung hielten uns beschäftigt. Wir haben gelernt, hart und cool zu sein. Ich mag das auch. Zeitweise.

Doch damit Heilung möglich wird, müssen wir zuerst zugeben können, dass es auch in unserem Leben etwas zu heilen gibt.

Was ist es bei dir?

Wo sind dir die Antworten ausgegangen?

Wo ächzt dein Herz unter dem Panzer, den du dir zugelegt hast?

Wo willst du nicht noch mehr leisten, sondern tiefer lieben?

Es mag rational nicht erklärbar sein, doch es gibt keinen Zufall. Wenn du diesen Brief jetzt liest, dann schreibe ich ihn gerade für dich.
Wie alt bist du?
Welche Schlachten, leise und laute, hast du erlebt?
Warum wohl hat dir das Leben dieses Schreiben genau jetzt in die Hände gelegt?
Mir ist es (fast) scheißegal, ob du mich – wenn wir uns im realen Leben begegnen würden – mögen würdest oder nicht. Vielleicht können wir dies später ja noch herausfinden. Doch für jetzt und hier bitte ich dich, mir auf einer tieferen, wahrhaftigeren Ebene zu begegnen. Ich schreibe dir diesen Brief, weil ich die Männer dieser Welt finden möchte, die den Mut haben, ihre Verletzbarkeit zu ihrer neuen Stärke zu wandeln. Männer, die wissen, wer sie sind, und die integer ihrem Pfad folgen, sind schön. Ich wünsche mir so sehr, dass unser Geschlecht seine einfache, edle, natürliche Schönheit wiederentdeckt und durch Taten mit der Welt teilt.
Deshalb möchte ich dir etwas über den Samurai in uns schreiben. Seine Tugenden trennen das Alte/Abgerotzte/Korrumpierte/Verweichlichte vom Frischen/Kühnen/Aufrechten/Milden in uns.
Du könntest den berechtigten Einwand bringen, dass die japanische Kriegerkaste der Samurai oft kein gutes Beispiel für eine gesunde Männlichkeit war. Ja, sie haben, wie die meisten Männer dieser Welt, die Macht, die ihnen anvertraut wurde, missbraucht. Aber um sie geht es mir nicht. Ich schreibe von jenem reinen Archetyp in dir und mir, den wir in dieser Zeit dringend brauchen, um unser geistiges Rückgrat wiederaufzu-

richten. Er bringt uns, wenn wir uns offen auf ihn einlassen, drei Geschenke: Unsere Mission. Die Freiheit des Dienens. Die Tugenden eines guten Mannes.

Der Samurai und seine Mission

Ein Samurai im besten Sinne war ein Krieger, der etwas gefunden hatte, was ihm wichtiger war als sein Leben. Er hatte einen geistigen Polarstern gefunden, an dem er sich in hellen und dunklen Stunden aufrichtete. Verlor er diesen Bezugspunkt, wurde er zum Ronin. Zum herrenlosen Samurai. Diesen Polarstern nenne ich die wahre *Mission* eines Mannes.

Mission – was macht dieses Wort mit dir? Berührt es dich? Es wurde leider (in diesem Fall von übereifrigen christlichen Missionaren) brutal missbraucht, um andere Kulturen zu unterdrücken. Doch in seinem Wortstamm bedeutet es *Sendung, Auftrag*. Ich glaube, dass jeder Mann lebt, um einen Auftrag zu erfüllen – nicht in einem religiösen, sondern evolutionären Sinn. Du bist nicht nur ein Werkzeug der Selbstbefriedigung, sondern der gesamten Schöpfung. Einfach nur sicher durchzukommen oder möglichst hoch auf der Karriereleiter zu krabbeln, wird dich, wenn du wach bist, auf Dauer nicht erfüllen. Egal wie schön du es dir redest, in der Tiefe wirst du dich verachten, wenn du deine Mission nicht lebst.

Es geht dabei um viel mehr als deine persönliche Befriedigung. Das ist viel zu klein gedacht. Du trägst etwas Einzigartiges in dir. Du hast etwas zu verschenken, was nur du geben kannst. Wenn du es zurückhältst, fehlt es der Welt, und letztendlich fehlst du dir.

Wenn du mich fragst, gibt es viel zu viele Ronins unter uns. Brüder ohne echte Mission. Wir versacken in Kneipen, vor Fernsehgeräten oder am Bürotisch. Wir investieren unsere unendlich kostbare Zeit in Geld, Ruhm, Sex oder schlaffen auf der Couch ab. Wenn ich mich unter den Exemplaren unserer Art so umschaue, verstehe ich, dass viele Frauen mittlerweile aufgegeben haben, an eine wirklich erhebende Beziehung mit uns zu glauben. Doch deren Meinung ist mir gerade egal. Ich möchte *dich* fragen:

Wie siehst du dich als Mann?
Wie siehst du uns als Männer?
Findest du, dass wir ein aufrechtes und starkes Geschlecht repräsentieren?
Glaubst du daran, dass dies möglich ist? Oder hast du unser Banner aus Zynismus oder Faulheit schon lange im Schlamm deines Alltags hingeschmissen?

Ich weiß. Es braucht verdammt viel Mut, die einmal geschmierte Maschine anzuhalten, uns vor den Spiegel zu stellen und uns einzugestehen, dass wir eventuell irgendwann auf dem Weg unsere wahre *Mission* aus dem Herzen verloren haben. Wir Männer sind Meister darin, uns selbst zu bescheißen. Es ist unbequem, uns Fragen zu stellen, auf die die Großklappe in uns nicht sofort eine Antwort weiß. Scheißunangenehmes Gefühl. Doch dieses Leben ist so unbegreiflich kostbar. Viel zu wertvoll, um es mit kleinherzigen Kompromissen zu beschmutzen. Lass dich von niemandem in den Schlaf reden oder in die falsche Richtung locken. Es ist *dein* Leben. *Dein* Pfad. Weder

deine Frau noch dein Chef noch ein Pfarrer kann beurteilen, ob und wie du deiner wahren Mission folgst. Aber du weißt es. Du spürst es, davon bin ich überzeugt, auch jetzt, beim Lesen dieser Zeilen.
Als Jungs haben wir nicht ohne Grund unsere Helden nachgespielt. Wir träumten davon, etwas Großes zu vollbringen und die Welt zu verändern. Dann vergruben viele von uns diesen heiligen Ruf in einer geheimen Kammer ihres Herzens. Wir haben im Namen der Vernunft, der Angst oder Gier unsere Mission verraten. Wir haben Visionen gegen Pläne und Träume gegen Gründe getauscht.

Doch was genau ist deine Mission?
Das weißt nur du.
Genauer gesagt dein Herz.

Deine Mission muss im weltlichen Kontext nichts Spektakuläres sein. Doch es ist etwas, was in dir befreit, gegeben, verschenkt werden möchte, damit du am Ende mit einem Lächeln auf den Lippen abgehen kannst.
Ich kenne Männer, die angetreten sind, das Leben von einer Milliarde Menschen positiv zu berühren. Andere sagen: Wenn es mir gelingt, für meine Kinder ein wahrhaft liebevoller und vor allem präsenter Vater zu sein, habe ich meine Mission erfüllt. Manche von uns brennen dafür, ein ganz spezielles Problem oder Leid auf der Erde zu beenden. Wiederum andere verschenken dort, wo sie sind, Lachen und Freude.
Du kannst die Mission deines Lebens nicht an weltlichen Maßstäben von Größe messen, aber an der Resonanz in deinem

Herzen. Wenn du am Ende eines Tages oder eines ganzen Lebens die Augen schließen und aufrichtig wie Timotheus zu dir sagen kannst: »Ich haben einen guten Kampf gekämpft. Ich habe den Glauben gehalten«, dann hast du deine Mission gefunden und gelebt.

Wie findest du sie? Indem du aufhörst, dich zu bescheißen. Indem du hin und wieder, am besten täglich, die Welt in Ruhe lässt, dich nach innen zurückziehst und deinem Herzen lauschst.

Was ist dein Credo, was ist die eine Strophe, die nur du dem Lied des Universums hinzufügen möchtest?

Was wird auf der Welt besser sein, wenn du einmal gehst?

Woran sollen sich deine Weggefährten als Erstes erinnern, wenn sie an dich denken?

Es ist niemals zu spät, sich diesen Fragen zu stellen. Ich habe Männer mit 70 erwachen und ihre Mission bejahen sehen. Es war für sie der perfekte Zeitpunkt.

Begehe bitte nicht den fatalen Irrtum, geistig einzuschlafen, nur weil du beruflich in Rente gehst. Deine Mission hält sich nicht an Jahreszahlen. Der Samurai in dir muss seinem Pfad bis zum letzten Atemzug treu bleiben. Glaub auch nicht, nur weil du jung bist, hättest du noch ewig Zeit. Der Kosmos schnipst einmal mit dem Finger, und du bist 40. Ich spreche aus Erfahrung. Sei *heute* wach. Stelle dir *heute* die richtigen Fragen.

Deinem inneren Ruf zu folgen bedeutet nicht, wie ein narzisstisches Arschloch immer nur das zu tun, worauf du gerade Bock hast, verantwortungslos zu handeln und zum Beispiel deine Familie im Stich zu lassen. Das Ego auszutoben ist *Ich*befriedigung, aber keine *Selbst*verwirklichung. Es geht nicht darum, was *du* vom Leben möchtest, sondern was *das Leben* von dir will. Indem du deine Mission entdeckst und dich durch ihre Form an die Welt verschenkst, erfüllst du dich auf einer wesentlich tieferen Ebene, als es dein kleines Ego je könnte. Kein Sex, kein Geld oder Ruhm kann das Loch stopfen, was eine verratene Mission in dir aufreißt. Ihr konsequent zu folgen stärkt deine Selbstachtung. Dadurch reift eine Würde in dir, die durch keine weltliche Niederlage erschüttert werden kann. Ein Mann, der seiner Mission treu ist, wird ein besserer Liebhaber, Vater und Führer sein. Denn sie gibt ihm ein entspanntes und souveränes Selbstverständnis.

Jetzt ist die Zeit.
Hör auf zu warten, falls du das noch irgendwo tust.
Hör auf, dich zu verstecken. Komm raus. Zeig dich.

Natürlich kannst du dabei auf die Fresse fliegen, einsam sein, deinen Job verlieren, ausgelacht werden … Na und? Wenn du es nicht tust, wirst du nie herausfinden, wer du wirklich bist.

Also, worum geht es dir in diesem Leben?
Worum geht es dir wirklich-wirklich?

Ich sehne mich nach einer Welt voller wacher Samurais. Ich sehne mich nach Männern auf unseren Straßen, die leuchten. Die sich als gute Brüder gegenseitig fair und fördernd herausfordern, sich zu ihrer Mission zu bekennen.

Der Samurai und die Freiheit im Dienen

Samurai bedeutet übersetzt nicht *Krieger*, sondern *Dienender*.
Was löst das Wort dienen in dir aus?
Ein schwacher Mann dient in einem Kontext von Unterwerfung unter seine Frau oder seinen Chef. Ein narzisstisch veranlagter Mann geht davon aus, dass die Welt seinen Bedürfnissen zu dienen hat. Ein gieriger Mann dient dem Geld.
Bewusstes und reifes Dienen hingegen ist einer der schnellsten und gründlichsten Wege zur Freiheit und Selbsterkenntnis.
Männer – nicht nur durch ihr Sperma, sondern auch durch Tat und Geist – sind Werkzeuge der Evolution.

Die spannende Frage ist: Wofür setzt du deine Gaben ein?

»Was für ein Mann ist der Mann, der seine Welt nicht verbessert?« Diese Worte stammen aus dem Film »Königreich der Himmel«. Zyniker mögen diese Worte vielleicht belächeln, mich berühren sie.

Bist du ein Mann, der die Welt dort, wo er lebt, schöner hinterlässt?
Inspirierst du deine Umgebung?
Schwächst du oder ermächtigst du deine Mitmenschen?

Vielleicht denkst du, du wurdest einfach in ein chaotisches Universum geboren. Du holst das Beste für dich raus, und am Ende stirbst du halt. Glaubst du das wirklich?
Wir sind keine Leistungsmaschinen, keine plumpen Konsumzombies, keine Esel, die stur Mohrrüben hinterherrennen.

Männer haben ein großes Herz. Dieses Herz will nicht nehmen. Es will sich verschenken.

Stell dir eine Welt vor, in der alle Männer direkt am Morgen – noch bevor sie den Aktenkoffer zücken, ins Büro eilen, um Ziele und Zahlen zu bedienen – zehn Minuten innehalten, auf die Knie gehen, still werden und sich mit dem folgenden Wunsch auf ihren Tag einstimmen:

»Bitte lass mich heute mit allem, was ich denke, sage und tu, das Gute, Wahre und Schöne in der Welt fördern.«

Meinst du nicht, wir würden in einer anderen Welt leben? Natürlich wirft dies neue Fragen auf: Was ist denn *gut*? Was ist *wahr*? Was ist *schön*? Was bedeutet dies für meine Liebesbeziehung, meine Familie? Wie kann ich diesem hohen Ideal in meiner Arbeit gerecht werden, ohne die ökonomischen Tatsachen aus den Augen zu verlieren?

Was dies konkret heißt, darf und muss jeder Mann jeden Tag wieder neu und tiefer für sich entdecken. Doch es wäre wunderbar, wenn wir als Freunde und Brüder öfter zusammenkommen würden, um solche Fragen zu diskutieren.

Ich sehne mich nach einer Welt, in der wir Männer wissen, wer wir sind. In der wir uns so großzügig verschenken, dass wir jeden Abend erfüllt ins Bett sinken und alle Frauen und Kinder stolz und dankbar auf unser Geschlecht schauen. In der wir uns aufrichtig und aufrecht als Diener des Lebens empfinden und feiern.

Ich freue mich auf den Moment, in dem der Verlag eines Buches nicht mehr zweifelnd bei mir nachhakt: »Willst du wirklich Worte wie ›*Diener des Lebens*‹ verwenden? Klingen die nicht vielleicht etwas esoterisch?« Wenn sich der Aufsichtsratsvorsitzende einer Bank, ein Dachdecker und ein Arzt ruhig und nüchtern als Diener des Lebens betrachten. Wenn dies nicht mehr wie eine Floskel klingt, sondern wie eine einfache Tatsache, untermauert durch unsere täglichen Handlungen. Männer, lasst uns aufrechte Diener des Lebens sein.

Der Samurai und seine Tugenden

Ich weiß ja nicht, wie du das siehst. Für meinen Geschmack gibt es viel zu viele Großmäuler, Weicheier, Schlappschwänze, Dumpfbacken und Arschlöcher unter uns. Männer, die die Reputation unseres Geschlechts noch mehr in den Keller ziehen. Ich hoffe, du fühlst dich durch dieses Statement nicht angegriffen, sondern sportlich herausgefordert. Ich bin nicht perfekt. Ich baue Mist. Ich bin manchmal schwach. Doch ich will unterm Strich ein Kerl sein, der berührt und inspiriert.

Wie sieht es mit dir aus?
Bist du ein aufrechter, ein guter Mann?
Würde das deine weitere Umgebung (also nicht nur deine Kumpel) auch bestätigen?
Lebst du – entsprechend deiner Werte – integer?

Unser testosterongetriebenes, auf ein Ziel fokussiertes Gehirn verrennt sich so schnell. Damit uns Umsatzzahlen, Autos und Muschis nicht immer wieder vom Weg abbringen, braucht dieses eindeutige Markierungen. Schwache Männer folgen äußeren Regeln, starke einer eigenen, klar durchdachten Ethik. Um diese zu finden und vor allem auch unter Druck aufrechtzuerhalten, können uns die Tugenden helfen, die die Samurais tagtäglich in allem, was sie taten, trainierten:Verbindlichkeit, die Reinheit des Geistes, Ehre und Mut.

Verbindlichkeit. Irgendwann musst du in diesem Labyrinth der tausend Optionen stehen bleiben und dich verbindlich einlassen. Auf diesen Moment. Auf die Frau an deiner Seite. Auf deine Kinder. Auf deinen Job. Auf dich. Hör auf, dich zu verpissen. Lass nicht zu, dass all die möglichen Ablenkungen deinen Geist zerrütten. Konfrontiere deine Angst vor Nähe und Hingabe, sonst wirst du in keinem Bereich deines Lebens Meisterschaft erfahren. Und die braucht ein Mann für seine Vervollständigung. Du wirst nie erfahren, wie magisch das Leben ist und wozu du alles fähig bist, wenn du dich nicht mit allem, was du hast, einlässt. Ein kleinkrämerischer Geist verhandelt ständig mit dem Leben. »Gestern war es leichter. Morgen ist es vielleicht besser.« Ein Samurai lebt jetzt. Heute ist der einzige Tag, an dem er zeigen kann, wer er ist. Er trainiert immer. Überall. Das, was gerade geschieht, ist seine Übungsmatte. Er bündelt seine Kraft in diesem Moment. Er gibt sich voll hin und findet so … alles.

Willst du wissen, wer du bist?
Dann bleib stehen.
Lass dich ein.

Die Reinheit des Geistes. Du musst nicht an Gott glauben, um diese Qualität zu verstehen. Stell dir deinen Geist wie einen Bergsee vor. Wenn er still ist, siehst du durch sein klares Wasser hindurch bis zum Grund. Hier findest du dein wahres

Wesen. Hier begegnest du dem Leben unpersönlich und nüchtern. So findest du die angemessene Antwort auf jede deiner Fragen.
Das ist heutzutage so wichtig. Denn alle wollen etwas von dir. Die Gesellschaft, dein Boss, deine Frau, deine Kinder.

Aber was willst du*?*
Was für eine Art Mann bist du, *wenn du nicht versuchst, Rollen gerecht zu werden?*
Was ist deine Mission?
Was ist der nächste Schritt?

Die Antwort auf all diese existentiellen Fragen findest du nicht an der aufgewühlten Oberfläche deines Geistes, sondern auf seinem Grund. Lass den See still werden. Am besten einmal am Tag. Zum Beispiel in der Meditation.
Ehre. Ehre mutet heutzutage fast altmodisch an. Doch sie ist zeitlos. Ein Mann ohne Ehre handelt, als wäre es bedeutungslos, was er tut. Doch das ist es nie. Jeder Schritt, den du setzt, beeinflusst das Leben vieler Menschen – das deiner Liebsten, Kinder, Kollegen und tausende anderer, die du niemals kennenlernen wirst. Du bist wertvoll, und du bist wichtig.
Vielleicht sehen andere deinen Selbstverrat nicht. Doch du fühlst ihn immer. Wenn du ehrlos handelst, verletzt dich das schlimmer als eine physische Wunde.
Ehrenhaft zu agieren, bedeutet nicht *anständig* im Sinne einer Angepasstheit an geltende Normen. Ein schwacher Mann ist zu faul zum Nachdenken. Er folgt dem moralischen Imperativ anderer (»So musst du es tun …«) oder verhält sich unter Ver-

suchung wie ein Fähnlein im Wind. Die Herausforderung ist, dass ein ehrenhaftes Leben nur möglich ist, wenn du bereit bist, Gehirnschmalz zu investieren. Du musst dir die Mühe machen, gründlich über deine Werte nachzudenken, sie präzise zu formulieren und dich dann daran auszurichten.

Ehrenvoll zu handeln ist die vielleicht stärkste Quelle der Selbstachtung für uns Männer, mehr als Denken, Reden oder Meditieren. Denn letztendlich zeigen wir nicht nur der Welt, sondern auch uns selbst erst durch unser Tun, woran wir wirklich glauben.

Ehre macht dein Leben gewiss nicht leichter, aber einfacher. Sie wird manchen lukrativen Deal platzen lassen und dich auch immer wieder in die Einsamkeit führen. Doch sie hält dich auf deinem Weg. Sie zentriert dich. Sie schreckt die Heuchler ab und zieht echte Weggefährten an. Sie stellt dich wieder und wieder in das Feuer von Prüfungen, aus denen du noch stärker hervorgehen wirst. Du wirst häufiger brennen, dafür ruhiger schlafen.

Ein ehrenhaftes Leben wird alles von dir entfernen, was du *nicht* bist, und deine Einzigartigkeit zum Vorschein bringen. So schützt sie dich davor, eine traurige Kopie anderer Männer zu werden. Lebe deinen eigenen Mythos. Drücke deine Wahrheit ehrlich und präzise aus.

Mut. Ehre ohne den Mut, ihr auch Taten folgen zu lassen, bleibt ein leeres Konzept. Mut ohne klare Werte hingegen rutscht schnell in dumme Waghalsigkeit. Manchmal sieht ein mutiger Schritt oberflächlich vielleicht sogar feige oder schwach aus. Mut ist die Kraft, das Richtige zu tun, auch wenn du dabei riskierst, etwas zu verlieren – zum Beispiel deine ökonomische Sicherheit, die Anerkennung deiner Mitmenschen, eine Beziehung, … Mut bedeutet, mit klarem und ruhigem Geist den angemessenen Schritt aus deiner Komfortzone herauszusetzen.

Lebst du mutig?
In welchen Bereichen erlebst du dich noch als feige?
Und was würdest du sofort ändern, wenn du den Mut dazu hättest?

Auch ein Angsthase kann mutig sein. Vielleicht ist er sogar mit seinen kleinen Schritten in die Freiheit tapferer als ein Mann, der nicht weiß, wie sich Furcht anfühlt.
Woher kommt der Mut?
Er kommt, indem du dir bewusst machst, dass du stirbst. Du hast keine Ahnung, wie lange du noch Zeit hast herauszufinden, was hinter der nächsten Straßenecke auf dich wartet. Doch eines ist sicher: Wenn du mal stirbst, werden dich nicht die fehlgeschlagenen Abenteuer ärgern. Es werden die nicht gelebten Impulse sein.
Mut kannst du auch trainieren. Indem du dir angewöhnst, möglichst jeden Tag einen Schritt aus deiner Komfortzone herauszutreten. So verwandelt sich Angst im Laufe der Zeit in die freudige Erregung vor dem Unbekannten.
Ich wünsche mir mehr Männerbegegnungen, in denen wir uns Mut machen, ehrenhaft zu leben. Freundschaften wie Übungsmatten, auf denen wir gemeinsam die Tugenden der Samurais trainieren.
Ich freue mich auf eine Zeit, wenn auf unseren Visitenkarten nicht mehr nur unser Beruf, sondern vor allem unsere Mission

geschrieben steht und wir uns selbstverständlich daran messen lassen.

Bruderschaft

Wie steht es um deine Männerfreundschaften?
Wie erlebst du sie?
Erfüllen sie dich, oder geht da noch mehr?

Vergiss deinen Stolz. Die Zeit der einsamen Wölfe ist vorbei. Die Welt ist zu komplex geworden. Wir brauchen uns. Wir müssen unsere Form finden, uns ermutigend und herausfordernd zu begegnen.
Warte nicht darauf, dass es passiert. Auch wenn sich die ersten Versuche vielleicht unbeholfen anfühlen, geh auf die Männer zu, die dich faszinieren. Wenn du möchtest, gib ihnen diesen Brief zu lesen. Nutze ihn als Gesprächsgrundlage. Trau dich, zu mehr Tiefe und Nähe einzuladen. Lotet zusammen aus, was jeder von euch braucht und wie ihr euch am besten unterstützen könnt. Ich bin gern mit Frauen zusammen, doch ein Gespräch nur unter Männern bringt etwas anderes zum Schwingen. Für die umfassende Selbstaktualisierung, die gerade für unser Geschlecht ansteht, ist es hilfreich, dich hin und wieder nur mit männlicher Energie zu umgeben.
Stichwort männliche Energie:

Welche Beziehung hast du zu deinem Vater und (wenn existent) zu deinen Söhnen?

Der Frieden mit deinem Vater ist so essentiell für deinen Frieden mit dir. Wahrscheinlich ist oder war dein Alter nicht perfekt. Vielleicht hast du eine lange Liste seiner Fehler zusammengestellt. Die gute Nachricht: Du musst ihn nicht mögen, um ihn lieben zu können. Du musst nicht gutheißen, wie er gelebt hat. Doch wenn du den Stab über ihn brichst, brichst du ihn auch über dich. Denn ob du willst oder nicht, dein Vater lebt in dir. Er war nicht nur der erste Mann in deinem Leben und hat dein Bild von Mannsein gravierend geprägt. Er ist vor allem dein Tor zur Kraftquelle deiner männlichen Ahnenkette.

Welche Beziehung hast du zu deinem Vater?
Was weißt du über ihn?
War er in deiner Kindheit präsent?
Wie viel Zeit hast du investiert, sein Leben zu verstehen?
Gibt es noch etwas zu vergeben?
Hat er einen festen Platz in deinem Herzen?
Hast du das Gefühl, seinen Segen bekommen zu haben?
Ist noch irgendetwas offen zwischen euch?

Selbst wenn dein Vater bereits gestorben ist, kannst du deine Themen mit ihm klären. Denn er lebt in dir weiter.

Wie siehst du uns Männer im Allgemeinen?
Welche Beziehung hast du zu unserem Geschlecht?

Ich weiß, wir tun gern cool. Doch wenn du aufmerksam lauschst, wirst du unter den trotzig selbstbewussten Tönen bei vielen von uns eine leise Scham darüber heraushören, ein

Mann zu sein. Wir haben zu viele Geschichten darüber gehört und gelesen, welches Unrecht, welche Gewalt wir in diese Welt gebracht haben. Oft waren es sogar unsere Mütter, die uns giftige Glaubenssätze einträufelten: »Werde nicht so wie dein Vater!« So betrachten sich viele Männer unbewusst als das gröbere, hässlichere Geschlecht.

Es ist Zeit, dass wir unsere eigene Schönheit entdecken. Nicht als antagonistische Bewegung zum Feminismus, sondern als souveräne Geste der Selbstliebe. Wir müssen verstehen lernen, wie wir Männer zu dem geworden sind, was wir gerade präsentieren. Wir wurden über tausende von Jahren darauf trainiert zu leisten, zu kämpfen, zu funktionieren. Wir wurden nicht geliebt, sondern belohnt. Das hat die meisten von uns in starke Werkzeuge und Kämpfer verwandelt. Aber wenn du bis hierher gelesen hast, reicht dir das nicht mehr. Du möchtest geliebt werden. Du möchtest dich selbst lieben.

Dafür wird es notwendig sein, unseren inneren Animus von Schuld und Scham zu befreien und neu aufzurichten. Wir können diese Entwicklung selbst vorantreiben, zum Beispiel indem wir bewusst auf Männer zugehen, in denen wir eine männliche Eigenschaft erkennen, die wir in uns stärker entfalten möchten. Wir können uns zielgerichtet weitere geistige Väter suchen, die die Evolution unseres Logos stimulieren.

Wir tragen alle eine kollektive Verantwortung für die Vergangenheit, aber noch viel mehr für die Zukunft.

Wer wollen wir als ein Mann in den kommenden Jahrzehnten sein? Welche überholten Rollenmuster wollen wir wie alte Rüstungen ablegen?

Wie müssen wir denken und handeln, um einen neuen, gesunden Stolz auf unser Geschlecht zu spüren?

Vielleicht hast du dich eine Weile lang kleingemacht. Damit ist jetzt Schluss. Richte dich auf. Sei deinen Söhnen und letztendlich allen Jungen ein gutes Vorbild. Zeig ihnen ein Mannsein, an dem sie sich ausrichten können.
Übrigens hat die Heilung deiner Vaterbeziehung noch einen weiteren positiven Effekt. Sie wird deinen Erfolg in der Welt verstärken. Vielleicht denkst du, Erfolg wäre nicht interessant für dich. Vergiss das Wort. Jeder Mann möchte mit dem, was er liebt, *wirksam* sein. Auch das ist ein Ausdruck deiner schöpferischen Potenz: kühne Visionen auf der geistigen Ebene seines Logos zu empfangen und sie dann durch Kraft und Tat auf die Erde zu bringen.

Wo stehst du noch auf der Bremse?
Was für ein Mann wärest du, wenn du deine Potenz auf allen Ebenen voll bejahen würdest?

Leg deine Eier auf den Tisch! Geh in die Mitte vom Spielfeld. Mach dich dreckig. Lass die Knie bluten. Stinke nach Schweiß. Erbaue im Außen, was du in dir trägst.
Bring dich voll ein, aber verlier dich nicht in der Welt. Das ist die Königskunst. Denn egal wie hoch die Sandburg wird, die du im Laufe deines Lebens errichtest – am Ende wirst du sie wieder loslassen müssen. In den letzten Stunden wird nicht zählen, *was* du alles geschafft hast, sondern *wofür* und *wie* du es getan hast.

Es wird nicht zählen, was wir leisteten, sondern wie tief und intensiv wir liebten. Lass uns so weise und mutig sein, mit dieser Überprüfung unseres Lebenswerkes nicht auf das große Finale zu warten, sondern heute, immer wieder heute bewusst den kleinen Tod sterben. Zum Beispiel, indem wir in einer Meditation über unsere Sterblichkeit kontemplieren oder uns freundschaftlich in die Augen schauen und uns fragen:

Ist es das, was du wirklich-wirklich tun willst, Bruder?

Ich wünsche mir mehr achtsame Männer, die auch wenn sie Atheist sind ihre spirituelle Praxis leben. Eine, die uns täglich daran erinnert, dass wir auf der einen Seite wichtig und auf der anderen ein Haufen Nichts, Sternenstaub in diesem Universum sind. Der Zugang zu dieser allumfassenden Dimension hilft, unser Ego zu entspannen und lässig und gütig zu dienen.

Nichts.

Das erinnert mich an ein weiteres Thema, das ich gern mit dir besprechen möchte. Denn es existiert außer Meditation ja noch ein weiterer süßer Weg ins große Nichts. Sex.

Damit meine ich nicht den Sex, den du *machst*. Ich schreibe von Hingabe, Genuss, Verschmelzung … wenn die Zeit stehen bleibt und du aufhörst zu existieren.

Wie steht es um deinen Sex?

Ein heißes Thema. Es kann uns unsere Selbstachtung und Kreativität kosten oder über alle Maßen stärken und beflügeln.

Es ist ein so essentielles Thema. Deshalb habe ich eine Bitte. Kannst du hier, an dieser Stelle des Briefes, am besten jetzt gleich, ein großes Ausrufezeichen notieren? Oder noch besser – schreib dir die Frage an den Rand: »Lebe ich meine Sexualität frei und würdevoll[24]?« Dann komm später auf jeden Fall darauf zurück.

Wie deine Ahnenkette stellt auch Sexualität eine enorme Kraftquelle für dich dar. Es geht nicht nur darum, ob und in wen du deinen Penis steckst, sondern wie intensiv du dir gestattest, die erotisch-sinnliche Energie des Lebens voll in dir ankommen zu lassen.

Wenn zum Beispiel im Frühling die Knospen aufspringen, erlaubst du dir, ohne Schuldgefühle Pan in deinen Lenden willkommen zu heißen und die Kraft von hier hoch in deinen Geist zu leiten, bis du ein einziger, voll erigierter Penis der Schöpfung bist.

Was du dann bewusst mit dieser Kraft anstellst, tja, das ist dann noch einmal eine ganz andere existentielle Frage. Lebst du sie aus? Überall? Unterdrückst du sie? Lenkst du sie in deine Kreativität oder in den Tempel deiner einer heiligen Beziehung? Es gibt hier kein richtig oder falsch.[25] Es ist für deinen Selbstwert als Mann essentiell, dass du das Thema von Schuld und Scham befreist. Nur so kannst du beginnen, diese Urgewalt des Lebens aufmerksam und achtsam zu erforschen. Wenn wir sie unterdrücken, sucht sie sich entweder Wege, die unsere

---

24 Für mich bedeutet *würdevoll* in diesem Zusammenhang, dass du einen Ausdruck für deine Sexualität findest, die dich erfüllt und auch allen anderen Beteiligten guttut.

25 Richtig ist das, was für alle Beteiligten stimmig ist.

Würde beleidigen, oder sie manifestiert sich als Verkrampfung und Krankheit auf der körperlichen Ebene. Geben wir uns ihr blind hin, macht sie mit uns, was sie will. Wir werden so nie erfahren, wie potent und ekstatisch es sein kann, diese Energie halten und lenken zu lernen.

Nimmst du dir das Recht heraus, alles zu diesem Thema zu denken?
Wissen die Menschen, die es betrifft, alles über deine sexuellen Wünsche, Fantasien und Ängste?
Lebst du deinen Eros auf eine würdevolle und freie Weise?
Wenn nicht, was ist der Preis?
Worauf wartest du?

Sexualität ist eine Kraft, die du in dein Leben rufen kannst. Sexualität ist auch eine Kunst, in der wir uns bis an unser Lebensende üben können. Dann werden wir aus dem Staunen nicht herauskommen.
Bevor ich langsam zum Ende meines Briefes an dich komme, möchte ich dir noch eine wichtige Frage stellen.
Was für eine Beziehung hast du zu Frauen?
Mich interessiert nicht, wie du dich ihnen gegenüber oberflächlich verhältst. Ich möchte dich einladen, sehr ehrlich und genau hinzuschauen.

Wie beziehst du dich auf Frauen?
Siehst du sie als das schönere, wertvollere Geschlecht an?
Oder verachtest du sie und glaubst, sie wären schwächer?
Was tust du alles, um Frauen zu gefallen?

Was würde sich an deiner Art zu leben ändern, wenn es gar keine Frauen mehr auf unserem Planeten gäbe?
Wo erlebst du dich abhängig von Frauen? Zum Beispiel emotional oder sexuell?
Wo machst du dich für den Zuspruch einer Frau klein und verstellst dich?
Wo plusterst du dich in Anwesenheit von Frauen auf?
Wo spielst du Macht (in Form von Geld, einer lauten Stimme oder Gewalt) gegenüber Frauen aus?
Wo reißt du Witze über Frauen, in denen Verachtung mitschwingt?
Wo und wie bekämpfst du Frauen?
Wo erlebst du Machtspiele mit ihnen?
Wo fühlst du dich von Frauen unterdrückt, genervt, missverstanden?
Wenn du mit einer Frau zusammenlebst: Achtest du sie wie eine Königin?

Was lösen die folgenden Sätze in dir aus?

- *Für den Frieden der Geschlechter ist es wichtig, dass jeder Mann Verantwortung für das Unrecht übernimmt, was Frauen durch Männer angetan wird und wurde.*
- *Um frei zu sein, ist es wichtig, dein Bedürfnis nach Liebe und Zuspruch von Frauen abzukoppeln und zu lernen, dir diese selbst zu erfüllen.*
- *Um deinen inneren Frieden zu finden, ist es wichtig, alle Qualitäten (positive und negative), die du bis jetzt auf Frauen projiziert hast, in dir selbst zu entdecken und zu integrieren.*

♥♥♥

Wie kannst du deine Beziehung zu Frauen heilen und erheben? Zu allererst, indem du beginnst, in jeder Frau – egal wie sie sich verhält – eine Königin zu sehen. Lerne, Frauen nicht nur als Objekte deines Stammhirns zu betrachten. Jede Situation mit jeder Frau – an der Kasse eines Supermarktes, im Büro oder im Bett – bietet dir die Chance, sie aus ihrer Trance zu befreien, indem du sie auf einer tieferen Ebene erkennst.

Diese Königin vor dir mag verletzt und verbittert sein. Vielleicht ist sie komplett in einem nörgelnden, bedürftigen Bettelbewusstsein eingeschlafen. Du kannst sie verpassen. Du kannst sie benutzen. Du kannst sie aber auch befreien. Denn dein Geist ist Logos. Logos hat die Macht, diese Frau wachzuküssen und zu heilen. Lass dich nicht von der Oberfläche der Erscheinung irritieren. Lass dich nicht von ihren Spielchen ablenken. Bitte das Leben, dir die Schönheit dieser Königin zu offenbaren, und dann beziehe dich nur darauf. Du wirst staunen, was dies in ihr auslöst.

Wenn du mit einer Frau zusammenlebst, bitte ich dich, ehrlich zu erforschen, ob dein Herz sie bereits zu deiner Königin auserkoren hat. Solange du in deinem kleinkrämerischen Geist ihre Schwächen aufzählst oder insgeheim auf eine bessere Partie hoffst, wird sie dir nie zeigen können, wer sie wirklich ist.

Mach dir klar, dass wir gemeinsam – Männer und Frauen – in einer oberflächlichen Trance von Schönheitsideal eingeschlafen sind. Durch Medien und Mode angefeuert, sehen wir selten die Essenz einer Frau, sondern beziehen uns auf ihre Fassade. Du musst wissen: Das beleidigt die Königin in ihr. Es verletzt und irritiert sie.

Deine Frau als Königin zu sehen und zu behandeln, bedeutet nicht, sie blind zu bewundern. Sei ruhig ihr schärfster, hartnäckigster Kritiker. Aber nicht, weil du ein perfekt durchgestyltes Model aus ihr machen willst, sondern weil du sie ernst nimmst. Weil du möchtest, dass sie voll erblüht. Nicht, um den kleinen Jungen in dir zu stillen oder dein männliches Ego zu befriedigen, sondern um für dich selbst die maximale Freiheit zu erfahren.
Sieh ihre Macken und Fehler. Benenne sie. Halte es aus, wenn sie dich dafür ab und zu mit Liebesentzug testet. Schau schonungslos nüchtern hin, wie sich ihr Körper im Laufe der Zeit wandelt. Der kleine Junge in dir wird eventuell versucht sein, sich ein jüngeres Spielzeug zu suchen, um sich vom eigenen Verfallsdatum abzulenken. Oder du wirst zum König neben ihr, und du begreifst ihren Wandlungsprozess als Aufforderung, in eurer Beziehung das Geheimnis wahrer Schönheit zu lüften.
Wenn du deine Frau »Königin« nennst, dann nicht, weil sie perfekt ist, sondern weil du sie gewählt hast und jeden Tag etwas tiefer wählst. Weil du die trennende Brille der Perfektion ablegen willst, um ihre natürliche Vollkommenheit zu entdecken.
Lass sie dein Altar sein, auf dem du deine Ängste und Egowünsche für die Freiheit opferst.

Warum bist du mit diesem Menschen zusammen?
Und bist du wirklich bei ihr?

Es macht keinen Sinn, eine Frau als die wichtigste Partnerin in deinem Leben zu wählen und sie dann nicht aus vollem Herzen zu fördern.

In jedem von uns wartet ein König, eine Königin auf seine/ ihre Entdeckung. Unsere schönste Wahrheit braucht andere Menschen, die uns wachküssen. Solche, die unsere Schönheit beim Namen nennen.

Wenn du eine Frau auswählst, deine Liebespartnerin zu sein, weißt du nie, für wie lange dies sein wird. Also warte nicht. Wenn du willst, dass sich das zwischen euch mögliche Wunder voll offenbart, halte nichts zurück. Investiere alles, was du bist und hast, in das Erkennen ihrer Schönheit. In das Freilegen ihrer Größe.

Es kommt die Zeit im Leben einer jeden Frau, da sie nicht mehr auf dem Marktplatz des Lebens um Aufmerksamkeit buhlen möchte. Mit 20 oder 30 will sie ihre Schönheit im Vergleich mit anderen Frauen messen. Doch wenn die Königin in ihr ruft, wird sie es als zunehmend würdeloser empfinden, sich mit dem »Junggemüse« da draußen zu vergleichen. Es zieht sie nach innen. Sie will und muss jetzt ihre ureigene Schönheit erkennen. Wenn du noch nicht bereit bist, selbst ein König zu sein, wird dich der Junge weiter zur Jagd drängen. Du wirst immer häufiger – versteckt oder offen – dem jungen Fleisch mit hungrigem Blick folgen. Wisse, dass dies die Königin an deiner Seite zutiefst verletzt. Auf Dauer lässt du ihr keine Wahl, als sich entweder hinter die Fassade einer enttäuschten Frau zurückzuziehen oder dich zu verlassen. Doch was sie sich eigentlich wünscht, ist diesen nächsten Schritt mit dir zu gehen. Sie hat dir noch lange nicht alles offenbart. Jetzt, wenn eure Körper faltig werden, beginnt die wahre Liebe erst zu erblühen.

Verstehe mich nicht falsch. Es ist gesund und wichtig, auch als reiferer Mann die Energie zu genießen, die die Anwesenheit jüngerer Frauen in dir auslöst. Doch es ist Zeit, eine Wahl zu treffen. Du kannst der Anziehung folgen – in der Fantasie oder echt. Oder du lernst es, den prickelnden Eros in dir zu genießen und die Kraft dann bewusst in deine heilige Beziehung zu lenken.

Tu das auf gar keinen Fall für deine Frau. Das wirst du leise und lange bereuen. Wenn du sie als Königin wählst, dann tu es für dich. Weil du ein freier König sein möchtest. Weil du erfahren möchtest, wie weit du mit einem Menschen gehen kannst. Denn eines kannst du sicher wissen: Wir Menschen haben noch lange nicht alle Räume der Liebe betreten, die zwischen uns möglich sind.

Wenn deine Wahl nicht aus Feigheit, sondern Hingabe geschieht, wird dich die Königin an deiner Seite immer und immer wieder staunen lassen. Denn so wie wir Männer erst beginnen, in unsere Kraft zu kommen, erwachen auch unsere Frauen langsam aus einer jahrtausendealten Trance.

Sieh deine Gefährtin wie einen Marmorblock, in dem sich ein grandioses Kunstwerk verbirgt. Dein liebevoller Blick ist der Steinmetz. Er formt sie nicht. Er befreit sie nur von allen begrenzenden Lügen, die ihr je über sie erzählt wurden.

Wenn du eine Frau wählst, wähle sie richtig. Und dann staune, was dir die Königin im Gegenzug schenken wird. Auch wenn ihr Körper altert, wird sie erblühen. Sie wird an deiner Seite schöner und schöner werden. Bis du verstehst, dass sie das schon immer war. Du hast nur gelernt, wieder richtig zu sehen.

Wenn wir in der Beziehung zu unserer Frau und unseren Kindern gelernt haben, großzügig zu lieben, lass uns hier nicht einschlafen, wie es noch viele Familienväter tun. Lass uns den Blick heben und verstehen, dass es Zeit ist, den Krieger in uns zu befrieden und zum Hüter des Lebens zu werden. Tausende von Jahren haben wir gejagt, erobert, geherrscht und geplündert. Wie kleine gierige Jungen haben wir uns am Buffet der Erde bedient und uns keine Gedanken über die Folgen gemacht. Wenn es hochkam, haben wir noch unsere Familie, unseren Stamm beschützt, aber was ging uns der Rest der Welt an?

Nun ist es Zeit, unser Herz für diesen »Rest der Welt« zu öffnen und ein kollektives Hüterbewusstsein zu kultivieren. Zu Beginn dieses Briefes habe ich geschrieben:

Ein Samurai ist ein Mann, der eine Mission gefunden hat, für die er bereit ist zu sterben.

Ein Hüter ist ein Mann, der etwas gefunden hat, wofür er bereit ist zu leben.

Er gibt sich mit allem, was er hat und kann, dem Wohle aller Wesen hin. Er verfällt dabei nicht in Mitleid oder blinden Hilfsaktionismus. Er handelt ruhig und milde, denn er sieht, was zu tun ist, immer vor dem Hintergrund des vollkommenen kosmischen Spiels.

Ein Hüter ist ein moderner Mystiker. Er spielt seine Rolle im großen Geburtsdrama mit Hingabe und Exzellenz. Gleichzeitig ist er zutiefst mit dem ruhenden Sein, dem Urgrund allen Werdens verbunden.

Wo immer er ist: Wenn er sich umschaut, sieht er sich. In dem weinenden Kind an der Straßenecke, im Lachen seiner Frau, in den Kriegen fremder Länder – alles ist er auch selbst.

Da, wo er ist, liebt und hütet er. Manchmal still und unbeobachtet. Manchmal im Rampenlicht der großen Öffentlichkeit.

Der Samurai und die Königin begegnen sich in ihm zu einem kreativen Tanz.
Wenn der Hüter in dir diese Zeilen bewusst liest, weißt er, dass das, was jetzt gerade diese Zeilen schreibt, sein eigenes Bewusstsein ist. Inkarniert in einem anderen männlichen Körper. Doch dieselbe Quelle. Mit sich spielend. Sich erinnernd. Sich nach Hause rufend.

Ich bin du. Du bist ich.
Wir sind Brüder.
Und da draußen sind noch so viele von uns als verlorene Ronins unterwegs.
Lass uns erwachen und unsere Brüder durch unser Beispiel inspirieren.
Und dann … lass uns gemeinsam die Welt heilen.
Als verirrte Ronins hätten wir sie fast vollständig verbrannt.
Als Samurais beschützen wir sie.
Und als Könige werden wir sie lieben und feiern.
Ich danke dir.

Dein Bruder

BRIEF AN DIE FRAU

»Das Paradies wird sein wie ein Senfkorn, das eine Frau in ihrem Garten sät. Und wenn es gesät ist, so geht es auf und wird größer als alle Kräuter und treibt große Zweige, sodass Vögel unter dem Himmel unter seinem Schatten wohnen können.«

(Aus dem Film »Maria Magdalena«)

Liebe Schwester!
Für die Königin in dir

Dies ist eine Botschaft für all unsere Schwestern. Es ist auch ein Brief von dir an dich selbst. Ein Ruf, so alt wie das weibliche Prinzip und so frisch wie dieser Moment. Weitergegeben von Mutter zu Tochter. Von Frau zu Frau. Von Schwester zu Schwester.

Jede von uns ist so einzigartig und doch sind wir eins.
Wir sind die wilden Töchter des Lebens.
Unsere Mutter ist die große Stille.
Unser Vater ist das erste Licht.

Ich schreibe dir, um dich daran zu erinnern, dass du wichtig bist. Was du heute denkst, wie du fühlst und handelst, webt Fäden in den großen Teppich des Lebens. Du legst heute ein Muster an, in dem unsere Töchter und Enkelinnen morgen und übermorgen etwas darüber lesen werden, was es bedeutet, eine Frau zu sein.

Schwester, es ist Zeit, dass wir wieder im Kreis zusammenkommen. Egal, wie jung oder alt wir sind. Egal, welchem Beruf wir nachgehen und an was wir glauben. Wir können uns gegenseitig stärken und lehren.
Schwester, ob du willst oder nicht, du bist eine Lehrerin des Lebens. Deine Kinder schauen auf dich. Deine Schwestern orientieren sich an dir. Die Männer folgen dir fasziniert, wenn deine Botschaft klar ist.

Du bist wichtig.
Finde deine Stimme.
Du wirst gebraucht.

Wir werden gebraucht. Wir haben viel zu lange geschlafen und die Führung Männern überlassen, die ihre Mission verloren haben. Wir haben uns kleingemacht. Wir haben uns dummgestellt. Wir haben gegeneinander gekämpft, um »ein Männchen« abzubekommen. Damit ist jetzt Schluss. Dies ist das Zeitalter, in dem die Königin zurückkehrt.
Die Königin wird nicht über jemanden herrschen. Sie wird im Namen der Liebe führen und dienen.
Es ist Zeit, meine Schwester, dass wir uns erheben. Nicht *gegen* die Männer, sondern *für* das Leben. Für das, was wir schon immer wussten, weil wir die Hüterinnen einer Wahrheit jenseits von Worten sind.
Es ist Zeit, dass wir uns erinnern. Wir wissen viel mehr über das Leben, seine Gesetze und Rhythmen, als wir bis jetzt zugegeben haben. Wenn wir wach sind, sind wir lebende Bullshit-Detektoren. Die Wahrheit in uns registriert, ob um uns herum

echt oder falsch gesprochen, lebensfördernd oder egofütternd gehandelt wird. Wir wissen das. Wir wussten das schon immer. Es ist Zeit, dass wir uns wieder zu der Macht in uns bekennen. Nur dieses Mal wesentlich bewusster. Es ist keine Macht über ein anderes Wesen. Es ist auch nicht *unsere* Macht. Es ist die Macht des Lebens selbst, das immer – egal was unser Verstand sagt – auf einer tiefen Ebene um die Einheit aller Wesen weiß. Es ist die Macht, die alle Formen hervorbringt und dennoch davon unberührt bleibt. Es ist der stille Urgrund, der die Welt gebiert, sie nährt, sie auf ihrem Höhepunkt feiert und sie, wenn sie wieder stirbt, liebevoll in ihrem Schoß empfängt.

Wir wissen das alles. Stimmt's, Schwester? Lass uns das falsche Getue abwerfen. Lass uns aufstehen und uns dazu bekennen. Wir sind die Geburt, der Wandel, der Puls, das Kommen und Gehen, das Leben und das Sterben. Wir sind der erste Schrei unserer Kinder, das lustvolle Stöhnen der wilden Tiere, das tiefgründige Lachen einer alten, weisen Hexe und die Stille der Nacht.

Die Königin schlief ein. Sie überließ den Palast dem brennenden Ehrgeiz kleiner Jungen und dem zynischen Desinteresse verlorener Ronins. Es ist Zeit, dass sie aufwacht, dass sie zurückkehrt. Nicht irgendwo, sondern in dir.

Es ist Zeit, dass wir unsere Stimme nicht nur einzeln, sondern als weibliches WIR wiederfinden und dem Experiment Menschheit eine neue, wahrhaft lebenswerte Richtung geben. Das wird keine von uns allein schaffen. Es ist Zeit, den Kreis zu erneuern, den wir vor tausenden von Jahren aus der falsch verstandenen Liebe zu einem Mann aufgaben. Es ist Zeit, dass wir unser albernes Konkurrenzgehabe fallen lassen und uns gemeinsam auf unsere Würde besinnen.

Dieses Mal werden wir es bewusster tun. Wir haben von Männern auch sehr viel Wertvolles gelernt. Unser Logos ist gereift. Wir werden nicht mehr nur in Ahnungen sprechen, sondern die Dinge präzise benennen. Wir werden komplex fühlen und nüchtern denken. Wir waren im Untergrund. Jetzt sind wir zurück.

Niemand braucht uns zu fürchten. Eine Königin verführt nicht. Sie unterdrückt nicht. Sie manipuliert nicht. Ihre Autorität entsteht ganz natürlich von innen. Es ist das lebendige und leuchtende Leben in ihr, das jeden, der leben will, ganz natürlich dazu verführt, sich für ihre Botschaft zu öffnen und auf sie zu hören.

Finde deine Stimme, Schwester. Und damit diese rein und stark erklingt, finde die Quellen deiner Kraft in dir! *Die* wichtigste Quelle deiner Kraft ist die Liebe. Damit diese uns für voll nehmen und klar aus uns sprechen kann, müssen wir dieses Mal so mutig sein, unserer Intuition auch einen scharf urteilenden Geist an die Seite zu stellen. Wir müssen bereit sein, Liebe von allen Missverständnissen, von jedem ko-abhängigen Gestrüpp zu befreien. Verstehst du, was ich meine, Schwester? Lass uns beide ehrlich sein. Wie oft haben wir von Liebe gesprochen und damit eigentlich unsere Bedürftigkeit ausgedrückt? Wie oft verwechselten wir Gefühlsduselei mit Liebe? Wie häufig missbrauchten wir Liebe, um unsere Kinder festzuhalten und zu kontrollieren? Wie oft sind wir im Namen der Liebe irgendeinem langweiligen, groben oder sogar gewalttätigen Kerl hinterhergerannt und haben es zugelassen, dass er uns nicht wie eine Königin, sondern wie eine Bettlerin behandelt?

Wir müssen all die falschen Mythen rund um die Liebe zerstören, damit sie neu und befreit von Konzepten durch uns sprechen kann.

»Aus Liebe gelitten …« Fuck it!
»Aus Liebe gewartet …« Fuck it!
»Aus Liebe aufgeopfert …« Fuck it!

Wir sind wie beschwipst aus romantischen Hollywoodfilmen herausgetorkelt und haben tatsächlich geglaubt, dass das, was auf der Leinwand zu sehen war, Liebe sei. Wir haben unseren Müttern dabei zugeschaut, wie sie Ödnis und Unterdrückung in ihren Ehen mit Liebe rechtfertigten. Jetzt beobachten uns unsere Töchter. Die nächste Generation junger Mädchen will von dir und mir wissen: Was ist denn nun wirklich Liebe?

Ist es Liebe, wenn du denkst, einen Typen zu brauchen?
Ist es Liebe, wenn du seine Alkoholsucht tolerierst?
Ist es Liebe, wenn du über Jahre, vielleicht Jahrzehnte darauf wartest, dass er seinen evolutionären Arsch endlich in Bewegung setzt?

Nein, Schwester. Die Zeiten sind vorbei, in denen wir uns einen solchen Bullshit weismachen konnten. Das war keine Liebe. Es war oft einfach nur eine Mischung aus Abhängigkeit, dem wilden Cocktail unserer Neurotransmitter und geistiger Unklarheit.

Wir meckern über die Männer, doch die Wahrheit ist: Es war *unsere* Bedürftigkeit, die den Standard an Beziehungen so herabgesetzt hat. *Wir* haben die Männer, was das betrifft, verdorben. Männer werden es nicht hören wollen und die meisten jammernden Frauen auch nicht: Wir, Schwester, waren und sind es, die die Erwartungen an eine heilige Beziehung so bedauerlich tief heruntergeschraubt haben. Wir alle erschaffen einander in unseren Beziehungen. Und so sind wir es, die einem geistig schlaffen Mann mit Bierwampe das Gefühl suggerieren, er wäre bereits ein König!

Diese Worte richten sich nicht gegen die Männer. Wir achten ihre ureigene Schönheit. Wir sehen den Samurai in ihm. Doch wie soll er sich in der Beziehung zu dir erkennen und sein wahres Potential entfalten, wenn sich die Königin neben ihm wie eine Bettlerin verhält?

Ist unsere Bedürftigkeit echt? Nein! Auch wenn sie sich, einmal getriggert, so anfühlt, als wenn du gleich aus Mangel sterben wirst. Sie ist nicht echt. Doch sie ist eine ungeheuer mächtige Illusion. Egal wie emanzipiert und selbstständig du lebst, dein limbisches Säugetierhirn ist wesentlich älter als jede feministische Idee. Es erzählt dir seit 250 Millionen Jahren auf einer zellulären Ebene, dass du ein Männchen an deiner Seite brauchst, um zu überleben. Es wird dir in einsamen Momenten oder in Streits mit der ganzen Bandbreite an Hormonen und Neurotransmittern überdeutlich das Gefühl vermitteln:

»Du brauchst ihn. Halt den Mund. Kusch. Lieber ein unterdurchschnittliches Exemplar der männlichen Art an deiner Seite als gar keines.«

Wenn du wissen willst, wie mächtig du bist und in welche ko-kreativen Höhen sich deine Beziehung emporschwingen könnten, musst du bereit sein, dich deiner größten Angst zu

stellen: allein zu sein. Du musst bereit sein, den Schmerz und die Furcht dieser Wunde wie eine Welle über dir zusammenschlagen zu lassen und dennoch innerlich nicht einzuknicken. Hier – genau hier – werden die Königinnen geboren.
Eine Königin lernt, Einsamkeit nicht nur auszuhalten, sondern sogar zu genießen. Anstatt die Verbindung zu allem immer wieder nur über das Außen zu suchen, wendet sie sich immer wieder auch nach innen. Sie taucht durch Schichten von Ablenkung, Sehnsucht und Ohnmacht tiefer und tiefer, bis sie in sich den Urgrund des Seins findet.
Das ist unser kosmischer Witz, Schwester. Wir haben vergessen, dass wir die gesamte Welt immer in uns tragen, und rennen ihr deshalb im Außen hinterher. Der Mann, um dessen Aufmerksamkeit du ringst – er ist in dir. Dein Kind, das du in die Welt ziehen lassen musst – es lebt für immer in dir. Dieser innere Zugang zur Einheit des Lebens ist unser Mysterium. Unsere wahre Macht. Vor langer, langer Zeit haben wir diesen Zugang in unseren Tempeln und Ritualen genutzt und gefeiert. Dann haben wir die Erklärung der Welt den Männern überlassen. Ihre Götter lebten nicht hier, sondern irgendwo da oben. Sie waren unnahbar und streng. Sie richteten über den Menschen, anstatt mit und in ihm zu tanzen. Und sie fürchteten unsere Lust. Jetzt sind sie tot, und wir dürfen und müssen uns als reife Frauen und Männer fragen:

Was ist die nächste evolutionäre Version der Liebe?
Wie können wir auf eine moderne Weise Mystik erfahren und teilen?

Wir brauchen einen neuen, zeitgemäßen Zugang zum Mysterium. Schau dich unter uns Schwestern um. Wie viele Frauen kennst du, die nicht permanent im Außen nach Bestätigung suchen, sondern von innen heraus leuchten? Wie viele Frauen kennst du, die wissen, wie sie auf eine postreligiöse Weise aus ihren Quellen der Kraft schöpfen?
Schau dir an, was mit unserer Spiritualität geschehen ist! Feenstaub, Kristalle, Räucherstäbchen? Wo ist das Blut? Wo riecht es nach dem Schweiß unserer Lust? Wo hörst du das wilde, raue Lachen einer ungezähmten Frau? Wie willkommen ist unsere dunkle Seite? Wann und wie intensiv durchflutet uns Ekstase? Aufgewacht, Schwester! Kein Wunder, dass so viele von uns dauerfrustriert sind. Wir haben uns nicht nur kastrieren lassen! Wir verteidigen den Schongang auch noch.
Es ist Zeit, dass wir den Zugang zum verborgenen Tempel in uns wiederfinden. Dafür brauchst du nicht an irgendetwas zu glauben. Ob Christin oder Atheistin, Mädchen oder Alte, die offensichtliche Wahrheit, die man nicht in Worte fassen kann, fließt in deinen Adern.
Um zu unserer Kraft zu finden, müssen wir schonungslos ehrlich mit uns sein.

Wo verraten wir uns?
Wo betteln wir?
Wo machen wir uns klein?
Wo spielen wir dümmer als wir sind?

Wenn wir mit diesen ablenkenden Spielchen aufhören, wird es wieder in uns brennen. Und der Weg nach Hause führt in

dieses Feuer. Wir finden in uns die Einheit aller Wesen und Dinge.
Wir sind die Hüterinnen des Urgrunds. Hier offenbart sich auch das Geheimnis wahrer Schönheit. Es ist essentiell, dass wir es lüften und in die Welt bringen. Denn viele Frauen haben vergessen, was wahre Schönheit ist. Wir blättern in Modejournalen, um sie zu finden. Wir erlauben einer Waage, über uns zu richten. Wir studieren unsicher die Blicke der Männer. Wir rüsten verzweifelt nach, wenn unser Körper altert. Wir haben uns schmerzhaft abhängig gemacht von einer Bestätigung im Außen. Doch wahre Schönheit leuchtet von innen. Sie hat nichts mit dem Bodymass-Index unseres Körpers zu tun. Du kannst sie dir nicht mit Cremes aufschmieren oder mit Silikon kaufen. Ein sexy Lippenstift macht uns nicht *schön*. Seine Aufgabe ist es, den Blick auf unsere wahre Schönheit zu lenken. Diese ist das Licht, das du ausstrahlst, wenn du von der Zehe bis zum Scheitel von Leben durchdrungen bist.
Das Geheimnis wahrer Schönheit ist *Eros*. Die Urkraft des Lebens. Lade sie ein. Lass dich von ihr nehmen, führen, vögeln. Eros ist überall, wenn wir uns für ihn öffnen. Im Businessanzug bei einer Präsentation oder nackt im Bett. Lass Eros aufsteigen. Von innen. Aus der Tiefe. Lebe Eros in allem, was du tust. Dein Hüftspeck oder deine Lachfalten sind dann kein Makel mehr, sondern ein weiterer Ausdruck deiner erotischen Vollkommenheit.
Damit wir uns nicht falsch verstehen: Ich ermutige dich nicht, achtlos mit dir umzugehen, fett zu werden und dich nicht mehr zu schmücken. Wenn deine Fettpolster ein Ausdruck eines untervögelten und unterdrückten Lebens sind, kann deine Schön-

heit nicht durch sie hindurchscheinen. Wenn du dich aus Trotz oder Angst in Sack und Leinen kleidest, ist dies dein gutes Recht, aber auch eine Verschwendung. Wir Frauen sind hier, um die Schönheit des Lebens zu fühlen und zu feiern. Wir sind die modernen Hohepriesterinnen des Eros. Rufe seine Kraft in dir wach. Atme, lache, stöhne, wüte, bis jede Zelle deines Körpers vor Leben vibriert. Dann brauchst du keine Diäten mehr. Dann hört das Frustfressen und das Kontrollhungern auf. Jetzt übernimmt das Leben deinen Körper und wird sich durch die für dich angemessene Form ausdrücken. Und wenn Eros in dir jubiliert, kleide deinen Körper so, dass jeder und jede sieht: Hier, in diesem Körper, feiert sich die Kraft des Lebens selbst.
Also lass dich von der Leine, Schwester. Befreie deine Lust. Egal, wie alt du bist, erfahre sie auf eine für dich würdevolle Weise. Sie ist eine der stärksten Quellen unserer Kraft. Eine Frau, die die Lust des Lebens frei empfängt – in den Lenden, dem Herzen, dem Geist – ist unwiderstehlich schön. Denn jeder, der selbst wach ist, wird den Eros der Schöpfung in dir wittern und darauf reagieren.

Welche Tore in deine Lust kennst du?
Wie oft durchschreitest du sie?
Wann hast du das letzte Mal frei und unbeobachtet getanzt?
Was waren deine letzten unverschämten, wilden Gedanken?
Wann hast du das letzte Mal deine Kontrolle in deinem feuchten Schoß aufgelöst?
Drehst du das Gesicht nach unten, wenn es auf dem Weg zur Arbeit regnet, oder lässt du dich vom Himmel küssen?

Mach dich – was die Erfahrung von Lust betrifft – nicht abhängig von deinem Partner. Sonst fängst du an zu betteln. Und nichts ist giftiger für deinen Sexappeal. *Du* bist die Priesterin der Liebe. Lerne, es dir auf eine wundervolle Weise selbst zu besorgen, und dann lade die von dir auserwählten Menschen ein, diesen Raum würdevoll mit dir zu teilen.

Wenn ich von Eros schreibe, meine ich übrigens nicht nur deine körperliche Lust. Es gibt noch tausend andere Wege und Kanäle, wie du sie feiern kannst. Du kannst lustvoll kühne Visionen empfangen, Häuser bauen, Debatten führen, kochen, lachen … Es ist nicht, *was* du tust. Die Frage ist, *wie* du dabei bist. Werde zu einem attraktiven, nicht kontrollierbaren Zentrum der Lebensfreude.

Damit dein System die ganze Lust des Lebens frei empfangen kann, musst du es zuerst von einem gemeinen Gift säubern. Den meisten unserer Schwestern ist es nicht bewusst: Wir tragen alle eine uralte Bitterkeit gegenüber dem männlichen Geschlecht in uns. Sie wird zum einen durch deine individuellen Wunden gespeist – durch all die Momente der Blindheit, Grobheit und Gewalt, die du mit Männern erfahren hast. Doch tatsächlich ist die Wunde in dir noch viel älter, denn du hast einen Zugang zum kollektiven weiblichen Feld. Wir wurden und werden seit tausenden von Jahren durch Männer ignoriert, als Objekte behandelt, missbraucht, ausgebeutet, unterdrückt, belächelt, abgespeist, im Stich gelassen …

Das Problem ist, dass wir gelernt haben, nett und charmant zu sein, um zu überleben. So zeigt sich diese Bitterkeit selten offen. Doch ihr Eiter vergiftet unsere Beziehungen zu Männern. Er zeigt sich in einer versteckten Form von Verachtung, von Misstrauen, abfälligen Bemerkungen, latentem Kritisieren … Weißt du, was ich meine? Wir haben die Kunst vervollkommnet, in einen Satz, der wie ein Kompliment klingt, zehn Anklagen zu packen. Dieser Eiter muss raus, damit die Wunde heilen kann und du den Männern wieder frei, begegnen kannst. Schaffe dir Räume und regelmäßige Zeiten – unter Schwestern, aber auch mit den wichtigsten Männern in deinem Leben –, in denen du deine Gedanken und Gefühle unzensiert ausdrücken kannst. In jeder Frau existiert auch Kali, die indische Göttin der Zerstörung und Erneuerung. Kali lebt ihren heiligen Zorn. Sie zerstört mit dieser Kraft das Alte und das Unechte. So schafft sie Raum für das Neue.

Das Patriarchat hat nicht nur unsere Lust, sondern auch unseren Zorn unterdrückt. Männer, die schwach sind, fürchten beide Ausdrucksformen unserer Leidenschaft. Doch vor allem fürchten wir sie selbst. Denn eine Frau, die frei, lustvoll und zornig sein kann, lässt sich nicht mehr kontrollieren. Auch nicht von ihren eigenen Konzepten. Sie muss dem Ruf des Lebens folgen, über den Rand ihrer Komfortgrenze hinaus, ins Unendliche.

Um diesen alten Groll in uns endlich auszuspucken und loszulassen, müssen wir erkennen und auch öffentlich bekennen: Wir sind keine Opfer! Weder der Männer noch eines »Systems«. *Wir* sind eingeschlafen. *Wir* haben es zugelassen. Wann immer wir uns vom Leben oder den Männern verraten fühlen, sollten wir noch einmal, aus einer schonungslos ehrlichen Perspektive darauf schauen. Dann müssen wir uns eingestehen: Fuck! Wir haben es gewusst. Wir haben gekuscht. Wir wollten nicht genau hinsehen, denn wir fürchteten uns vor den Konsequenzen.

Wir selbst haben die wilde Kraft der Kali in uns an die Kette gelegt. Anstatt wie eine freie Löwin aufzubrüllen, wenn das Wissen um das Leben beleidigt wird, kläffen wir wie angekettete Hündinnen, die nicht mehr daran glauben, je wirklich gehört zu werden.

Deine Wut, Schwester, ist heilig. Du weißt in jeder Zelle deines Körpers, wie schön und freudvoll die Schöpfung sein kann. Wenn deine Lust am Leben keinen freien Ausdruck findet, weil sie durch Regeln, Dogmen, Männer oder dich selbst begrenzt wird, wandelt sie sich in ein wütendes Feuer. Entweder du gibst diesem Feuer eine konstruktive Richtung, indem du zornig und lustvoll alle Ketten sprengst, oder dieses Feuer frisst dich von innen auf. Du wirst dir dann als alte frustrierte Frau erzählen, dass mehr eben nicht drin war.

Zwischen dir und deiner Freiheit stehen drei große Lügen.

Mir fehlt etwas.
Ich bin nicht schön.
Ich bin ein machtloses Opfer.

Doch in deinem tiefsten Innern weißt du es besser, du Königin. Geh nach innen. Schöpfe Kraft. In der Stille, in der Lust, in wahrer Schönheit, im Mitgefühl und im Zorn. Lass dich nehmen und verwandeln. Erfahre, dass dir nichts fehlt und dass du wunderschön bist. Dann komm heraus und führe. Kauf dir die alten Opfergeschichten nicht mehr ab. Meide

Frauen, die daran festhalten. Suche dir einen Kreis von Schwestern, die Kraft jagen, indem sie Verantwortung übernehmen.

Wir haben immer mitgestaltet. Alles bis hierher, auch das Patriarchat, war eine unbewusste und deshalb leidvolle Ko-Kreation. *Wir* haben die Söhne geboren und großgezogen, die später ihre Frauen unterdrückten. *Wir* haben unsere Männer in den Krieg ziehen lassen. *Wir* haben sie darauf trainiert und belohnt, laut und leistungsstark zu sein. *Wir* lachen auch heute noch über ihre banalen Witze, um ihr zartes Ego zu schonen. *Wir* machen unsere Beine breit, selbst wenn er sich gerade wie ein Arschloch verhält. *Wir* schweigen, wenn in unseren Familien Unrecht geschieht. *Wir* spannen uns gegenseitig die Typen aus. *Wir* verachten Unrecht, setzen dem aber keine klaren Grenzen. *Wir* lassen uns in Kleinfamilien einsperren und in ökonomischen Abhängigkeiten mundtot machen.

Es geht nicht darum, Männer aus ihrer Verantwortung zu entlassen. Es geht darum, endlich in unserer anzukommen. Es ist wesentlich einfacher, sich über Männer zu entrüsten, als deinen eigenen Grips endlich voll einzuschalten und ihn zu nutzen, um die Welt zu kreieren, von der du innerlich träumst.

Der Mann neben dir verhält sich auch deshalb so unreif, weil du bis jetzt nicht verstehst, wie viel positiven Einfluss du auf deine Entwicklung nehmen kannst.

Die Menschen in deinem Leben werden auf dich hören,
wenn du Verantwortung für deinen verbitterten Schatten übernimmst,
wenn du aufhörst, dich wie ein Opfer zu verhalten,
wenn du allein sein kannst,

wenn du förderst, anstatt zu fordern,
wenn du klare Grenzen setzt
und wenn du deinen Geist konsequent auf das ausrichtest, was du willst.

Lass dich von dieser Welt nicht verrückt machen. Sie ist nur eine von vielen. Sie wird gehen, wie sie gekommen ist. Ihre Regeln sind nicht in Stein gemeißelt. Sie sind menschengemacht.
In dir wartet ein Kosmos der Weisheit darauf, entdeckt und gelebt zu werden. Du kennst den Wert all der Qualitäten, für die unsere bis hierher männlich-leistungsorientierte Welt zu wenig Achtung aufbringt – Lieben, Mutterschaft, Heilen, Kunst und Sinnlichkeit.

Wenn wir das Spiel nicht mehr mitspielen,
wenn wir uns auf unsere Kraft besinnen,
wenn wir in unseren Kreisen zusammenkommen,
werden uns die Männer folgen.

Sie begehren uns. Sie lieben uns. Sie warten darauf, dass die Königin in uns die Führung übernimmt. Zeige ihnen, wie sehr du dich selbst achtest, und lade sie ein, mit dir eine Beziehung auf Augenhöhe zu führen.
Wenn du Männer in deinem Leben hast, die du auf diese Reise mitnehmen möchtest, mach ihnen das größte Geschenk deiner Liebe: Lass sie los. Hast du es noch nicht bemerkt? Dein Zerren, Warten, Betteln, Meckern macht ihn nicht stark. Du blockierst damit seine Entwicklung. Lass es uns beim Na-

men nennen. Du ziehst nicht aus Liebe an ihm, sondern aus Bedürftigkeit. Du bist nicht reifer als er. Du hängst genauso fest. Doch es ist einfacher, wütend auf ihn zu starren als in den Spiegel.

Ihn loszulassen bedeutet nicht, dich zu trennen. Das zu entscheiden, ist nicht dein Job. Das macht das Leben. Ihn loszulassen bedeutet, dich vor allem auf die Werte zu besinnen, die du im Königreich deiner Beziehungen erfahren möchtest. Dann, aus dieser entschlossenen Klarheit heraus, lädst du ihn ein, dieses Königreich mit dir zu hüten und zu feiern. Als Königin und Samurai. Als weiblicher Samurai und König. Du bietest ihm an, deine kostbare Lebenszeit, deinen einzigartigen Entwicklungsprozess, alle Phasen deiner Blüte mit ihm zu teilen. Wenn er ein reifer Mann ist, wird er sich geehrt fühlen. Wenn er noch nicht so weit ist, wird er ignorant oder abwehrend reagieren. Auch wenn dies dein Herz bricht, lass ihn los. Geh entschlossen und sanft deinen Weg. Kümmere dich um dich. Besorge es dir. Stärke dich. Triff dich mit Schwestern. Finde Freude und Lust in dir, bis jede Zelle deines Körpers davon vibriert.

Wenn sich dein Feld so mächtig von innen heraus wandelt, wird Folgendes geschehen: Entweder der Mann an deiner Seite wacht auf und stellt fasziniert fest, dass er die Ehre hat, neben einer Königin zu leben. Er beginnt, sich aus sich heraus zu entwickeln. Er wird vielleicht weniger Zeit mit dir verbringen, weil er sich selbst auf Wegen finden muss, die nicht deine sind. Doch wenn er zu dir kommt, wird er richtig da sein. Du wirst erfahren, dass eine Stunde pro Tag mit einem starken, präsenten Mann völlig erfüllend sein kann, während ein ganzer Tag neben einem nicht hundertprozentig anwesenden Typen nur Kraft zockt. Er wird dein Schüler sein. Er wird lernen, was es bedeutet, eine Frau zu achten, und so letztendlich das ganze Leben. Obwohl du dich so sehr genau danach gesehnt hast, musst du nun vielleicht aufpassen, dass du dieses zarte Erblühen nicht kaputt machst. Denn da arbeitet immer noch das alte Misstrauen, die Ungeduld in dir.

Darf er zu deiner Heilung beitragen?
Darf er dich tiefer als jeder Mann zuvor berühren?
Darf er die Faust um dein Herz vollständig öffnen?

Gib dir und ihm Zeit. Ihr betretet Neuland. Ihr werdet euch unsicher fühlen. Die Geister der Vergangenheit werden euch besuchen und versuchen. Bleib der Liebe treu. Gib dich in deinem Tempo, deinem Rhythmus tiefer hin. Lehre ihn. Sieh und fördere den Samurai in ihm. Wähle ihn zu deinem König und demonstriere dies auch in der Öffentlichkeit. Er wird sich erinnern und sich neben dir aufrichten. Du wirst vielleicht zum ersten Mal bewusst erfahren, wie schön und edel Männer sein können. Lass deinen Stolz los und werde auch du seine Schülerin. Er wird dich lehren, deinen Logos zu stärken und dein Schwert zu führen.
Oder aber (und ich weiß, vor dieser Möglichkeit fürchtest du dich) du wachst eines Morgens auf, und du weißt ohne jeden Zweifel: Das ist nicht mehr dein Mann für den Weg, der vor dir liegt. Dein Herz wird angesichts der scheinbar vertanen Möglichkeit bluten. Doch wir Frauen müssen lernen, diesen Schmerz zu halten, ohne uns zu verbiegen. Wir dürfen Bezie-

hungen nicht durch starre Formen definieren. Das macht uns zu Sklavinnen einer fixen Idee. Das Leben trennt euch vielleicht im Außen. Im Herzen bist du immer mit ihm verbunden. Eure Beziehung kann nur die Form wechseln. Sie wird niemals aufhören zu existieren. Wenn du bereit bist, die Form loszulassen, so wie der Baum im Herbst die Blätter fallen lässt, bist du frei. Dann bist du bereit für die Königin in dir. Diese rennt niemandem hinterher. Sie ruht in der Mitte ihres Reiches. Sie liebt. Sie dient. Sie lädt ihren Liebsten ein, den Thron mit ihr zu teilen. Doch wenn er noch nicht so weit ist oder nicht der Richtige, lässt sie ihn gehen. So wie sie ihre Kinder ziehen lässt, weil sie weiß, dass sie sie zwar geboren hat, sie aber dem Leben selbst gehören. Eine Königin fühlt alles und vertraut.

Wenn du diese Freiheit in dir findest, wirst du paradoxerweise auch im Außen auf eine neue Weise unwiderstehlich attraktiv. Nichts irritiert und fasziniert einen starken Mann mehr als eine Frau, die ihn ganz offensichtlich nicht braucht. Damit uns unsere Männer wirklich erkennen können, müssen wir sie an dieser Weggabelung der Evolution loslassen. Den nächsten Schritt können sie nur allein gehen. Er führt sie in ein Land, das wir erahnen, aber nicht kontrollieren können. Sie werden ihre Abenteuer auf ihre Weise bestehen. Sie werden getestet werden. Sie müssen eine frische, ehrliche Antwort auf die Frage finden, warum sie wirklich genau mit uns zusammen sein wollen. Wenn wir uns in unserem eigenen Zentrum verwurzeln, haben wir die Kraft, sie so sein zu lassen, wie sie sind. Es ist heuchlerisch, wenn wir unsere Männer einladen, sich ehrlich zu zeigen, und dann beleidigt über sie herfallen, weil uns ihre Wahrheit nicht passt. Wenn du willst, dass er sich zeigt, akzeptiere, dass er von einem anderen Stern kommt. Dass er andere Worte wählt, um sich auszudrücken. Hör auf, ihn zu missbrauchen, deinen imaginären Mangel zu stopfen.

Lade ihn ein und lass ihn los.
Kümmere dich um dich.
Lerne, gut für dich zu sorgen.

Nutze diese Zeit mit dir, das Geheimnis deiner wahren Schönheit zu ergründen. Stell dich ehrlich und radikal allen Ängsten und Zweifeln, was deinen Körper betrifft. Hasse ihn, wenn du ihn hasst. Und entdecke dabei, dass dein Hass nicht ihm gilt, sondern deinem abgrundtiefen Schlaf.
Du hast vergessen, wer du bist. *Du* hast dich verkauft. *Du* hast in dutzenden Diäten, im Fitnessstudio oder mit einer »Schönheits«-Operation krampfhaft versucht, deinen Körper an das Spiel anzupassen. Doch wer hat dieses Spiel erfunden? Wer gibt vor, was schön ist? Stell dich nackt und ungeschminkt vor den Spiegel. Schau genau hin. Alles, was du da siehst, ob du es toll findest oder ablehnst, wird demnächst Futter für die Würmer sein.

Bist du das?
Bist du da drin?
Wer bist du?
Was macht dich wirklich schön?
Wie soll dich ein Mann erkennen, wenn du nicht weißt, wer du bist?
Wie soll ein Mann deine Schönheit sehen, wenn du sie selbst nicht fühlst?

Schwester. Schau dich um. Blättere in den Zeitungen. Schau Fernsehen. Beobachte aufmerksam, was sich gut verkauft, doch lass dich nicht verarschen. Bleib cool. Sie sind alle gefangen im selben Spiel. Männer und Frauen. Wir sehen uns selbst und den anderen nicht. Jemand muss anfangen. Bist du bereit, dass wir gemeinsam erwachen?

Lass uns herausfinden, was unsere Körper ausstrahlen werden, wenn die Königin in uns erwacht. Lass uns die Situationen, in denen sich die anderen von uns abwenden, nutzen, um nach innen zu gehen. Der Schmerz, den wir all die Jahre durch eine Beziehung stillen wollten, zieht uns dann in unser Zuhause. In die Stille. In die Freiheit. Der Tempel mag verwaist sein, doch noch immer wartet sie darin auf uns: Die erste Mutter. Der Urgrund. Die Stille.

Wir tauchen ein. Wir erneuern uns. Wir kommen zurück.

Wir werden als reife und ältere Frauen den anderen eine neue Form von Sexappeal demonstrieren, die sie verwirren und erstaunen wird. Sie werden sich fragen, was unser Geheimnis ist. Sie werden etwas in uns atmen sehen, was nicht von ihrer Zustimmung abhängig ist. Sie werden etwas in uns erkennen, was sie alle wollen – Freiheit und Einheit.

Schwester, lass uns lernen, gut für uns zu sorgen. Körperlich, geistig, spirituell. Denn erst wenn wir die Welt da draußen nicht mehr für unsere Bedürftigkeit missbrauchen, werden wir sie als Königinnen führen können.

Alle warten darauf. Ob sie es schon wissen oder nicht. Unsere Kinder sehnen sich nach aufrechten, strahlenden, stolzen Müttern. Die Ronins sehnen sich nach Königinnen, die sie achten können. Frauen, in denen sie etwas Wahres und Schönes erblicken, das sie herausfordert, sich endlich wieder als Samurais zu erheben.

Wir lehren immer, Schwester. Aber was? Was ist unsere Botschaft? Wie werden wir diese Welt verändern? Werden wir die Frauen an unserer Seite durch unser Gezeter und Jammern noch tiefer in den Schlaf singen? Oder werden sie in dir und mir etwas erkennen, was in ihnen selbst seit tausenden von Jahren auf eine bewusste Wiedergeburt wartet?

Wir Frauen erschaffen seit jeher. Es ist Zeit, dass wir dies noch viel bewusster tun. So wie wir im Kreißsaal Kinder gebären, werden wir in unseren Kreisen eine neue Welt gebären. Eine Welt, in der die Kunst und das Teilen, der Genuss und das Heilen wieder im Mittelpunkt stehen. Wir sind von Natur aus kreativ. Die neuen Bedingungen gestatten uns, unsere Kraft für wesentlich mehr als das Aufziehen von Kindern oder das Bewältigen eines Haushalts einzusetzen. Lass uns zusammenkommen. Das wird alles so viel einfacher machen.

Lass uns gemeinsam die Fesseln sprengen. Lass uns toben, weinen, lieben. Lass uns gestalten. Offene Familien, starke Gemeinschaften, neue Unternehmen. Städte, in denen die Einsamkeit geheilt wird und jeder ein WIR spüren kann. Wir werden die Generationen wieder an einen Tisch bringen. Wir werden Arbeit in Freude und Familie in Evolutionsinkubatoren verwandeln.

Wir sind wieder da! Und wir sind nicht allein. Die Kreise der Schwesternschaft kommen überall wieder zusammen. Beim Yoga, beim Erziehen unserer Kinder, in Krankenhäusern, Bordellen, Führungsetagen, ... Warte nicht darauf, dass es in deiner Umgebung passiert. Gib den Frauen, die dich interessie-

ren, diesen Brief. Lade sie ein, mit dir darüber zu sprechen. Eröffnet einen Kreis.
Ich weiß, ich wiederhole mich (genau wie der Mond und die Jahreszeiten): Schwester, finde *deine* Stimme. Stell deinem heißen Herzen einen kühlen Logos an die Seite und finde *deine* Stimme. Denn die Welt, in der wir leben, ist durch Worte erschaffen worden. Bis jetzt durch zu viele männliche, trennende, kämpfende Worte. Doch die Zeit für eine neue Sprache ist gekommen. Eine Sprache, die Brücken schlägt und Wunden heilt. Bei deren Klang das Gute, Wahre und Schöne aufatmet und erblüht.
Vielleicht zum ersten Mal in der Geschichte der Menschheit werden wir nicht mehr auf die Geschehnisse re-agieren. Wir werden zusammenkommen – erwachende Frauen und Männer – und werden bewusst wählen, welchen neuen Mythos wir erschaffen möchten. Wir werden die Errungenschaften der bisherigen Welt – Wissenschaft, Humanismus, Technologie, … – mit unseren Gaben vereinen. Und die Menschheit wird als ein Wesen ihre Möglichkeit feiern.
Ich weiß, da sind wir jetzt noch nicht. Genau deshalb, Schwester, brauchen wir dich.

Du machst einen Unterschied.
Finde deine Stimme in dir.
Vergleich dich nicht.

Geh Risiken ein. Probiere dich aus. Lass sie lachen, sich abwenden. Zögere, fühle deine Unsicherheit, aber verstumme nicht mehr. Töne. Spiele. Tanze. Bis du fühlst:

»*Das* ist mein Lied. *Das* ist meine Art zu singen. *Das* bin wirklich ich.«

Singe dein Lied.
Verschenke dich.
Dein Königreich ist genau dort, wo du bist.

Egal wie ignorant deine Umgebung zu Beginn vielleicht noch reagiert, lass dich nicht täuschen. In der Tiefe warten alle auf dein Lied. Auf deine Führung in Liebe.
Um wirklich führen zu können, musst du dich führen lassen. Vom Leben. Von der Liebe. Von innen. Lass die Welt dafür los. Jeden Tag. Am besten gleich am Morgen. Vielleicht auch in der Nacht. Lausche. Empfange. Gib dich hin. Vertraue deinen Eingebungen.
Eine vorrangig von Logos dominierte Welt suggeriert uns, dass nur das wahr ist, was wir unter einem Mikroskop erkennen können. Sie stellt die Vernunft allein auf einen Sockel und schiebt unsere Intuition misstrauisch in den Schatten. Lass uns weiser sein. Lass uns nicht den Fehler begehen und das eine gegen das andere austauschen. Eine Königin paart ihre Gefühle mit einem kühlen konstruktiv-kritischen Geist. Sie ist fähig, unsentimental zu lieben und unbequeme Wahlen zu treffen. Doch sie wird ihrem urteilenden Verstand niemals erlauben, ihre tiefere Verbindung zum Lebendigen und zur Einheit des Lebens zu kappen.
Freu dich auf uns! Die Mystikerinnen der Neuzeit findest du heute nicht mehr nur in einem Kloster, sondern genauso in Forschungslaboren, Start-ups und vor der Kamera.

Berührt dich, was ich dir schreibe, Schwester? Du weißt das alles schon, stimmt's? Denn du bist es selbst, die dir schreibt.
Vielleicht liest du diesen Brief nur aus einem Grund: heute und hier zu wählen, dir endlich zu vertrauen, und endlich auf die Stimme in dir zu hören.
Erhebe deine Stimme, und die Welt wird dir folgen.
Bist du bereit, dafür das kleine, bedürftige und verletzte Rechthaben in dir sterben zu lassen und dich von der Liebe lehren zu lassen?
Wenn du nach ihr rufst, wird sie kommen. Sie wird die alten Wunden aufbrechen. Sie wird deine Lügen ans Licht bringen. Sie wird ein Feuer anzünden, dich in seine Mitte stellen und testen. Wenn du stehenbleibst, nimmt sie dich mit. In den nächsten Kreis ihres Mysteriums. Und dann in den nächsten …
Sie wird dich heilen.
Sie wird dich still machen.
Sie wird dich leuchten lassen.
Du bist im Frieden.
Du weißt, was du willst.
Du liebst.
Du sinkst noch tiefer und tiefer in das All-Mysterium in dir.
Du wirst zu dem Einen.
Du erinnerst dich.
Du wirst neu geboren.
Und dann … tauchst du wieder auf, meine Schwester.
Du bringst die Königin mit dir.
Du siehst durch alle Schleier hindurch Vollkommenheit überall.

Vertrauensvoll schaust du dem Gebären der kleinen und großen Welten zu.
Die Samurais dieser Welt werden die Königin in dir erkennen und dich dafür achten.
Deine Schwestern werden dir lauschen und ohne große Worte etwas über die wahre Schönheit einer Frau verstehen.
Und du erhebst deine Stimme.
Wild und leise.
Liebend und herausfordernd.
Zerstörend und gebärend.
Erwache, meine Schwester.
Dein Leben findet jetzt statt.
Gebäre es.
Sei einzigartig und doch nichts.
Leben ist.
Du bist.
Ich bin.
Liebe ist.
Finde deine Stimme.
Und wir werden gehört.

In Verbundenheit,
deine Schwester

… und wir wählen die Liebe.

DANK

Unser tiefster Dank geht an alle Pionier*innen auf dem Gebiet der Geschlechterbefreiung und -heilung. An all die Frauen und Männer, die zum Teil unter Lebensgefahr bereit waren und sind, die bestehenden Paradigmen zu hinterfragen und den offenen Fragen mutig in ein neues Terrain zu folgen. Wir verneigen uns vor der Konsequenz und der Einsamkeit, die diese Lebenswege oft mit sich brachten.

Wir bedanken uns zutiefst bei unserer Tochter Leona, die uns mit Vehemenz und Herz in unserer heteronormativen Realitätsblase wachgerüttelt und für die Herausforderungen sensibilisiert hat, die immer noch viele Menschen erfahren, die nicht in das normierte Raster passen.

Es gab auf unserem Weg viele Lehrer und Lehrerinnen, die uns Mut machten, an unsere Beziehung zu glauben, die uns mit unserem Licht und Schatten konfrontierten. Doch genauso wichtig waren all unsere Klient*innen und Seminarteilnehmer*innen, die selbst, wenn wir uns gerade zofften, etwas in uns sahen, was uns wiederum verpflichtete, der Liebe treu zu bleiben.

Ein herzliches Dankeschön an das Team in unserem Verlag. Dafür, dass ihr unsere zeitliche Punktlandung auf den letzten Drücker geduldig mitgetragen habt und vor allem, dass ihr so mutig seid, das Wort »Erwachen« mit in den Titel aufzunehmen.

Wir danken dir, der oder die du diese Zeilen liest. Du schenkst uns damit das Kostbarste, was du hast: deine Aufmerksamkeit. Wir wünschen uns zutiefst, dass dieses Buch dich wachrüttelt und deinen Glauben an dich und deinen einmaligen Weg stärkt.

ZUSATZMATERIAL

Wenn die Königin und der Samurai etwas in dir berührt haben, laden wir dich zu einem Besuch auf der dazugehörigen Webseite ein.

Wir stellen dir hier eine Liste an weiterführenden Büchern, Meditationen und Ansätzen vor. Du findest hier auch eine Liste aller Quellen, die uns inspiriert haben. Gleichzeitig planen wir eine Serie von Interviews mit Männern und Frauen zu führen, die eine wertvolle Perspektive oder eine bewegende Geschichte zu diesem Thema beitragen. Zum Beispiel Eva-Maria und Wolfram Zurhorst, Dr. Ruediger Dahlke oder Stefanie Stahl.

Wir haben beim Schreiben auch beschlossen, ein Praxisbuch anzuschließen – für alle, die Lust haben, diesen Weg mit uns konkret zu beschreiten. Auf der Webseite erfährst du mehr zu diesem Projekt.

Es lohnt sich! Komm vorbei ...

www.königin-samurai.de

KÖNIGIN UND SAMURAI – LIVE ERLEBEN

Wer gemeinsam mit uns tiefer und vor allem praktisch in das Thema einsteigen möchte, den laden wir von Herzen ein, an unserem gleichnamigen Online-Kurs bzw. unserem Live-Seminar teilzunehmen. Wir freuen uns darauf, mit euch gemeinsam die Wiedergeburt der Königinnen und das Aufrichten der Samurais zu feiern.

Ihr findet alle weiteren Informationen dazu auf
www.königin-samurai.de

DIE AUTOREN

ANDREA UND VEIT LINDAU lieben, leben und wirken seit 25 Jahren als ein Paar. Gemeinsam führen sie mehrere erfolgreiche Unternehmen und die ichliebedich-Stiftung. Sie sind die Initiatoren des **human**trust, einer integralen Coaching- und Vernetzungsplattform mit knapp zehntausend Mitgliedern.
www.veitlindau.com
www.humantrust.com

VEIT ist der kreative Visionär des Unternehmens. Er wirkt seit 25 Jahren als Coach, Teacher, Speaker und Autor. Er versteht sich als liebevoll-konsequenter Reformer und bodenständiger Visionär. Im deutschsprachigen Raum gilt er als Experte für eine integrale Selbstverwirklichung des Menschen.
www.facebook.com/veitlindau

ANDREA wird von Mitarbeitern und Klienten gerne als die Seele des Unternehmens bezeichnet. Ihre Liebe zur Liebe inspiriert zutiefst und erinnert auch an den wildesten Arbeitstagen daran, was wirklich wesentlich ist.
www.facebook.com/andrea.lindau.love

ISBN 978-3-424-63073-2

ISBN 978-3-442-33991-4

Die Neuerfindung der Liebe

464 Seiten. ISBN 978-3-424-63073-2

Traumprinzen, Luftschlösser und die ideale Partnerschaft gibt es nicht. In diesem Buch werden Mythen aufgedeckt und Illusionen geraubt.
Durch Veits persönliche Geschichte und aktive Übungen lernst du dich existenziell einzulassen und – radikal zu lieben.

kailash

Überall, wo es Bücher gibt, und unter www.kailash-verlag.de